2018年江苏省社科应用研究精品工程外语类课题重点项目"大学外语不断线课程体系建构研究"(18SWA-01)阶段性研究成果

2018年外语教学与研究出版社大学外语教学科研项目"大学英语四年不断线课程的建构与研究"(2018060101)阶段性研究成果

大学外语不断线课程体系建构研究

宣泠 龚晓斌 著

苏州大学出版社

图书在版编目(CIP)数据

大学外语不断线课程体系建构研究/宣泠,龚晓斌著. —苏州:苏州大学出版社,2020.6
 ISBN 978-7-5672-3072-9

Ⅰ.①大… Ⅱ.①宣…②龚 Ⅲ.①外语教学-教学研究-高等学校 Ⅳ.①H09

中国版本图书馆 CIP 数据核字(2020)第 087178 号

书 名:	大学外语不断线课程体系建构研究
	Daxue Waiyu Buduanxian Kecheng Tixi Jiangou Yanjiu
著 者:	宣 泠 龚晓斌
责任编辑:	沈 琴
装帧设计:	刘 俊
出版发行:	苏州大学出版社(Soochow University Press)
社 址:	苏州市十梓街1号 邮编:215006
印 装:	镇江文苑制版印刷有限责任公司
网 址:	www.sudapress.com
邮购热线:	0512-67480030
销售热线:	0512-67481020
开 本:	700mm×1 000mm 1/16 印张:13.5 字数:250千
版 次:	2020年6月第1版
印 次:	2020年6月第1次印刷
书 号:	ISBN 978-7-5672-3072-9
定 价:	55.00元

凡购本社图书发现印装错误,请与本社联系调换。服务热线:0512-67481020

序

"教育兴则国家兴,教育强则国家强。"这是习近平总书记于2018年5月2日在北京大学师生座谈会上强调的。党中央高度重视教育问题,习近平总书记在不同场合多次强调教育强国的重要意义。他在十九大报告中指出:"优先发展教育事业。建设教育强国是中华民族伟大复兴的基础工程,必须把教育事业放在优先位置,加快教育现代化,办好人民满意的教育。"在教育改革方面,习近平总书记于2003年9月12日在浙江教育系统调研时讲道:"必须牢固树立'质量立教'意识,既要注重教育'量'的扩张,更要突出教育'质'的提高,走教育内涵发展之路。要按照素质教育的要求,着眼于促进学生全面发展,转变教育观念,改革考试制度,改进教育内容,创新教育方法,构建与素质教育相适应的教育教学及评价体系,建立符合受教育者全面发展规律、激发受教育者创造性的新型教育教学模式。"2018年9月10日,他在全国教育大会上的讲话中强调:"新时代新形势,改革开放和社会主义现代化建设、促进人的全面发展和社会全面进步对教育和学习提出了新的更高的要求。我们要抓住机遇、超前布局,以更高远的历史站位、更宽广的国际视野、更深邃的战略眼光,对加快推进教育现代化、建设教育强国做出总体部署和战略设计,坚持把优先发展教育事业作为推动党和国家各项事业发展的重要先手棋,不断使教育同党和国家事业发展要求相适应、同人民群众期待相契合、同我国综合国力和国际地位相匹配。"

随着中国从"本土型"大国向"国际型"强国转型,对外开放步伐加快,国与国之间交流频繁,国际影响力和竞争力日渐增强,国家外语能力建设的战略需求与日俱增,国民的外语需求正从有限领域向更广泛空间不断拓展。(沈骑、鲍敏,2018)《国家中长期教育改革和发展规划纲要(2010—2020年)》指出,要"适应国家经济社会对外开放的要求,培养大批具有国际视野通晓国际规则能够参与国际事务和国际竞争的国际化人才"。在全球化的今天,国家语言能力是国家竞争力的基础,国家外语能力是国家语言能力的重要组成部分,还是保障国家安全的重要战略资源。(戴曼纯,2012,2018)外语学习的意义已远超语言教育层面。(丁仁仑、戴炜栋,2013)教育部林蕙青副部长(2015:4)指出:"外语作为对外交流和文化传播的最主要媒介,是国家发展和参与国际竞争的重要软实力,是人们适应21世纪生活和发展不可缺少的技能。"外语能力是国际公认的一项国民关键能力,是国家综合实力的重要组成部分,更是国家社会经济发展的重要资源,"在我国,外语教育不是要削弱,而是应该加强"(教育部,2014,引自王守仁,2018c:18)。胡文仲(2011)认为,外语教育规划涉及一个国家的政治、经济、外交、军事、安全和国内稳定等重大问题。外语教育有助于学生树立世界眼光,增强国际意识,汲取多元化视角,掌握知识创新、潜能发挥和全面发展的基本工具,培养跨文化交际能力,提升国际胜任力与竞争力,为因应全球化时代的机遇和挑战做好准备,服务于国家战略、社会发展和教育改革大局。外语教育质量直接关系我国的综合国力和国际竞争力,关系中国文明与世界文明对话的成效。

中国日益走近世界舞台中央,正在为解决人类问题贡献中国智慧和中国方案。为了顺利实现构建人类命运共同体的目标,"倡导和而不同、兼收并蓄的文明交流是必然选择,而交流与对话要以文化为基础,以语言为桥梁"(蒋洪新,2019:14)。在变幻莫测的世界格局下,中国提倡多边合作,互助共赢。世界各国之间的平等交流与互联互通需要一大批精通外语的复合型人才。2018年10月25日,教育部副部长田学军(2018:1)在《中国教育报》发表的《认真学习贯彻全国教育大会精神,努力开创教育改革发展新局面》一文中指出,要"通过改革高校公共外语教学,为'一带一路'建设培养大批懂外语的各类专业技术和管理人才"。外语教育在你中有我、我中有你的全球社会中,肩负着重要的历史担当和变革发展的战略任务,应为国家和地方经济、社会的发展提供充分、合格的语言服务、文化服务,助力构建以"一带一路"为主要途径的人类命运共同体,要用外语讲好中国故事,让中国人学外语,让外国人学汉语,请进来,送出去,打造中外文化汇通网络平台。(蒋洪新等,2018)要培养各行各业掌握外语的人才,为中国文化走出去、提升中国文化软实力做出贡献。

提高质量是高等教育发展的核心任务,是建设高等教育强国的基本要求。教育部高等教育司司长吴岩(2017:4)指出,"建设高等教育强国最具标志性的内容就是要培养一流人才",而"培养一流人才,基础和核心是一流本科"。在高校建设一流本科的进程中,外语教育不可缺位。高质量的外语教学特别是大学英语教学在一流人才培养工作中发挥重要作用。王守仁(2018c:15)提出,"高校一流人才的标准落实到当前具体工作"就是"推动高等教育内涵式发展,着力培养符合国家需要、推动科技进步、引领社会发展、适应国际竞争的创新创业型人才"。中国特色一流人才应该"具有家国情怀和全球竞争力,以因应未来世界的机会和挑战。一流人才全球竞争力的要素包括专业知识和本领、国际视野和跨文化沟通能力,而较强的外语能力特别是英语能力是其重要组成部分"。学生应该具备较好的口头和书面交际能力,能够参与专业领域国际交流,并且能发挥语言的力量去说服人,引领团队,传播中国声音。

从国家战略需求层面看,英语作为国际通用语言的重要性毋庸置疑。英语作为一种世界性、全球性的语言,在世界60多个国家被用作官方或半官方语言。数据显示,以英语为载体传播的信息占世界信息传播总量的65%;互联网上英语信息约占90%,中文信息占比不到1%,文化和信息的不对称传播对我国的文化和价值观形成了不小冲击。(王辉、王亚蓝,2016;彭龙,2017)在全球化背景下,英语使用的范围不断扩大。交际可能发生在英语本族语者与非英语本族语者之间,也有可能双方都是非英语本族语者,英语在世界范围内充当了国际语的作用,它所承载的任务是获取世界文化与科学知识、参与国际交流。大学英语课程作为一门基础必修大学外语语言课,在学生国际化培养方面具有不可替代的作用。《大学英语教学指南》(以下简称《教学指南》)指出:"英语作为全球目前使用最广泛的语言,是国际交往和科技、文化交流的重要工具。通过学习和使用英语,可以直接了解国外前沿的科技进展、管理经验和思想理念,学习和了解世界优秀的文化和文明,同时也有助于增强国家语言实力,有效传播中华文化,促进与各国人民的广泛交往,提升国家软实力。"

大学外语教育作为高校通识教育的一个重要组成部分,对学生发展具有现实作用和长远影响。(何莲珍,2019)课程的价值还体现在既满足学生现实的需要,也着眼于学生未来的发展。由此决定了大学英语课程以英语的实际使用为导向,其主要任务是培养学生的英语应用能力。(王守仁,2016a)外语教学改革任重而道远。2018年6月21日,陈宝生部长在新时代全国高等学校本科教育工作会议上提出,要给大学生有效"增负",提升大学生的学业挑战度,合理增加课程难度,拓展课程深度,扩大课程的可选择性。外语教育工作者应借助现阶段狠抓新时代全国高等学校本科教育工作的有利契机,大胆尝试公共外语改革,办好人民满意的教育。就大学英语课程而言,关键就是要把课程建设成大学生真心喜欢、终身受益的优质课程,从而更好地满足大学生接受高质量、多样化大学英语教学的需求,更加适应国家经济社会发展对人才培养的要求。(王守仁,2013)

本书从大学外语课程研究中的问题出发,通过探讨大学外语课程的改革现状及课程建设的深层动因,提出建设大学外语不断线课程体系对人才培养的重要意义,在人本主义、建构主义、生态学习观及需求分析理论视角下,设计符合外语语言学习规律的大学英语不断线课程体系设置方案,探究课程体系架构,丰富课程内容,创新教学设计,优化课程资源,改革教学模式,融合信息技术与课程建设,融入微课、慕课等元素,综合运用各类教学评价方法,提高大学英语课程质量,并展望其他语种不断线课程建设。

本书的研究意义在于为大学外语教学改革提供了一种可操作性强、适用范围广的课程体系选择。大学外语不断线课程体系建设符合教育的规律与学生身心发展的规律,还有利于教师专业发展。通过探索"各学所需,各尽所能"的选课方式,满足大学生外语学习个性化需求,确保学生在学习中的主体地位;同时,教师根据个人的专项技能特长和兴趣选择教学俱乐部,集中精力打造精品课程,亦发挥管理、监督与引导作用,教研相长,实现师生教与学的双赢。

本书的创新点在于以分类、分段的方式构建大学英语不断线课程体系,探索真正符合我国国情、有借鉴推广价值、科学有效的大学英语课程建设模式,规划多元化"菜单式"的后续系列英语课程模块,一定程度上丰富了大学英语教学改革的理论与实践经验,助力高水平外语人才培养。此外,创设"俱乐部制"的教学组织形式,打破了传统教研组织的局限,教师发挥自身优势,相互取长补短,形成大学外语教师职业发展共同体。

本书是在江南大学的领导、同事和学生们的支持与关心下完成的,在此表示衷心感谢!由于作者水平有限,错误与偏颇之处在所难免,恳请广大专家同行与读者批评指正!

宣 泠 龚晓斌
2019 年 12 月于江南大学

目 录

- 第一章　绪 论　/ 1
  - 第一节　大学外语课程的改革现状　/ 1
  - 第二节　大学外语课程体系的问题　/ 14
  - 第三节　大学外语不断线课程体系建设的意义　/ 22
  - 第四节　相关概念的界定　/ 26
- 第二章　大学外语不断线课程体系设置的理论依据　/ 29
  - 第一节　人本主义课程论　/ 29
  - 第二节　建构主义学习理论　/ 32
  - 第三节　生态学习观　/ 36
  - 第四节　需求分析理论　/ 39
  - 第五节　外语语言学习理论　/ 41
- 第三章　大学英语不断线课程体系设置方案　/ 43
  - 第一节　大学英语不断线课程体系演变与发展　/ 45
  - 第二节　大学英语不断线课程体系设置调研　/ 49
  - 第三节　大学英语不断线课程体系设置方案　/ 84
- 第四章　大学英语不断线课程教学设计　/ 90
  - 第一节　大学英语不断线课程体系中的分级听力教学　/ 93
  - 第二节　大学英语不断线课程体系中的分级口语教学　/ 99
  - 第三节　大学英语不断线课程体系中的分级阅读教学　/ 109

第四节　大学英语不断线课程体系中的分级写作教学　/ 118
　　第五节　大学英语不断线课程体系中的分级翻译教学　/ 124

● 第五章　大学英语不断线课程资源建设　/ 136

　　第一节　大学英语不断线课程体系教材建设　/ 136
　　第二节　大学英语不断线课程资源建设策略与内容　/ 140

● 第六章　大学英语不断线课程体系教师队伍建设　/ 142

　　第一节　大学英语师资队伍现状　/ 142
　　第二节　大学英语教师角色的转变　/ 145
　　第三节　大学英语教师职业发展共同体　/ 150

● 第七章　信息技术与大学英语不断线课程体系建设　/ 154

　　第一节　多媒体在课程体系中的应用　/ 156
　　第二节　手机外语学习类 APP 在课程体系中的应用　/ 157
　　第三节　微课和慕课在课程体系中的应用　/ 159

● 第八章　大学英语不断线课程教学评价　/ 164

　　第一节　大学英语不断线课程教学评价的主要方法　/ 164
　　第二节　大学英语不断线课程学生自我评价　/ 168

● 第九章　其他语种不断线课程建设与发展趋势　/ 176

　　第一节　大学日语不断线课程建设　/ 176
　　第二节　其他语种不断线课程建设展望　/ 177

● 第十章　大学外语不断线课程体系建设难点　/ 179

参考文献　/ 182

附录　/ 197

第一章

绪 论

第一节 大学外语课程的改革现状

大学外语长期以来着眼于培养学生宽广的国际视野、深邃的战略眼光、娴熟的跨文化交际能力,在高等教育中覆盖面广、社会影响大,改革的呼声尤其强烈,在教学理论与实践的改革中,广大教学研究者付出了长期艰苦的努力。重视教学并不意味着多上课,而是要进行课程建设。开展课程建设,首先要有课程意识,这是指教师对课程的基本认识及其课程行为的自觉程度,包括课程主体意识、目标意识、资源意识、生成意识、评价意识和反思意识。

一、关于大学英语课程改革的历史研究

纵观大学外语课程改革的历史,变化是常态。我国古代朴素唯物主义思想认为:变则通,通则久。在全体外语教育工作者的努力下,大学外语教学遵循客观事物发展规律,以变应变,在深化改革方面的工作引人瞩目。根据教育部《关于普通高等学校修订本科专业教学计划的原则意见》,外语课程作为公共基础课程纳入教学计划,面向全体本科生,目前开设最多的是大学英语。以大学英语为例,为适应不同时期国家发展对人才的需求,我国多次颁布并修改大学英语教学大纲和大学英语课程教学要求,分别为 1980 年《英语教学大纲(草案)》(高等学校理工科本科四年制试用)、1985 年《大学英语教学大纲》(高等学校理工科本科用)、1986 年《大学英语教学大纲》(文理科本科用)、1988 年《大学英语教学大纲(增订本)》(高等学校理工科本科用)、1999 年《大学英语教学大纲(修订本)》(高等学校本科用)(以下简称《大纲》)、2004 年《大学英语课程教学要求(试行)》、2007 年《大学英语课程教学要求》(以下简称《课程要求》)、2015

年《教学指南》。

20世纪80年代,由于教学资源相对匮乏,语言输入的主要途径是阅读,所以大学英语教学大纲从客观实际出发,将培养阅读能力放在首位。随着社会迅速发展,国内外形势变化,大学英语教学改革从2003年起实施,为大学英语教学的发展指明了基本方向。鉴于我国对外交流日益频繁,2004年实行的《大学英语课程教学要求(试行)》强调培养学生的英语综合应用能力,尤其是听说能力,突出培养学生外语交际能力、自主学习能力和跨文化意识。2007年实施的《课程要求》突出"分类指导"和"个性化教学",大学英语课程设置努力满足学校、院系和学生个人发展的需求,提出学校应根据实际情况,设计出各自的大学英语课程体系,开设各类必修课程和选修课程,以确保不同层次的学生在英语应用能力方面得到充分的训练和提高。针对不同学校的类别(综合类、理工类、师范类、专业类)、办学定位(研究型、研究教学型、教学研究型、教学型)、层次("985工程"、"211工程"、一流大学建设高校、一流学科建设高校、一般本科)、办学特色等提出不同解决方案,防止千校一面、同质化现象。大学英语在各个时期的教学改革符合当时我国的国情和实际需求。教学改革的理念、方向正确,采取的举措成效显著,既抓住了历史机遇,又适应了时代的要求,有其历史的合理性和必要性。(王守仁,2013;王淑花等,2018)《课程要求》是当时全国高校大学英语教学的指导性文件和纲领,但在落实过程中不可避免地产生了一系列问题:如何创造条件,使那些英语起点水平较高、学有余力的学生能够达到较高要求或更高要求?如何全面考虑不同起点的学生,既要照顾起点较低的学生,又要为基础较好的学生创造发展空间?如何既能帮助学生打下扎实的语言基础,又能培养他们较强的实际应用能力?如何既保证学生在整个大学期间的英语语言水平稳步提高,又有利于学生个性化的学习,以满足他们各自不同专业的发展需要?

面对新形势、新要求、新挑战,在与时俱进的呼声下,一个国家质量标准体系——《教学指南》出台了,它承袭了《课程要求》中课程设置的精髓。(屠国元、胡东平、范丽群,2016)《教学指南》"以提高课程教学质量为目标,以创新课程体系和改革教学内容为重点,准确把握课程定位,围绕教学目标、教学过程、教学评估、教学管理、教学质量监控等环节,描述和规定大学英语教学内容、教学方法和手段、课时要求、学生能力、课程资源、师资队伍结构、条件建设等指标体系,确定内涵与标准,形成符合我国高校教学实际的大学英语教学规范"(王守仁,2013:13)。《教学指南》一方面制定大学英语教学应达到的基本要求,提高教学质量总体要求；另一方面使教学内容和评价方式更加多样化，探索建立大学英语教学分类体系，鼓励不同层次、类型、区域高校根据教学指南和学校的办学定位、生源特点、人才培养规格等自主制定个性化的大学英语教学大纲。它"主动适应高等教育发展趋势，立足国情，倡导多样性、差异性和灵活性，提供多种选择，鼓励各校办出特色，进一步落实和扩大高校办学自主权；强调培养英语应用能力，工具性和人文性相结合；重视体系建设，提出构建大学英语课程体系、大学英语课程综合评价体系、大学生英语能力测评体系的建设思路；推进现代信息技术与外语课程的融合，促使大学英语教学内容、教学方法和手段、学习方式发生变化，实现有效教学；对大学英语教学管理和教师队伍建设提出较为具体、可以操作的要求，方便各高校参照执行"（王守仁，2016a：9）。

《教学指南》和《课程要求》在教学理念上有异曲同工之妙，都强调课程设置要因材施教，因需施教，学生通过网络平台和网络课程在开放的环境中自主择课、自主学习。《教学指南》延续了《课程要求》对课型分类的总框架，进一步明确大学英语课程应由必修课、限定选修课和任意选修课组成，符合外语语言学习的基本规律。按照《课程要求》和《教学指南》，各校应根据本校实际设计课程体系，将综合英语类、语言技能类、语言应用类、语言文化类等必修课程与选修课程有机结合。(屠国元、胡东平、范丽群，2016)就课程内容而言，夏纪梅（2014：6）认为，"专门用途英语（ESP）已经分别以选修课、通识课、双语课、专业英语课等形式出现在大学英语课程设置与设计的范畴"。

我国大学英语教学已经从求同、求全、求标准化的单一教学模式进入多目标、多特色、多手段的多元化多方向发展的模式。(梁晓波、葛军、武啸剑，2018)新形势、新变化对大学英语教学改革提出了更高要求，呼唤构建更加开放、包容、灵活的外语课程体系。选课制、学分制、分级制、模块化等动因影响着大学外语教学改革。新时期大学外语教学要丰富和优化教学内容，构建课程体系，该体系包括通用英语课程、专门用途英语课程、跨文化交际课程、第二外语课程等。教育部门高度重视，《教育部高等教育司2019年工作要点》提到，要"推进公共外语教学改革""服务新时代国家对外开放战略和'一带一路'建设，推动形成高素质国际化复合型人才培养、选拔、推送、使用的全链条，为国家战略培养和储备'一精多会、一专多能'的国际化人才""全面深化公共外语教学改革，在有条件的高水平大学推动开设第二、第三公共外语课程，提高公共外语教学改革的针对性和实效性"。

二、我国大学英语不断线课程改革的研究

《大纲》(1999:1—2)明确指出:"大学英语教学分为基础阶段(一至二年级)和应用提高阶段(三至四年级)。"《大纲》(1999:11)还提出,"帮助学有余力的学生继续提高英语应用能力""切实保证大学英语学习四年不断线"。许多专家与教师讨论与探索了大学外语不断线课程的科学性与必要性。杨治中(1999)提出:建设外语不断线课程符合外语教学的客观规律,尤其是符合在非母语环境下外语教学的客观规律。周燕、张洁(2014)认为,外语学习不能一蹴而就,外语教学需要兼顾学习者个体的完整发展,包含不同发展阶段与层次。如果仅在大学一、二年级设置外语课程,而在大学三、四年级中断外语课程,难以系统引导学生发挥外语的学术交流、学术拓展和专业创新的重要载体作用,在培养学生的语言运用能力、独立思考能力及专业能力方面形成断层,课程体系缺乏持续性,学生的实际外语交际水平发展很可能停滞。姜雄鹰(2011)认为大学高年级外语课程的中断会给学生外语语言应用能力的培养制造障碍。事实上,延续不间断的课程才能保证语言水平的提高。

大学外语学习不断线是外语教学的一个热门话题。外语不断线课程的重要性如何?不断线课程建设是否能满足学习者需求?不断线课程涵盖后续课程、拓展课程、选修课程等,各地各级各类院校的学者就此纷纷进行了需求调研。

郑大湖(2005)以问卷调查方式研究后续教学的必要性和可行性,以及教学课程和内容、教学形式、教学管理等。他对上海、武汉、福州、南京等城市的14所高校的46名教师和教务处有关负责人及大学一至四年级的140名学生进行随机调查。回收教师有效问卷44份,学生有效问卷125份。调查结果显示:在大学基础阶段分级(层次)教学后,二年级下学期普遍出现断线现象;必须开展基础阶段的后续教学,不仅顺应学生的求知愿望,而且有助于提高学生外语素质和应用能力。

左广明(2009)采取问卷调查和访谈的研究方法,对淮阴工学院的招聘单位、毕业生、在校生和教师进行调研。数据显示,社会、学生和教师都对完成大学英语教学任务后开设后续课程有比较强烈的需求。

张伶俐、刘敏(2013)对中国地质大学(武汉)各年级学生进行了关于大学英语系列选修课程的调研,旨在了解其实际学习需求及对课程的建议,回收有效问卷365份。结果显示,最主要的选课因素是对课程的感兴趣程度,其次是

授课教师的口碑、同学的推荐及教师给分的高低。选课主要目的依次是提高英语水平、拓宽视野、提高人文素养、修满学分。学生在教学模式及教材方面的需求呈多元化,希望增加选修课种类和提高课程的实用性。

蒋领敏(2015)通过访谈和问卷调查,针对英语学习断层现象,对河南高校大学英语后续课程设置的必要性和可行性、开设后续课程的现状、课程设置、教学模式、管理方式、师资培训等方面展开调查。结果表明,开设大学英语课程顺应广大师生的一致愿望,帮助学生有效提升外语能力,并依托专业优势成为复合型、应用型人才。

任佳迪(2015)对西安外国语大学国际经济与贸易专业在校生、毕业生和大学英语教师共245人进行问卷调查,结合师生访谈,调查学生的英语学习需求及对后续英语课程开设的态度。研究表明,非英语专业本科生认为在高年级开设大学英语后续课程很重要且很有必要;非英语专业本科生对大学英语后续课程的期望值很高,修读大学英语后续课程的最主要原因是求职。

詹元灵(2017)进行的问卷调查数据显示:203名中国计量大学被调查者(都已参加英语四级考试,通过率达到96.6%,其中60.6%的学生取得500分以上的高分成绩)中52.7%的学生认为大学英语学习应持续四年,拔尖创新人才对大学英语教学有着更高的要求,更注重英语实际应用能力,其迫切性比普通班学生更强烈。学生对大学英语后续课程的学习热情很高,构建四年不断线的大学英语课程体系有助于拔尖创新人才的培养。

张伟、胡玉洁(2018)对154名大学三、四年级的学生进行英语后续课程的需求分析。数据表明:被调查者看重英语语言能力的提高和对未来职业发展的帮助。被调查者当前的英语水平可以满足日常交流,但无法满足较高层次的学习需求。就英语技能的掌握情况而言,口语最薄弱,大部分被调查者不能听懂较为学术的听力材料,阅读外文原版材料非常吃力,半数以上被调查者感觉在专业领域的写作难度较大。大部分被调查者认为,在高年级开设英语后续课程很重要也很有必要,85.5%的被调查者希望在高年级继续修读英语课程。

以上多位教学研究者在不同时期对不同院校的学生、教师和其他社会人员的调查研究均表明:开设大学外语后续课程十分必要,建设不断线课程体系符合许多院校的实际情况,可以满足相当数量的学生的学习需求;但对后续课程的实施效果的相关研究具体数据不充分。

韩戈玲、祁小雯、戴炜华(2009)发现,由于种种原因,"英语学习四年不断线"这一改革初衷实施情况不理想,有的学校仅象征性地开设少数英语选修课程,提高阶段的英语教学在高校所受重视程度明显偏低,但在研究 32 所学校的课程设置后发现,越来越多的学校重视开设公共英语后续课程。在调研的 32 份课程设置文件中,85% 的学校开设了基础英语之外的后续课程。除重点院校(复旦大学、上海交通大学、浙江大学等)外,普通类高校也尝试了灵活的学分制教学,采用大学英语必修课和选修课的学分选修制,尝试了专门用途英语教学,课程设置趋于专业化。

从教师的角度看,马武林、殷和素(2014)对 82 位来自全国多所大学的大学英语教师进行调研。结果显示:60% 以上的教师认为有必要在第三学期和第四学期开设 48—64 课时的大学英语后续课程;教师首选后续课程内容为"一般学术英语",但由于个人专业背景的原因,他们偏好于给学生开设"人文素养"课程;专业性比较强的后续课程最好由"大学英语教师+专业课程教师"相结合的方式进行;调查同时显示当前开设后续课程存在的最大问题是师资问题和教材问题。可以借鉴国际慕课的教学设计形式进行后续课程教师培训和课程资源组织。大学英语教师期望与专业课程教师合作,共同开设后续课程(主要指专业学术英语),英语教师解决语言问题,专业教师解决专业问题。

关于课程内容,王秀文、吴越(2017)调研显示,南京航空航天大学后续课程的选修意向从高到低依次为专门用途英语类课程、技能提高类课程、通识文化类课程、学术英语类课程。学生的英语创新能力得到了相应发展。调查分析还发现,技能提高类和通识文化类课程需要完善,而学术英语类课程更需要大力加强建设。

鲁艳辉、单素康、仇紫然(2018)调研了湖南师范大学医学院 2013—2015 级 95 名在校生,就大学英语后续课程的相关问题开展问卷调查和随机访谈。结果显示:74.74% 的受访者最需要"提高专业英语能力";超半数以上的受访者表示现有大学英语和已开设的部分专业英语试点课程无法满足新形势下不断增长的需求,开设基于学生实际需求的大学英语后续课程(专业英语)十分必要;医药类学生对读写能力的需求迫切;选修和必修的课程设置模式学生均能接受;专业课教师与公共英语教师的组合模式受到学生青睐。

从信息技术与外语教学融合的角度,宁强(2018)对来自大连理工大学三年级各专业选修职场英语、交际英语、商务英语等三门大学英语后续课程的学生,进行了 2017 春季学期基于微课与翻转课堂的大学英语后续课程混合教学模式实施效果的跟踪调查。通过对三个班级 94 名学生进行问卷调查(有效问卷 90 份)与小组访谈(两组各 5 名学生),并对 3 名授课教师进行访谈,结果如下:

91%的学生认为语言实践活动应占课堂教学活动的50%以上,说明四级后学生对英语应用能力的提升具有很强的期待;100%的学生反馈微课教学有助于课堂学习,79%的学生倾向选择见面与在线相结合的指导方式;从小组访谈反馈来看,学生们认为教师的见面指导对问题的解释会更清楚到位。

三、我国大学英语不断线课程改革的实践

四年不断线的校本外语课程的实践经过多年摸索,各院校逐步构建了契合学校人才培养目标、个性化、立体化、动态开放的大学英语课程框架,虽然由于学生的外语水平不同,师资力量不同,专业、课时等各因素都不尽相同,任何高校都不能照搬其他高校的教学方案,但是各院校的课程设置给其他学校提供了丰富鲜活的案例参考,在开设课程时间(一、二年级、三、四年级)、课程类型(必修、选修、辅修)、课程内容(通用英语、特殊用途英语、专业英语)、开课方式、学分设置、能力培养、负责学院(外语学院、专业学院)等方面的实践经验值得同类院校研究与借鉴。

根据不断线课程的建设情况,可将高等院校分为四类:一、实施大学外语四年不断线课程;二、大学外语课程可以在大学四年中任意时间修读;三、在大学高年级通过第二课堂实现外语课程不断线;四、在大学一、二年级着力加强外语后续课程建设。

第一类院校:实施大学外语四年不断线课程

该类学校根据实际教学安排,对不同层次学生在大学四年的不同时间段内提供各种后续课程计划。

广西工学院(现广西科技大学,理工类高校)实施大学英语四年不断线的校本课程教学框架,基础阶段大学英语课程按照"3+1"模式安排,"3"指大学一、二年级前三个学期,每学期安排每周4学时的精读课和每周2学时的听说课,隔周穿插进行,同时让学生课后自主学习泛读和语法,第四学期开设四级强化课和英语技能训练选修课,每周4学时。选修课设"英语会话与听力""英语翻译""英文写作"(选一)。第五学期开设"科技英语"作为衔接课程,继续加强语言基本技能训练,起到桥梁的作用,帮助学生从基础阶段向专业英语阶段顺利过渡。此阶段由英语教师教学,但之后的专业英语课教学由专业教师担任。(韦薇,1999)

哈尔滨学院(综合类高校)在大学三、四年级开设大学英语后续阶段课程,包括专业英语课、中高级英语听力、口语、阅读、写作、科技英语阅读、报刊阅读、

英美文学欣赏、英语背景知识(英美澳概况、英语发展史、西方文化等)、英语修辞、词汇学、口译、笔译等选修课和辅修课,要求学生选修两至三门,旨在提高学生实际应用英语的能力。(罗全红,2002)

清华大学("985工程""211工程"大学、一流大学建设综合类高校)的公共英语课程已经取消通用英语,取而代之的是学术英语和专业英语课程。本科生在一、二年级期间每学期必须选修英语学术系列课程(一至四级)、通用科技英语系列、英语素质提高课程中的任意一门课程。新生入学后的分级考试成绩决定他们进入相应的系列课程。英语公共选修课近20门,包括"科技英语""科技英语视听说""商贸英语""报刊选读""影视欣赏""英汉互译实践与技巧""高级写作""高级口语""高级阅读""高级听力""西方社会与文化""中国文化英文谈""体育英语"。大学三、四年级学生修读所在院系开设的双语授课的专业课程,以确保大学四年的英语学习不间断。(孙有中、李莉文,2011)

厦门大学("985工程""211工程"大学、一流大学建设综合类高校)的公共英语课程实施目标管理、分级教学模式,包括基础课程模块和提高级课程模块,开设全校性选修课程,满足不同学生的发展需要,保证英语教学四年不间断。实行分级跳级考试:部分成绩优秀的学生可由教师推荐参加跳级考试,通过考试后直接修读提高级英语课程;未通过考试的学生继续逐级修习相应级别的课程。除艺术类以外,新生入学后经过英语分级考试,按成绩分为四个级别:一至三级为基础英语课程,即兼顾听、说、读、写、译等技能的通用型大学英语基础课程。四级为提高级课程,分四类:语言技能提升类课程("高级英语视听说""读写结合""英汉口笔译"等);通用型学术英语类课程("应用文写作""学术写作""学术交流英语""商务英语"等);语言文化类课程("英美社会与文化""中外文化对比""报刊选读""外国影视欣赏"等);第二外语课程("日语""韩语""俄语""德语""西班牙语""意大利语""阿拉伯语"等),该类课程的开设取决于师资力量,学校聘请留学生以语言俱乐部等形式开设各类非通用语种的入门课程。此外,根据学生的个性化需求开设各种通识性全校选修课,包括各类留学英语考试辅导、外教口语和英语国家社会、历史、文化、文学等。(江桂英,2013)

南京工程学院(理工类高校)的大学英语课程分别在第一至第四和第六学期开设。学生自主选择所有课程,从第一学期便可根据水平、兴趣、职业发展需要在必修课时内自主选择A类(综合)、B类(技能)、C类(日语、德语等第二外语)、D类(学科英语)相关课程,同时辅以E类公共选修课程、网络拓展课程、学科竞赛、考级考证等第二课堂。综合类课程要求全面夯实英语共核知识基础；技能类课程要求大力培养英语听、说、读、写、译实用能力；学科英语类课程要求将英语与初步的专业知识相结合；公共选修课程和第二外语课程要求拓宽学生视野，使学生进一步了解外语国家文化，增强人文素养。课程体系包括三个模块（40余门课程）：通用英语、学科英语、专业英语（含双语课程）。外国语学院负责第一个和第二个模块的教学，专业学院负责第三个模块的教学。（乔小六、吴中江，2014）

北京工业大学（"211工程"大学、一流学科建设理工类高校）在课程设置方面遵循大学英语课程不断线原则，构建大学英语自适应课程体系（图1-1）。教学平台适应多元需求，课程设计体现能力训练的循序渐进，各单元学习结束提供形成性评估的单元测试，一个级别学完提供级别水平测试。级别越高，学生学习需求越得到完善，从而达到大学英语教学不断线的目的。（胡文婷、赵乾坤、何岑成，2016）

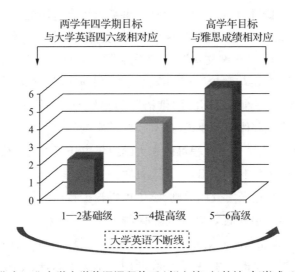

图1-1　北京工业大学大学英语课程体系（胡文婷、赵乾坤、何岑成，2016:48）

北京农学院（农林类高校）大学英语实施立体化教学，不断线课程设置为三个阶段：基础必修阶段（一至三或四学期），根据高考成绩和英语分级成绩，将学生分为快（A）、中（B）、慢（C）三个层次，比例分别占学生总数的20%、60%、20%；素质提高阶段（四至六学期）开设语言应用能力强化课和文化素质课程，以加强口语、写作等应用能力和跨文化交际能力；专业英语阶段（七至八学期）开设双语教学专业课，与学生专业接轨。（蒋立辉、王芬，2017）

中国计量大学(理工类高校)实施不断线课程体系。一年级开设通用英语课程,进一步夯实学生英语听说读写技能和水平;二年级开设后续选修课程,拓宽学生知识面,培养国际视野,提高综合文化素养,培养批判思维能力和创新思维能力;三年级开设通用学术英语课程,训练学术口语交流能力和学术书面交流能力,提升研究性学习能力;四年级开设专门学术英语课程,如开设"自动化英语""质量管理英语""机械英语""电信英语"等专业英语课程,培养学生用英语阅读专业文献的能力及直接用英语写作本专业领域学术论文的能力。(詹元灵,2017)

国防科技大学("985工程""211工程"大学、一流大学建设军事类高校)坚持大学英语一年级在强化语言输入的基础上(阅读、听力输入),突出强调培养学生口语表达能力;二年级强化跨文化交际与思辨能力,课程所有单元突出问题设计,注重问题分析中的跨文化思维和批判思维能力培养,增强学生的国际意识和世界思维;在第四学期针对技术类和指挥类学生分别开设军事英语和应用写作板块,强调培养书面产出能力和军事英语综合应用能力。面向所有年级学生,开设外国语言文化及应用技能的多样化选修课程,主要包括"英美文学选读""英语国家文化""欧洲文化""跨文化交际""区域研究""语言与思维""翻译理论与实践""演讲与辩论""应用写作""军事英语""军事行动英语""维和英语""军事翻译"等课程,还开设"俄语""日语""法语"等第二外语课程,丰富本科生对多样化课程体系的要求。(梁晓波、葛军、武啸剑,2018)

第二类院校:大学外语课程可以在大学四年中任何时间修读

复旦大学("985工程""211工程"大学、一流大学建设综合类高校)大学外语课程多年来一直遵循学分制原则,学生可以根据自己的外语学习需求自主选择何时修读大学外语课程。修读同一课程的学生可能来自不同年级、不同专业,但对于这门课程来说他们的英语水平和学习兴趣基本相当。大学英语分级测试成绩优秀和免试的学生,可直接在通用学术英语课程、专用学术英语课程、英语文化类课程及第二外语课程模块中自由选择修读课程。第二学期开始,学生可直接在通用学术英语课程、专用学术英语课程、英语文化类课程及第二外语课程模块中根据各模块学分要求自由选择修读课程。(复旦大学大学英语教学部,2018)

北京科技大学("211工程"大学、一流学科建设理工类高校)大学英语教学的定位是服务于人才培养、学生专业学习与发展的支撑性课程和全英文授课前的动态衔接性课程。按照"层次化、个性化、因材施教、按需培养"的原则,设置适合不同专业、不同层次、不同学习能力的学生的动态分级、分类、分模式大学英语教学体系(图1-2)。2017版大学英语培养方案要求第一学年修完必修8学分,各学院根据专业人才培养需求设定通识必选类课程2学分、通识选修类课程3学分在大学四年内修完即可,英语实践(英语夏令营)3学分。大学英语入学分级测试成绩排名前10%的学生(约330人)可免修8学分的必修课程,须通过参加期末考试(水平考试)获得成绩和8学分,可自主选修通识类课程及通用学术英语高级课程,达到大学英语教学发展目标。入学分级测试成绩排名前11%—20%的学生(约330人)可免修4学分的必修课程,须通过参加期末考试(水平考试)获得成绩和4学分,但须完成4学分通用学术英语课程。每学期组织全校规模外语竞赛。通过全校规模大学外语文化节、首都高校外文电影配音邀请赛、新生朗读比赛、新生拼写大赛、英语演讲比赛、外语辩论赛、英文歌曲大赛、英语海报设计大赛、外语沙龙、外语广播、外教讲座以及全国各类外语比赛,营造浓厚的外语学习氛围。(张敬源,2018)

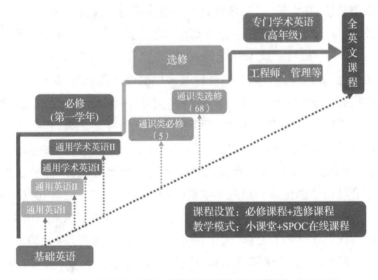

图1-2　北京科技大学大学英语课程体系(张敬源,2018:75)

第三类院校:在大学高年级通过第二课堂实现外语课程不断线

该类院校在大学一、二年级开设公共英语课程,但将英语第二课堂延伸至毕业。

北京交通大学("211工程"大学、一流学科建设理工类高校)大学英语教学体系主要由课堂教学、网络教学及第二课堂三部分组成。课堂教学部分包括两个模块的15门课程,除机电国际班之外的所有本科生必须修3个学期大学英语课程,共计12学分,每学期16周,每周4学时。除软件学院、经管学院、机电学院国际班等定制课程的学生外,其余学生在入校时须参加新生入学分级考试,按考试成绩划分为一级(10%)、二级(30%)、三级(30%)、四级起点(30%)。大学英语课程集中在前三个学期,但第二课堂延伸至毕业,包括"英语角"和"英语文化节"。每周举办一次"英语角"。每年3月下旬至5月上旬,近千名同学以不同形式参与"英语文化节"活动,包括英文电影配音大赛、英文歌手大赛、英文朗诵大赛、英文戏剧表演大赛及闭幕式汇报表演和课外英语综合系列活动。此外,每年学生参加各种英语学科竞赛,如全国大学生英语竞赛、"外研社杯"全国大学生英语演讲比赛、"21世纪杯"全国英语演讲大赛、"外研社杯"全国英语辩论赛、北京市大学生英语演讲比赛、"外研社杯"全国英语写作大赛和阅读大赛、各种级别和规模的模拟联合国大会等。(蒋学清、丁研、左映娟,2018)

第四类院校:在大学一、二年级着力加强外语后续课程建设

宁波大学(一流学科建设综合类高校)的大学英语立体课程体系包含七部分:预修课程、必修课程、周末强化课程、选修课程、辅修课程、双语课程及专门用途英语课程,其课程内容具有广泛性及多层次性。(孔英婷,2012)

中央民族大学("985工程""211工程"大学、一流大学建设民族类高校)生源来自全国不同地域的56个民族;而且除了普通类学生之外,还有英语基础薄弱的艺体类学生和英语零基础的民族地区学生,生源英语水平参差不齐且各自需求、就业侧重也不尽相同。新生入学时会进行分级考试,一部分学生会升入二、三级起点班,分别免修一到两个学期的基础英语,在二、三级起点班开设"商务英语""交际英语""影视英语""新闻英语"等后续课程。(常媚,2014)

中国传媒大学("211工程"大学、一流学科建设艺术类高校)的大学英语课程体系分为两个类别:大学英语综合(必修)和大学英语拓展(选修),原则上必须在第一学年和第二学年完成。课程主要根据学生入学实际英语水平,采取"分类、分级、分模块"顶层架构设计,因材施教,循序渐进。学生入学后进行英语水平分级测试,根据测试成绩进行分级、分类教学,共分成3个级别(A级、B级和C级)。学生在第一学年学习大学英语综合的必修课程,不同级别采用分级教学,分为大学英语A1、A2,大学英语B1、B2,大学英语C1、C2。在第二学年,学生可根据自己的兴趣爱好,在大学英语拓展的课程模块中选择完成与自己语言水平相应的课程学习。针对A级和B级学生设有英语语言技能、英语语言文学与文化、专门用途英语、学术/专业英语四个模块课程;针对C级学生设有基础语言技能(听说)、基础语言技能(阅读)、基础语言技能(语法)和基础语言技能(写作)等课程。(中传教务字〔2018〕37号)

南京大学("985工程""211工程"大学、一流大学建设综合类高校)提出大学英语课程分层次扩展细化改革方案,按学科大类明确分类教学目标和制订分类教学计划,大学英语教学贯彻分类指导、因材施教的原则,根据每个学生听、说、读、写技能方面掌握程度不同,为满足不同层次、不同水平、不同学习目的的学生的要求,落实通识教育思想,大幅改革大学英语课程教学内容,做到科学、系统、个性化教学的新模式。第一学期,把原"大学英语(一)""大学英语(二)"课程中的读写和听说课程分开,全部为课堂授课。第二学期,大学英语读写(二)二层次、大学英语听说(二)二层次课程扩展细化为以下三类课程:高级英语技能课程、文化/文学拓展课程、学术英语课程,这三类课程开设目的是满足英文水平较好的(二层次)学生的个性化需求,同时有利于全面提升学生的通用英语(EGP)能力,培养他们的文化意识及学术英语(EAP)能力。学生从以下课程中选修两门(其中"高级英语口语""视听说与跨文化交际""国际学术交流英语"这三门课中三选一,"新闻英语读写""翻译基础与实践""批判性阅读""美国社会与文化""英语文学精品赏析""学术性阅读""语言与思维""学术英语写作"这六门课中六选一)。(南京大学英语课程分层次扩展细化改革方案,2017)

中央财经大学("211工程"大学、一流学科建设财经类高校)的大学外语必修课共8学分,每学期4学分,其中大学外语交流课程2学分,基础课程/发展课程为2学分,在大学一年级的一、二学期开设。二年级开始,大学外语课为选修课。根据分级考试成绩,部分需要巩固基础的新生在必修阶段不参加选课,统一学习大学外语基础课程:"大学英语1"(第一学期)、"大学英语2"(第二学期);同时学习"大学英语交流1"(第一学期)、"大学英语交流2"(第二学期)。其他学生从以下发展课程系列中自主选课,同时还需要选择大学外语交流课程。所有发展课程都可作为选修课为大二学生开设。发展课程分三类:通用英语课程("英汉基础笔译""英汉应用笔译""英汉口译""英语演讲"),专门用途英语课程["学术英语""财经学术英语""商务英语(中级)""商务英语(高级)""财经报刊选读"],跨文化交际外语课程("美国社会与文化""英国历史与文化""英美小说选读")。(中央财经大学2018级大学外语课程设置及课程介绍,2018)

南京航空航天大学("211工程"大学、一流学科建设理工类高校)实施"四位一体的外语线上线下混合式教学模式",即"基础课程+后续课程+机房自主学习+各项竞赛"。后续课程是其中的重要环节部分,是对基础课程的深化,包括四大模块:技能提高课程包括"高级视听说""高级写作""高级口语"等,旨在增强外语能力和创新能力的有机结合,培养学生的综合分析能力、批判能力等更高层次的认知能力;ESP 课程包括"外贸函电""科技翻译""英美报刊选读"等,旨在提升学生的综合应用英语和其专业相关的学术英语能力;通识文化课程主要有"美国文学选读""英国文学选读""中国文化"等,旨在培养人文关怀,拓宽国际视野,批判吸收世界文化精髓和传承中国优秀文化,满足全球化背景下国际交往的需要;学术英语课程主要有"学术写作""演讲与辩论"等,为学生搭建更高水平的认知平台,培养其批判性思维、逻辑分析等能力,丰富创新能力。(王秀文、吴越,2017)

广西大学("211 工程"大学、一流学科建设综合类高校)的公共英语课程设置分为基础英语("大学英语"一至四级)和高级英语(第三、四学期开设)。"高级英语(一)"专门开设以培养学生使用英语进行专业学习和研究能力的"通用学术英语","高级英语(二)"涵盖专门用途英语、英语语言技能和跨文化交际三类课程。高级英语课程的修读以全国大学英语四级考试(CET4)笔试合格成绩为准入条件。学生在入学两年内修读完成共计四门大学英语必修课程,第一年以英语自然班统一修读基础英语"大学英语(一)"和"大学英语(二)",课程学习期间参加 CET4 笔试,在课程考核合格和 CET4 成绩合格后转入"高级英语"课程修读,直至完成全部 8 学分的课程学习要求。(西大教〔2018〕31 号)

以上各级各类院校外语课程建设的案例都在较大程度上说明大学外语不断线课程体系建设的根基已经存在,并且正在不断发展,应用范围逐步扩大,现在已不是要不要开始建设的问题,而是进一步完善建设的问题。

第二节 大学外语课程体系的问题

多年来,教育部高度重视并采取有力措施积极推进大学英语教学改革,取得了明显成效,大学英语教学理念、课程教材、教学方法、教学手段都有明显改进,大学生英语综合应用能力也有明显提升。(刘贵芹,2012)在教学改革的理论研究和实践创新中,广大教育工作者都付出了巨大的努力,出现一些问题也在所难免。刘贵芹(2012)对大学英语教学改革的总体评价是:成绩不小,问题不少。例如,部分学生习惯于被动地接收英语知识,在课上的参与度较低,兴趣缺乏导致学习的积极性和主动性不足,主体意识欠缺。(李雯,2016;吴艳,2019)有些高校改革意识不够,有些高校积极进取但收效甚微,存在"费时低效""哑巴英语"现象,所以如何巩固以往教学改革成果,突破瓶颈,做到与时俱进一直是值得深思探究的问题,这也体现了进一步深化大学英语教学改革的必要性,大学英语课程十分有必要开设,只是需要解决如何科学定位、如何有效开展教学等主要问题。(丁仁仑、戴炜栋,2013)在课程改革方面,从结构框架的改革变为教学内容设计的改革,增加课程内容的内涵。(王哲、李军军,2010)由于历史的原因,外语教育还缺乏有效的规划和引领。(束定芳,2016)

一、忽视国家战略布局对外语人才的需求,需求分析和差异分析落实不到位

随着"一带一路"倡议和"中国梦"的推进,中国经济加速融入经济全球化,国际交流日益频繁,越来越全面深入,客观上产生了对涉外人才的大量需求,社会对既精通专业又能熟练运用外语且有一定人文素养的复合型人才需求不断增长。然而,外语战略规划意识依然不足。沈骑、鲍敏(2018)指出,尽管改革开放40年来,中国外语教育规划在语种规划、师资政策、课程改革、教材教法创新、测试评价制度改革等诸多方面都取得了明显的成绩,但是政策实施对资源配置和社区政策的关注不足,导致外语教育规划实施中难免会出现投入不足,或是忽视社会对外语教育的需求,结果带来外语教育政策实施过程中的现实问题与困难。

学生入口不同,出口也不同,很难让所有学生达到同一水平。现行的分级教学是《课程要求》规定的分层次教学的体现,但已经无法满足部分入学英语水平就很高的学生的个性化需求。有观点认为中学生英语水平提高了,综合英语课程就不必开设了。但现实情况是,我国各地外语教育发展水平不一,并不能保障每一位甚至是很大一部分学生的综合英语达到预期水平。即便学生综合英语水平提高了,结合我国国家、地方、高校、学生个体的发展与需求,综合英语也有必要开设,只是课程的时间、难度和侧重点需要根据实际情况调整。(丁仁仑、戴炜栋,2013)这就亟须对实际情况进行调研,深入分析各个层面的需求,并以此为依据设计宏观的课程架构和微观的教学要素。

事实上,部分教育者不够重视高校之间的不同办学层次对外语学习的不同要求,尤其是没有做好需求分析和差异分析。(王银泉、王薇、张丽冰,2016)大

学英语课程还不能完全跟上学生发展、社会发展和学科发展的变化,制定课程目标的依据正是这三方面的需求。(朱雪媛,2017)一些院校的课程设置主要从学校可以提供的软硬件资源考虑,没有充分考虑学生的需求,教学效果还不能完全满足高校毕业生英语能力的新需求。(李昕,2014;赵海燕,2016)现有大学普通英语课程已不能完全满足大学生的英语学习需求,不适应当今社会对既懂英语又懂专业的复合型英语人才的需求。

许多学校采用了分级英语教学模式,优生优培,在一定程度上提升了教育质量,但分级教学中级别的划分未根据统一标准,分级教学内容和测评题目难度是否与所属级别相符也有待验证,而且部分学校因牵涉学生学籍管理和编班,分级尚可,滚动较难,同时无法顾及学生的专业需求和学习兴趣,一次分级考试就决定其在校英语学习层次,教育公平性难以保证。一些学校的教学模式兼顾发展学生的语言基础、语用能力和文化素养,但同样缺少与满足多元化需求相配套的课程设置。(蔡基刚,2012b)

二、忽略语言学习的过程性、延续性和长期性,外语学习出现断层现象

在非母语环境中外语学习的客观规律表明,外语语言学习的特点决定了提高外语语言能力的过程并无捷径。根据外语学习规律,要把一门外语学到能熟练地用于工作的程度,至少要花2000小时以上。(约翰·康威,2010,引自文秋芳,2016)中国是一个非英语国家,学生平时运用英语的机会有限,通常主要是在课上学习或课外自主学习英语,在真实情境下实践外语的机会不多。杨治中(1999)在提出"要坚持大学英语教学四年不断线"时指出,要充分认识英语学习的长期性和艰巨性,不要期望通过走捷径或凭借一时的激情就能学好英语。也不要期望,有过一段时间或一定数量的投入后,就可以终身产出、终身受益。文秋芳(2008)亦提到成功的外语学习既需要强度又需要密度。

在大学外语实际学习中,外语学习在大学高年级阶段中断。一方面是学校师资欠缺问题。由于师资力量的局限,在基础英语完成后,有些学校不再开设英语课,学生的英语水平因教学断层而呈下降趋势(郑曼怀,2017);部分学校存在班级人数众多的现象,学生在课堂上得到的锻炼机会很少(李雯,2016),课程的积极作用发挥有限;有些学校的外语选修课程建设规模较小,还处于起步阶段,需要系统学习的课程只开设一或两个学期,专业用途英语课程学习只能蜻蜓点水,却不能牢固掌握,更无法深入研究(陈海贝、魏晓斌、辛瑞青,2015)。另

一方面是学生动机不足问题。有些学生学习目标不明确,动力不够;有些学生出于外部动机,即以拿到各类外语等级证书为目标,社会上一些用人单位也以学生拿到证书为依据,有的学生为考等级证书采取题海战术,将外语学习目标停留在获取证书上,一旦拿到证书后便不再学习外语,结果到毕业时才发现自己的外语水平不升反降,学习只为急功近利地追求短期效应和临时效应;有些学生出于内部动机,坚持自主学习外语,但由于没有课堂教学后缺乏教师的及时指点,学习效果得不到保障,久而久之便无法坚持下去。种种因素导致外语作为在学校学习的课程在大学高年级中断,语言自然习得条件严重缺位,教学效果难以巩固。

三、教育信息化背景下教学生态发生变化,催生课程体系重构

当今的外语教学环境已经成为智慧环境,信息技术与外语教育深度融合,教学生态已经从"三教模式",即教学的发生离不开"课本""备课""教室",逐步转变为"三大模式":保证个性化学习的"大资源"、帮助实施精准教学的"大数据"和突破时空限制的"大环境"。在"互联网+教育"环境下,外语教育资源已发生改变,网络资源、移动资源、数字资源等新形态资源正在逐渐取代部分有形、传统的教学资源。(孟宇、曹菁、陈忠良,2018)2019年4月25日,EON Reality 与南洋理工大学合办的教育未来全球峰会(EON Reality-NTU Future of Education Global Summit)在新加坡南洋理工大学召开,学术界与教育科技工作者共聚一堂,共同探讨前沿科技在课堂内外、沉浸式和体验式教学中的应用。会议提出:高新科技将让学习变得更加便捷,泛在化学习成为可能。教师不再需要依赖于时间、地点(固定的传统教室),任何时候、任何地方,针对个人需求的学习显得更加意义重大。未来学习就是用未来科技创造主动型和合作型学习环境。终身学习不再是个人选择,而是整个社会的必然趋势。

在教育信息化背景下,教学生态发生变化,存在固有的和新生的教学生态系统失衡问题。课堂教学生态环境产生失衡现象,教师与学生之间存在目标差异、理念不同、交互不足、交流不畅等问题。微课、慕课、网络学习等课程的难度和所适合的学生英语水平不明确,学生自主学习动力不足,学习策略与方法欠缺,未达到预期的教学效果。(王华,2018)加之高校生源扩招和外语师资不足导致大学外语教学师生比例失衡。(王林海、张晴、马兰,2014)在构建新的外语信息化教学生态系统过程中,必须调整和整合传统的外语教学生态系统的结构、功能、要素和形态等,深化课程体系改革迫在眉睫。如果不与时俱进,没有适合

当前新形势下的大学外语课程体系改革,就无法跟上时代的步伐。智慧时代下外语教学对象原有语言基础千差万别。随着家庭生活水平与教育水平及中小学外语教学水平的不断提升,当今大学生视野开阔、思维活跃,且相当部分是"数字原住民",大学新生的外语水平有新变化。(蔡基刚,2010)《普通高中英语课程标准》实施后,全国范围高中阶段学生英语整体水平有了明显提高(文秋芳,2012),学生在学习方式、思维方式、交流方式、生活方式、价值观、人生观、学习观、人才观等方面都发生了前所未有的变化(夏纪梅,2012)。外语教学对象已转换为"技术的一代、阅图的一代、创新的一代、急切的一代"(陈坚林,2017:5)。因此,外语教学方式也必然随之改变,课程设置必须适时调整。

教学生态的变化还体现在大学英语与高中英语、英语专业的界限正逐渐模糊。大学英语教学有部分在重复高中英语教学内容的现象,教学缺乏清晰的层次性,与高中英语课程的衔接存在问题,严重影响了英语学习的成效。(王银泉、王薇、张丽冰,2016;赵海燕,2016)《普通高中英语课程标准(实验版)》对第九级(最高级)英语语言知识目标描述为"学会使用4500个左右的单词和一定数量的习惯用语或固定搭配",而《课程要求》设定的一般要求是"掌握的词汇量应达到约4795个单词和700个词组(含中学应掌握的词汇),其中约2000个单词为积极词汇",高中英语的最高要求和大学英语的一般要求非常接近,部分高中生不用在大学学习英语即可达到大学《课程要求》的一般要求(马武林、殷和素,2014)。"大学生不是外语初学者,他们迫切希望在语言产出活动目标的驱动下,更好、更快、更多地吸收和运用新语言知识,为自己的学业和就业服务。"(文秋芳,2014a:6)学生对大学阶段的英语学习怀有极高的期待,需要得到的是进一步的提高,而不是丢弃。(吴卓娅、吴爱丹、姜怡,2011)如何在丰富的信息化教育资源条件下,建设符合智慧时代学习者特点的课程体系成为当务之急。

四、传统大学外语教学模式的特点制约了课程体系的更新发展

大学外语教学具有高度集中统一的体制特点。在师生层面,部分教师已经习惯于根据统一的教学大纲和课程要求进行教学设计,长期以来形成惯性运转,难以跳出课堂主体单一的传统教学模式。传统教学是"三教模式",该模式相对单一,形式偏于僵化刻板,内容停留在通用外语教学的阶段。部分教师仍然停留在以语言知识灌输为主的模式,教师主宰课堂,教学有一定的机械性和盲目性,学生习惯于沉默地听课,学习的积极性、主动性、创造性没有充分调动。大学外语应试色彩由浓转淡,但还未真正消退,"应试教学""内容重复""一言堂"等现象依然存在(霍玉秀,2010;刘媛、黄苏敏、李代禧,2013;李雯,2016),应试导向有待根本扭转。"在高考的重压下,学生的语言实践被大量模拟考题代替。结果往往导致大学新生接受性英语知识有余,产出性知识严重不足,患有'消化不良'症,对美食缺乏'胃口'。如果大学英语教学依然沿袭中学的英语学习模式,没有任何新变化,必然会造成厌学症。"(文秋芳,2014a:5)甚至出现"'三低'的课堂:出席率低,抬头率低,关注率低;'四无'的课堂:无参与,无作为,无互动,无脑球开动效应"(夏纪梅,2018:79)。如何激发其学习积极性与主动性?课堂教学时间非常有限,究竟怎样安排课程和进行教学设计才能使学习真正发生?

在学校层面,各高校尤其是重点高校纷纷开始缩减大学外语必修课的学分,这些学校的学分并不是《课程要求》建议的16学分左右,有的学校学分不到建议学分的一半甚至更少(王守仁、王海啸,2011),甚至出现大学英语课程是否有必要开设的质疑声。还有观点认为大学英语课程占用了专业课学习时间,影响了专业学习。事实上,大学英语课程体系还不够健全,大多数高校的大学英语课程仅仅覆盖大学一、二年级的基础阶段,缺乏服务于本校人才培养需求的大学英语课程体系和与之相适应的大学英语教学模式和方法。(李霄翔,2013)如何在学分减少而课程要求不降的情况下,寻求科学合理的教学改革发展路径,保证大学外语教学质量,就必须要在课程建设上下功夫。

五、后续课程百家争鸣,实施后问题不少,各校面临理论与方法上的优选问题

后续课程是大学外语教学改革探索的重点方向,为大学三、四年级的非外语专业的学生提供了一个不间断的提高外语语言应用能力以适应和满足不断发展的社会需求的课程保证体系。(杨非,2015)但是,一些后续课程的设置缺乏科学性、系统性和合理性,开设课程多样化,随意性较大,课程设置定位不清晰,缺乏校本特色,亟须科学合理规划。

一些教师在繁重的大学英语基础课教学工作之外再开设后续课程,在时间、精力、知识储备方面都有不同程度的困难。在教学目标、课程设计、教材选用、课程评估等方面存在随意性,因而直接影响课程的教学质量。(王李霞,2015)有的教师教授英语专业性强的课程很出色,但每人平均承担四个班级的大学英语教学任务,周学时12课时以上,要开设高质量的后续拓展课程却力不从心。后续课程开设后,课程建设缺乏统一规划和指导,出现教师开课主观随性的现象。课程要求严格与松散完全取决于教师。一些教师本身知识结构老化,知识面狭窄,所讲内容与社会发展、时代需求相脱节,不能满足学生的实际需要。有些教师选用的教材相对滞后,未能及时更新教学内容。

学生对后续课程存在认识不足和重视不够的问题。一些学生功利思想严重,以轻松获取学分为目的,就易避难,造成相对容易拿学分的课程学生扎堆,而难度大、要求严的课程则少有人问津。有些学生选课带有盲目性,对课程缺乏足够的认识和了解,不经慎重考虑便选课,后因缺乏兴趣和动机,在学习过程中出现懈怠,给教师分级教学和学生个人外语能力发展都带来一定的负面影响。部分优质课程出现选课人数低于预期的问题。

就具体课程内容而言,一些课程片面追求"以学生为中心"的形式,满堂均是课堂活动,表面上热闹,却忽略了语言教学的内涵。(任丽,2013)大学英语选修课程甚至出现过度"娱乐化",在深层次上涉及教学观念和创新意识的滞后问题(王进、兰欢,2015),课程教学内容过于轻松随意,缺乏系统性、规律性和思想性,学生沉溺于被动接受的感受过程,却毫无主动参与认知和反思的学习过程。秦秀白(2012)提出要警惕课堂娱乐化,克服思辨缺席。一些高校忽略课程内容改革,只变化形式,而对语言学习回归其本位功能仍然重视不够,即对语言学习的人文性、通识教育功能的认识不够。(杨舒,2016)

缺乏大学英语综合课程向全英语专业课程过度的衔接性课程。以上海理工大学为例,该学校开设60多门全英语或双语课程,如"能源与环境(双语)""机械工程材料基础(英)""环境科学导论(双语)""纳米测量技术(双语)""光电子学(双语)""数字信号处理(双语)""外贸英语函电(双语)""金融市场(双语)""国际市场营销(双语)"等,并在培养基本要求中明确指出要培养具有熟练阅读有关英语专业文献的能力。这类课程的开设提高了学生专业英语听和读的能力,又增强了专业知识,但在具体实施中,往往遇到学生和教师的英语水平是否达到要求的问题,而这正影响学生参与双语教学。影响课程质量的主要因素是专业词汇欠缺和文献阅读能力薄弱。蔡基刚(2010)在对复旦大学开设的"公共关系学"全英语课程进行研究后提出,学生在学习全英语授课的专业课前,应该有一门衔接性课程,例如,"学术英语"(EAP)或是"专门学术英语"(ESAP),可以在大学英语后续课程中开设,在大学英语课堂推行以内容为依托(CBI)的学术英语,在英语教学中引入学生所学专业课程或其他学科内容(EAP,ESP)。开设此类课程是对现有大学外语课程的有益补充,是大学通用英语教学向专业英语教学转变的过渡阶段。

评价与测试的保障机制不健全。一些后续课程考核评定手段比较单一,仅通过终结性测试或课程作业给予成绩,评价方式存在弊端。一些后续课程虽然基本从传统的对课程结果的终结性评价向促进课程发展的形成性评价转变,但各门课程各自为政,缺乏科学统一且常态化的评价机制,无法对测试结果实施多维度的分析比较,亦未能进行评价信息总结反馈,不利于自我监督与自我改进。

在一些院校,现代信息技术利用率不高,更新不快,教学资源略显陈旧老化。虽然部分课程建设依托于校园内网的教学平台,但流于形式多于注重内容,且在人机交互、人人交互、易操作性、可移动性、可监控性等功能特性方面存在严重不足,尚未能形成涵盖教学多维设计、课堂有效互动、教师即时辅导、学生自主练习、作业及时反馈、学习全程评估等环节的完整教学体系,距离真正的网上交互学习平台有不小的差距。(纪莹,2018)

大学外语后续课程建设需要进一步发展与完善。有的学者认为本科阶段普通英语教学应着重培养大学生用英语从事专业学习和今后工作的能力,大学英语教学应由通识教育转向与专业学科教学相结合,故而建议重点高校较大规模地设置专门用途英语课程。(刘红艳,2016;贺灿文,2019)王银泉、王薇、张丽冰(2016)提出基于学生个性化需求的大学英语后续课程模式的"三驾马车",将学生达到了通用英语的基本要求之后的后续课程设置为多样化的专门用途英语选修课,分设三大板块,准备走学术道路和出国留学深造的学生就是"两头尖"的部分,即学术型和出国型,而绝大多数要在毕业后直接走向职场的是"中间大"的部分,即就业型。在此外语类通识课程和专门用途英语相结合的课程体系下,针对学术型学生开设第一板块——学术英语课程;针对就业型学生开设第二板块——以实用能力培养为主的英语课程;为出国型学生开设第三板块——出国留学英语课程,介绍欧美国家语言、文化、历史等背景知识,以及介绍如何在欧美国家生活、工作和人际交往等基本常识的课程。

宋丹丹(2018)研究构建吉林省地方高校的四年不断线公共外语课程体系,既满足不同基础的学生在校期间的个人需求,也满足其毕业后的职业需求,尤其要实现与地方支柱产业的有效对接,并延伸到国家社会需求。该课程体系将大学八个学期分为三阶段。通用英语阶段(一至四学期)课程分为基础、提高和发展三个级别,基础和提高两个级别主要开设大学综合英语和大学英语听说两门必修课程及基础知识类的英语选修课程,其中听说采用有学分的线上自学模式。未通过四级考试的学生学习初级必修课程,通过四级考试的学生则继续学习高级必修课程,而通过六级考试的学生学习更高一级的选修课程,进行英语技能的培养和训练。专门用途英语阶段(五至六学期)开设行业交流类英语的专业选修课程,结合吉林省地方行业需求开设具有地方特色的课程。职业交际英语阶段(七至八学期),结合各职业的英语需求,开设职场英语课程,强化学生行业领域的职业英语技能。

第三节　大学外语不断线课程体系建设的意义

  教育部于1999年颁布的《大纲》首次提出了"保证英语学习四年不断线"的重要理念,并明确要求大学英语教学应分为基础阶段(一至二年级)和应用提高阶段(三至四年级)。2007年颁布的《课程要求》亦提出,将基础阶段的必修课程与提高阶段的拓展课程结合起来,有效地提高学生的英语综合运用能力,满足个性化英语教学和学习的实际需要,构建适合学校特色和需求的大学英语拓展课程体系。大学英语课程设置既要保证学生在整个大学期间的英语语言水平稳步提高,又要有利于学生个性化的学习,以满足他们各自不同专业的发展需求。2015年发布的《教学指南》明确指出:课程设置还要充分考虑语言学习的渐进性和持续性,在大学本科学习的不同阶段开设相应的英语课程。上述重要文件都传递了外语教学不断线的理念。

  过去,部分高校由于客观条件限制,如软硬件教学资源紧缺、师资力量严重不足等,在完成四个学期的英语基础课后,已无力为学生开设后续课程。(聂新艳,2006)多年来,我国高校的大学外语课程一般只在大学一、二年级开设,部分学校开设的课型单一,主要为综合型课程,在大学三、四年级出现断层。学生毕业时外语技能不升反降,无法满足就业或升学的需要,影响学生长远发展。(田志强、郑翠玲,2019)"教师花了很大的精力来施教,学生花了很多的时间来学习,但仍有一部分大学生听不懂、说不出、看不明。"(刘贵芹,2012:281)但现在,随着我国经济实力的飞速增长,部分高校完全有条件建设四年不断线课程体系。一段时期内,我国大部分一本院校的大学英语课程体系均依照《课程要求》建立。"通识必修课+人文选修课"的不断线教学模式基本在应用和推广。但由于客观条件及认识的局限,在我国高校公共外语教育教学中,大学外语不断线课程体系的建立和实施,还需要更充足的发展与完善条件。

  王守仁、王海啸(2011:11)提出,要"着力构建更加完整的大学英语课程体系",包括"普通英语、专门用途英语、通识类英语,三者的比例要适当"。各校应该"根据实际情况,设计个性化教学大纲,构建大学英语课程体系",落实到操作层面就是进行课程设置,努力做到"基础性与选择性结合、规定动作与自选动作结合","达到三个平衡,即必修课和选修课平衡、输入与输出平衡、语言与文化平衡"。"在建设好大学英语基础阶段课程的同时还应加大开设后续课程的力度,开发和建设特殊用途课程和通识类英语课程,以构建一个更加科学、更能够满足社会和学生需求的大学英语课程体系。"

基于本校特色建立有效的大学外语课程体系成为各高校大学外语教学改革的关键。仅仅开设基础阶段的普通英语课程已经无法适应时代发展的需要,也无法满足学生提升外语水平的需求。大学外语课程体系的调整、突破、创新的改革之路呼之欲出,科学合理、系统连续的后续课程的建设迫在眉睫,这既需要理论的指导,又必须在实际教学中不断升华完善。

本研究从学术的角度和教学的实际出发,基于科学的方法,确立"各取所需,个性发展,强化能力,突出应用"的人才培养理念,构建"大学外语不断线课程体系",实施分级制、模块化教学,有效地提高教学效果,建设大学生真心喜欢且终身受益的"金课",具有重要的理论与实践意义。

一、顺应时代发展趋势,尊重个体价值

当今时代的特征是全球化、信息化、学习化、普及化。不断线课程体系的开放性、包容性与灵活性顺应时代特征与发展趋势,为学生提供更广阔的成长平台,促使其最大限度地实现个体价值。全球化时代中社会生活的不确定性需要大学开放学习时空,课程体系时空的延伸有助于成就学生长远发展、终身发展、可持续发展;信息化时代下知识体系的不确定性需要大学开放学习方式,课程体系的灵活性促进师生实践泛在化、协作式、混合式学习;学习化时代中发展目标的不确定性需要大学开放学习机会,课程体系的可选性给每位学生提供丰富公平的学习机会;普及化时代下个体需要的不确定性需要大学开放学习权利,课程体系的包容性尊重个体的价值与权利,引领学生以螺旋式上升的方式向前发展,从优秀走向卓越。

实现教育价值的人性关照。教育的价值体现在满足个体或社会需求,其中个体需求是教育价值追求的原点。只有当学生正确了解学习内容的用处并真正需要时,有效学习才能发生。(Cushman,2014)因此,教学内容应该是学习者认为是有价值、有意义的知识或经验。学生根据自身需求,在分析、判别将学课程

的价值后选择适合自己的修学内容,将极大地增强学习的兴趣与热情,确保学习效果。当学生认真负责地参与学习过程时,就会促进学习,产生良好的学习效果。

体现教育过程的人本关怀。人本主义教育思想强调充分发挥学生这一认知主体的积极性,提倡学习者主动建构知识意义。罗杰斯(Rogers,1994)认为,涉及学习者整个人(包括情感和理智)的自我发起的学习是最持久、最深刻的。所有教学手段和措施一定要调动起学习者的积极性与主动性,才能成为促进自主学习发生的力量,而满足学习者的个性化学习需求正是激发学习动机的有效方法。满足个性化学习需求的基本前提是要在课程设置和执行的全过程充分考虑学习者的非智力因素和学习者的个体差异。人本主义视角下的大学外语课程将实现从单一向多元、从统一向差异、从封闭向开放、从静态向动态等方面的转向,学生个体平等、动态的学习需求得以满足。(顾世民,2013)

二、成就自我建构,提供个性化、适切性的教育

建设大学外语不断线课程体系能够更加满足学生的学习需求,便于学生自主学习、自我设计、主动地选择和加工外部信息,建构自己的技能与知识体系,开展独立探究性学习,自我评价学习效果,提高学习效能,个性化发展,避免做被动的刺激接受者,从而提高学生学习能力,包括自主学习能力、协作学习能力和终身学习能力。

不断线课程体系改革课程结构,具备较强的可行性和适用性,努力建构学生发自内心愿意参加和强烈需要的课程。高年级的提高阶段课程提供前沿教学内容,重视研究性学习,更能激发学生的内在学习动力,还能引导其学会高等教育阶段应该有的高层次的思维方法,如逻辑性思维、批判性思维、创新性思维、比较性思维等能力,恰恰能弥补我国人才培养过程中比较欠缺的部分。(夏纪梅,2014)课程通过不间断地提高外语技能,并深入探索人文与专业知识,淋漓尽致地发挥外语课程的工具性与人文性,帮助学生发现与揭示隐藏于一门外语表象背后的深层内容,以兼容开放的姿态,学会包容异域文化及其思维方式,借鉴吸收其精髓,提升处事格调,拓宽国际视野,陶冶品德与情操。(王文斌,2018)

不断线课程体系重视学生的学习体验、锻炼理性判断和决策能力,引导学生面对信息的多向性和知识的跨学科性,更好地规划和调整学习,基于明确的目标,有计划地实施行动方案,培养学生独立的语言学习能力,成为成功的自我

管理者。在学习过程中学会与人交往,在生活体验中掌握行动规则,实现道德和规则自觉。(王一军,2014)同时发展国际事务的参与能力、国际企业的就业能力及人才的国际竞争能力,以适应变幻莫测的社会环境。

对教师而言,课程建设是一项复杂的系统工程,能够助力教师职业发展,提升专业化能力与水平。"课程的开发、构建和教学过程无疑对任课教师是有百利而无一弊的'教学相长'过程",课程建设有助于"改变高校外语教师'被学术边缘化'的现象和被视为'语言教练'的群体身份。"(夏纪梅,2014:9)

三、满足社会与个人需求,提供公平均等的学习机会

外语学习不断线培养适应经济全球化人才的需要,与国家战略发展接轨。根据《教育部关于全面提高高等教育质量的若干意见》(教高〔2012〕4号)的要求,国际化人才培养,即熟练的外语能力、良好的跨文化交流意识与交际能力、较好的问题解决能力应该成为高校人才培养的重要目标。大学外语改革应顺应高等教育国际化趋势,开设提高阶段课程,切实提高大学生语言实际应用能力,开发提供大量地道的语言材料的教材,安排灵活多样的活动与训练,以便学生进行"浸入式"学习;通过"学""做""思"的有机融合切实提高学生的语言素养与自身能力,后续课程能够成为真正的"金课",更有针对性地改进学生的薄弱环节,满足学生特定社会情境中不断变化的需求;学生能在国内接受国际化教育,扩展全球化视野,提高国际交流的能力及对多元文化的理解能力,在跨文化交际中增强本国文化的自我表述能力、文化差异认识和调适能力。

不断线课程体系既考虑社会发展需求,为教育国际化进程提供支持和服务,又考虑学校学科发展需求,尤其是学生个人需求,为学生应对全球化的挑战做好准备。在外语学习从"习得语言"到"应用实践"再到"助力专业发展"的过程中,公共外语起到桥梁与纽带作用,外语学习的不断线为高年级的双语教学做了铺垫。"根据国家外语教育战略,结合社会对学生外语水平的需求,综合学生的需求,有条件的学校应该开设相应的后续课程,调动学生的英语学习兴趣,使其和部分专业的双语课程和全英语课程接轨。"(马武林,2011:15)

不断线课程体系维护教育权利的公平性。每个人都有权利根据自己的兴趣、专业需求等选择课程。各校"可彰显各自的特色,在每个板块内根据自身学生水平和师资条件提供不同类型的课程供学生选择"(文秋芳,2014b:4)。《教学指南》提出,学生可以根据自身特点和需求发展听说读写译等单项技能。考虑学以致用的经济原则及尽可能避免损耗和浪费有限的教育资源,没有必要规

定所有的学生必须以阅读或听、说为主。(龚晓斌,2009)改革课程体系的架构,让水平、层次、需求、兴趣各异的学生能最大限度地进行营养性学习,满足国际化专门人才的个性化需求。开设多种课程供学生选择是世界一流大学本科教育的共性之一。(黄福涛,2017)不断线课程体系对学校的发展至关重要,立足于本校学生实际的学习需求,为学生积极主动地学习提供良好的学习生态环境,帮助其在更高更广的平台上提高外语水平,能够促进学校的国际化水平。

四、符合语言发展规律,切实提高学生外语水平

在大学期间不间断学习外语的课程体系体现了外语语言学习的循序渐进原则。"《教学指南》所要求的'要考虑语言学习的渐进性和持续性'与《课程要求》提出的'保证学生整个大学期间英语水平稳步提高'一脉相承。"(屠国元、胡东平、范丽群,2016:5—6)

课堂教学具有速成性,学生可以在相对较短的时间内用相对较少的精力获得人类长期实践而获得的知识和技能。课堂教学的教学计划、内容都符合语言教学的规律,具备有序性。课堂教学追求最佳的教学效果,具备有效性。威多森(Widdowson,2013)认为,虽然在课堂上的语言环境与实际语言环境完全不同,但是大部分外语学习者学习外语不是为了成为以该外语为母语的社会成员,而是为了便于跨文化交流。我们可以设法使课堂环境尽量贴近真实的语言环境,同时也要认识到课堂本身就是社会的一部分,也是习得语言的场所。因此,课堂外语学习的优势不言而喻,其优点几乎是无法替代的。不断线课程体系给课堂教学提供了切实的教学运行机制保障。

第四节　相关概念的界定

一、大学外语

大学外语是指面向非英语专业学生开放的外语类课程。根据夏纪梅(2012)的论述,"大学外语"是从"公共外语"改名得来,其性质就是一门公共课,而非专业课。大学外语课程是目前大学生的一门必修课程,是高等教学的一个重要组成部分。大学外语课程是"集多种教学模式和手段为一体,以外语语言知识与使用技能、学习策略、文化素养为内容的教学体系"(赵海燕,2016:21)。

二、课程与课程设置

《中国大百科全书(第二版)》(于友先,2013:80)列出较典型的三种关于"课程"的定义:"1. 课程即教学科目。指所有学科的总合,或学生在教师指导下各种活动的综合。2. 课程即预期的学习结果或目标。3. 课程即学习经验或体验。""中国实行中央、地方、学校三级管理课程的制度。中央教育主管部门制定颁发指导性的课程纲要,规定国家课程;地方(省级)教育主管部门和学校,则根据中央颁发的课程纲要,结合本地区、本校实际,规定地方课程和安排学校课程,并提倡有领导地进行各种课程和教材的改革实验。这种管理体制,符合中国区域性发展极不平衡的实际需要,有利于形成学校办学特色及促进学生个性发展。"

《现代汉语词典》(吕叔湘、丁声树,2016:742)对"课程"的定义为"学校教学的科目和进程"。《牛津高阶英汉双解词典(第8版)》(Hornby,2014:501)将"课程(curriculum)"定义为"the subjects that are included in a course of study or taught in a school, college, etc."。课程可以理解为"一套有目的、可执行的计划,规定了培养的目标、内容和方法,有具体实施的策略和评价方式"(王守仁,2017a:3)。

课程是"人才培养的核心要素",课程设置"必须为教育目标服务"。(何莲珍,2019:9)潘愚(1999:349)提出,课程设置"是培养人才的总体规划,包括培养目标所要求的教学科目及其目的、任务、内容、范围、进度和活动方式等方面"。课程设置"不是课型的简单叠加,而是由课程目标、课程内容、课程实施和课程评价组成的动态循环系统"(祝珣、马文静,2014:49)。《教学指南》指出:"课程设置是教学目标在学校课程计划中的集中表现,是对课程结构和课程内容所做的安排和规定。"王守仁、王海啸(2011:11)认为:"课程设置是介于教学理念与教学实践之间的一个关键环节,在宏观上规定了教什么、开设哪些课程。课程设置改革应该是大学英语教学改革的一项重要内容。"杨治中(1999:25)认为:"考虑到各个院校之间、各院校内部系科专业的特殊情况和实际差异,具体操作上不必强求一步到位,也不宜搞全国统一测试,可以分期分批实施。有条件的院校或系科可以先上,取得经验、创造条件后再逐步铺开。在形式上可以多种多样,不必拘泥于一种模式。"段林远(2018:107)认为,课程设置要"考虑学校的实际状况,比如学校定位和专业特色、学生实际英语水平以及不同专业的教学要求等,不可盲目效仿";还要"考虑学校的师资情况,学校是否有足够的开设这些课程的合格的老师"。

  本研究涉及的大学外语不断线课程是指面向非英语专业学生开放的外语类课程,在大学期间提供不同的模块和级别课程供学生选择学习。不断线课程体系涵盖基础课程、后续课程、拓展课程、选修课程等。后续课程、拓展课程主要指基础阶段后所开设的外语公共任选课程。此类课程以提高学生外语实际应用能力为目标,旨在满足学生未来国际化情境下工作、学习、生活中对外语的需要。

第二章

大学外语不断线课程体系设置的理论依据

第一节 人本主义课程论

人本主义在西方起源于古希腊时代,与我国的儒家思想在教育理想上有相似点。人本主义坚持以人为本,其教育理念已经渗透诸多教育者的心灵,其思想已体现在现代教育的方方面面。人本主义心理学基于对人类的基本信任,认为生命过程的本质是主动的,而不是被动的;达到学生目标所需要的纪律是一种自律,成为学习者的个人责任;自律代替了外在的纪律。

自20世纪70年代,以人本主义心理学为基础的人本主义课程理论迅速发展,其主要代表人物有马斯洛(A. H. Maslow)和罗杰斯(C. R. Rogers)。马斯洛的自我实现论认为"人具有内在价值和内在潜能"。人一方面有"自然生物性",另一方面又有"自己的内心世界",可以成为"一个拥有独特自我,能进行自由选择,在创造性活动中自由地提升自我的真正意义上的人"(杨韶刚,2003:11)。人既有规律性和生物性,又有独特性和个体性。马斯洛需求层次理论认为人的内在价值是满足需要,以梯形金字塔来描绘需要在人类价值体系中的位置,从塔底到塔顶由低到高依次为"生理需要、安全感、社交、自尊、自我实现",五个层次体系自下而上呈阶梯式分布。学习是一种高级的精神需求,个体必须通过主动的选择来达到自我实现,教育以人的自我完善为根本目的,教育的功能在根本上就是人的自我实现。"教育具有完善人格、发展自我的本质属性。教育的关键在于开启心灵,学习者经历认识自我、发展自我、超越自我的过程,以实现自我的最高价值。教育不仅为社会发展培养人才,更要充分发挥每个人的潜能和才干。"(杨韶刚,2003:101)

罗杰斯的以人为中心的理论强调人的自我指导能力和人能认识自我实现

过程的正确方向。罗杰斯提出"个人中心取向"和"无条件积极关注"的观点。他认为当促进式情境出现时,人格与行为的改变就会发生。学校课程须发挥促进作用,提供促进学习的环境。在促进成长的环境中,学习者自己选择方向,学习自发产生,学习者的感受、热情和心智等全身心投入,因此,学习往往更加深入,效率更高。戴维·艾思派的研究证实教师提供的促进性环境与学生的学业成就之间存在明显的相关关系。"高水平"(促进性环境质量高)教师的学生更可能在学习上得到更大的收获。学校课程应提供促进式情境。罗杰斯认为教师应具备以下品质:相信学生的潜能;真诚对待学生;尊重学生的经验、情感和意见;深入了解并设身处地地为学生着想。教师应该帮助学生理解变化的环境和发挥最大潜能,鼓励其解决自己的问题。(章兼中,2016)

人本主义心理学突出自我概念在教学过程中所起的重要作用,教学应帮助学生发展积极的自我概念,为学生创造机会引导其管理自己的学习,学生从自己的需求出发,选择适合自己的教学内容、教学模式、教学方法,制订学习计划,实施并自我监督,进行自我评价,最后达到自我实现的目标。(李雪、史磊、曹菲,2014)强调学生个人价值与社会普通价值的统一,通过学生个人价值的实现最终实现教育的社会价值。就教育本体来说,从知识本位走向学习经验本位,赋予学生作为学习主体的发展权利。(王一军,2014)

人本主义教育的一个基本观点是尊重人的潜能和价值,提倡发挥人的主体性和创造性,提倡个人价值的自我实现,不断地适应人的潜能的变化,促进人的成长与发展。因此,教育不应强求每个人都达到一致的要求,而应重视学生的个别差异和个人价值观,服务于学生个性发展需求,因而强调因材施教。人本主义教育观强调:以学生为主体,以教师为主导;以学生为中心,以发展学生的自我潜能和价值为目标。让学生依据自己的实际情况,如兴趣、目的、意图等,自己制订学习计划,并对此负责。通过课程教学发展人的自主性、主体性和内在性,形成健康人格。人本主义教育"站在学习者的立场来考虑问题,主张将学生的内部学习和外部条件作用相结合,认知与情感在教育中的融合。重视人发现知识和掌握知识的能力,以及自立、自发、创造性、道德信念等人格品质"(杨韶刚,2003:146)。

人本主义教育"重视人的日常生活感受、个人检验和意义,重视情感和动机在学生学习中的作用。更关注理解学生的内部知觉,帮助学生更多发现学习对个体发展的意义。重视人的非智力因素的培养。关注人的主观体验、人的独特性、人的价值和尊严"(杨韶刚,2003:106)。

人本主义教育主张持续人的一生的终身教育,关注促进学习的持续过程。一门课程的成功,不在于学生学到了所有他们想知道的,而在于他们掌握了如何学习想知道的东西。

人本主义教育重视在教学中建立良好的师生关系。教师和学生共同承担学习的责任。提高学生的主体意识是以人为本教育的关键。杜绝"一言堂""满堂灌""唯分数是举",反对一味强调知识灌输,将被动学习转化为主动学习,培养创新精神。

外语教育不是单纯的符号和工具,过分强调纯客观知识的学习或纯主观意义的教育都是对人本主义教育思想的误解。作为一种教育思想或理念,人本主义虽有其不尽完善之处,但在一定程度上促进了学生自我选择和创造能力的发展,为学生将来的发展奠定了必要的思想基础。它必将随着时代发展而不断地充实其内容,不断向前发展。人本主义教育思想经过几十年的演变,不再是非指导性教学。

教学在其终极意义上是要促进人的发展,学生的发展是最根本的。(裴娣娜,2007)大学外语教学应"坚持以人为本的思想,体现'以学生为主体,以教师为主导'的理念,自觉服务于学校的办学目标,服务于院系专业需要,服务于学生个性发展需求,使教与学朝着'个性化'的方向发展,形成鲜明特色"(王守仁、王海啸,2011:10)。

人本主义课程论认为,课程的教育价值就是发现人的潜能和满足人的需要。课程内容要关注学习者多方面的兴趣价值,课程难度要适中,学校课程最终应由学生的需要来决定;在课程实施中,学生必须亲自体验各种经验;教师应创设学习材料丰富,能刺激学生主动探索的环境,营造充满尊重、信任、温暖、愉快的氛围,重视启发、讨论、思考、探索、发现、表达等活动方式。(李朝辉,2010)

以人本主义心理学为理论基础的外语教学法有沉默教学法(The Silent Way)、任务型教学法(Task-based Learning)、集体语言学习法(Community Language Learning)等。

"沉默教学法"就是教师通过在课堂上保持沉默来进行教学,给学生提供更多的参与机会。教师从学生已经掌握的知识入手,在课堂上尽量少讲话,但可以通过图片等教具和身体语言指导学生练习语言,导入新知识,学生在练习说的基础上练习阅读,学生通过感知而不是翻译来理解意义,在解决问题的过程中学习,教师从学生的反馈中获取有价值的信息,培养学生成为独立自主、负责任的学习者。

"任务型教学法"指教师围绕特定的交际和语言项目,根据不同层次学生的水平,设计出具体可操作的学习任务和活动,学生完成任务的过程即为学习过程,学生在体验、反思、顿悟和自醒中提高发现问题和解决问题的能力,以学生展示任务成果的方式体现教学效果。

"集体语言学习法"指师生一起合作学习一门语言。教师指导学生合作学习,将教学活动全程录音,将学生要表达的母语句子译为英语,学生在反复练习中增强外语语言技能。师生、生生间有大量互动交流,气氛活跃,有助于建立师生间融洽和谐的关系,增强交际能力、团队精神和合作意识。

第二节 建构主义学习理论

建构主义是认知主义的一个分支,其哲学基础强调主观(内部心理过程)与客观(外部刺激)相结合,即"主客观相统一"的认识论。(何克抗,2004)建构主义融合了多位学者的研究,起源于18世纪康德的哲学思想,由瑞士心理学家皮亚杰(J. Piaget)于20世纪60年代提出,科恩伯格(O. Kernberg)进一步研究了认知结构的性质与发展条件,斯腾伯格(R. J. Sternberg)和卡茨(D. Katz)探索了认知过程中如何发挥个体的主动性。建构主义还汲取了维果斯基(Vygotsky,1978)的历史文化发展理论、奥斯贝尔(Ausubel,1968)的意义学习理论及布鲁纳(Bruner,1960)的发现学习理论等多种学习理论的精髓,揭示了人类学习过程的认知规律。

建构主义十分关注以原有的经验、心理结构和信念为基础来建构知识,强调学习的主动性、社会性和情境性。由于学习是在一定的情境即社会文化背景下,借助其他人的帮助即通过人际协作活动而实现的意义建构过程,因此建构主义学习理论认为"情境创设""协作共享""会话交流""意义建构"是学习环境中的四大要素或四大属性。(何克抗,1997a;范琳、张其云,2003;孔云,2017)也有学者提出建构主义学习设计六要素:创设情境、提出问题、搭建桥梁、组织协作、展示成果、反思过程。(丰玉芳,2006)

建构主义认为人类的知识是对客观世界的一种解释或假设,不是最终答案。学生学习知识就是在理解的基础上对这些假设做出检验和调整的过程。建构主义学习观认为,学习是学生自己建构知识的过程。学生不是简单被动地接受信息,而是主动地建构知识的意义。学习是学习者根据自己的经验背景,对外部信息主动地进行选择、加工和处理。对所接受到的信息进行解释,生成了个人的意义或者说是自己的理解。个人头脑中已有的知识经验不同,调动的知识经验相异,对所接受到的信息的解释就不同。(Vygotsky,1978)

建构主义认为意义是学习者在新旧知识经验间反复的、双向的相互作用过程中建构的。每个学习者都以自己原有的经验系统为基础对新的信息进行编码,建构自己的理解,而且,原有知识又因为新经验的进入而发生调整和改变。知识建构不是一种简单的增强反应,也不是单向的知识获得或信息累积,而是学习者自身的意义追寻和建构,同时包含由新、旧经验的冲突而引发的观念转变和结构重组。(温彭年、贾国英,2002;马兰、张文杰,2012)个体的学习过程并不是简单的信息输入、存储和提取,而是新旧经验之间的双向的相互作用过程。一方面是对新信息的意义建构,另一方面也包含对原有经验的改造或重组,该理念是当代教学和课程改革的基础。(裴娣娜,2007)总之,学习是双向建构的过程。

建构主义强调学习情境的重要性,认为学生的学习是与真实的或类似于真实的情境相联系的,是对真实情境的一种体验。学习者只有在真实的社会文化背景下,借助于社会性交互作用,利用必要的学习资源,才能积极有效地建构知识,重组原有知识结构。(丰玉芳,2006)学习通过新信息与学习者原有的知识经验双向的相互作用而实现,也就是学习者与学习环境之间互动的过程。何克抗(1997a)强调对学习环境(而非教学环境)的设计,建构主义认为学习环境是学习者可以在其中进行自由探索和自主学习的场所。在此环境中学生可以利用各种工具和信息资源来达到自己的学习目标。在这一过程中学生不仅能得到教师的帮助与支持,而且学生之间也可以相互协作和支持。按照这种观念,学习应当被促进和支持而不应受到严格的控制与支配;学习环境则是一个支持和促进学习的场所。在建构主义学习理论指导下的教学设计应是针对学习环境的设计而非教学环境的设计。在外语教学过程中,教师要创设与英语教材内容相关的情境,针对所要学习的内容设计出具有思考价值和启发意义的问题,引导学生积极思考、努力尝试解决。在问题情境下进行学习,学生不再盲目接受和被动记忆教师传授的知识或课本知识,而是主动地进行自我探索;学习过程变成学生积极参与的、建构知识的高水平思维过程。

建构主义学习理论认为"协作学习"对知识意义的建构起着关键性的作用。它强调学生之间、师生之间的协作交流以及学生和教学内容与教学媒体之间的相互作用。建构主义的协作学习就是"生生互动",指学生之间的相互作用和影响,包括小组讨论、相互评价、相互激励、互帮互学等合作互助,从而建立起合作与竞争的生生关系。"师生互动"指师生间的相互作用和相互影响,即认知信息方面的或是情感信息的交流与互动。师生之间充分的交流、讨论、争辩、合作及教师的针对性指导,能提高学生知识建构的质量,学生在课堂交流中学习,有更多建构知识的机会。"会话"是协作过程中不可缺少的环节。协作学习的过程也是会话的过程。

建构主义学习观强调以学生为中心,认为学生是学习的主体,是认知和信息加工的主体,是知识意义的主动建构者。学生获取知识的多少取决于学习者根据自身的经验去建构有关知识的能力,教师对学生的意义建构起帮助和促进的作用。它同时强调教师是学生学习的帮助者和合作者。教师提供帮助和支持,引导学生在原有的知识经验基础上生发出新的知识经验,从而对知识的理解逐步深入,帮助其形成思考、分析、解决问题的思路,启发学生反思其学习过程,形成自我管理、自我监督、自我负责的学习能力。教师在教学活动中,应给学生更多的机会和充分的时间去探究、发现、评估以及对自己的想法做修正等,让学生经历人类发现知识的自然过程,学会学习。

建构主义强调学习过程的最终目的是完成意义建构,而非完成教学目标。在传统教学设计中,教学目标既是教学过程的出发点,又是教学过程的归宿。教学目标分析可以确定所需的教学内容和教学内容的安排次序;教学目标还是检查最终教学效果和进行教学评估的依据。但是在建构主义学习环境中,由于强调学生是认知主体,是意义的主动建构者,所以把学生对知识的意义建构作为整个学习过程的最终目的。在这样的学习环境中,教学设计通常不是从分析教学目标开始,而是从如何创设有利于学生意义建构的情境开始,整个教学设计过程紧紧围绕"意义建构"这个中心而展开。建构主义的评价观更重视对知识建构的过程而不是结果的评价,评价标准源于丰富而复杂的情境,关注真实任务的解决,呈多种形态。(裴娣娜,2007)

建构主义教学观主张教学的目标是培养学生的探究能力和创新能力,教与学之间是互为促进的循环关系。教师提供建构的知识框架、思维方式、学习情境等有关线索,学生积极主动地建构对事物的理解和体验。教师从学生已有的知识、兴趣、情感出发,设计有针对性的教学情境,新老经验相互作用,从而建构新知识,发展自主学习能力和创新能力。(孔云,2017)教学应该把学习者原有的知识经验作为新知识的生长点,引导学习者在原有知识经验的基础上,积极地建构新的知识经验。教学不是知识的简单传递,而是知识的加工、处理、转换和升华。教师和学生之间、学生与学生之间,需要共同探索问题,并在探索的过程中相互交流、研讨和质疑。值得一提的是,建构主义强调以学生为中心,重视学生对知识的主动探索、主动发现和对所学知识意义的主动建构,这与人本主义教育思想的部分内容不谋而合。

建构主义学习理论仍是一个正在发展中的理论,其发展进程依然是动态开放的;在认识论立场上如何处理好建构与反映、个体性与社会性、真理的绝对性与相对性之间的关系,将是实现其理论超越的根本问题。(杨维东、贾楠,2011)建构主义作为一种教学与学习理论极具启发意义,但在一些问题上也失之偏颇。首先,要以辩证的观点在理论上深入分析和把握它,同时又应根据实际教学活动,汲取其合理之处。(范琳、张其云,2003)例如,应该批判性地看待"以学生为中心"的理念,因为它易于将教师在课堂上的作用边缘化,教师最重要的职责并未得到合理彰显;同时学生却被认为是教学目标、内容和教学进度的决定者、课堂话语的主导者,其作用被不适当地扩大。"以学习为中心"主张教学必须要实现教学目标和促成有效学习的发生,因此比"双主"原则更简洁明了,更准确地反映了学校教育的本质。(文秋芳,2015)再者,对所学内容不加区分就一律要求对其完成"意义建构",达到较深刻的理解与掌握,是不适当的;应该在进行教学目标分析的基础上选出当前所学知识中的基本概念、基本原理、基本方法和基本过程作为当前所学知识的"主题",然后再围绕这个主题进行意义建构。这样建构的"意义"才是真正有意义的,才符合教学要求。(何克抗,1997b)必须注意,应该倡导的不是那种建立在主观主义认识论和片面的以学生为中心的教育思想基础上的极端建构主义,而是建立在"主客观统一"认识论和"主导—主体相结合"教育思想基础上的新型建构主义。(何克抗,2004)

建构主义代表性的教学方法有:支架式教学(Scaffolding Instruction)、抛锚式教学(Anchored Instruction)、随机进入教学(Random Access Instruction)、基于问题的教学法(Problem-based Learning)、项目驱动法(Project-based Learning)等。

"支架式教学"的教学步骤:围绕学习主题,按"最邻近发展区"的要求建立框架,搭建脚手架,将学生引入一定的问题情境,让其独立探索;教师尽力启发引导,适时提示,帮学生沿概念框架逐步攀升,逐步放手让学生自己分析,争取无须引导;可以进行小组协商讨论,在共享集体思维的基础上理解所学概念,完成意义建构;最后进行效果评价,包括学生自我评价和学习小组对个人的评价。

"抛锚式教学"的教学步骤:创设情境,使学习能在类似现实的情境中发生;

确定问题,选出与当前学习主题密切相关的真实事件或问题,作为学习内容,即"锚";自主学习,教师向学生提供解决问题的线索,注意发展学生的自主学习能力,包括确定学习内容、获取相关信息与资料、利用评价相关信息的能力等;协作学习,通过讨论交流、补充、修正、加深学生对问题的理解;效果评价,在学习过程中随时观察并记录学生的表现。

"随机进入教学"的教学步骤:向学生呈现与学习主题相关的情境;学生随机进入学习所选择的内容;进行思维发展训练,教师提出的问题应有利于促进学生认知能力的发展,建立学生的思维模型,培养其发散性思维;围绕呈现不同侧面的情境所获得的认识进行小组协作学习,评论和考察各自的观点;学习效果评价亦包括自我评价和小组评价。

"基于问题的教学法"是把学习放在真实的、复杂的问题情景中,通过学习者的自主探究和合作讨论来解决问题,从而深刻理解隐含在问题背后的知识,形成解决问题和自主学习的能力。(Barrows,1980)该教学法应用于大学英语阅读教学的主要环节,包括问题准备、资料查阅、小组交流、课堂讨论、评价总结等,在课堂将分组教学与班级授课相结合。

"项目驱动法"是以项目为基础的教学活动,学生在教师的指导下,在学习中选定研究的项目或主题,用研究的方式主动收集信息、分析信息、获取知识、应用知识、解决问题的学习活动。该教学法强调的是问题的探究和解决的过程,注重学生能力的培养。在项目进行的过程中和项目结束后,教师以评估者的身份对学生进行形成性和终结性的评价。(李立、杜洁敏,2014)

第三节 生态学习观

"生态"在《现代汉语词典》的解释是"生物在一定的自然环境下生存和发展的状态"。生态是"生物体的生存状态及生物体之间、生物体与环境之间的关系"(徐淑娟,2016:25)。课堂是一个复杂的生态系统,系统各因子(教师、学生、课堂环境)之间相互作用、相互依赖、相互交融和转换,形成各种关系。在现代课堂生态中,教师和学生都可以是系统中知识和消息的生产者、消费者和分解者,都是学习主体和创造主体。教师、学生、环境之间通过课堂交互,实现能量流动和信息流通。生态课堂是用生态主义的观点理解课堂、建构课堂,是内外关系和谐的、利于师生共同成长的课堂生态,是教学效益最佳的课堂。(徐淑

娟,2016)

我国大学课堂生态已由传统的讲授式课堂生态向建构式课堂生态过渡,必将发展为理想的共建式课堂生态。讲授式课堂生态范式是以教师为中心,设计统一的教学目标和任务,以灌输的讲授法传授教科书中知识的课堂范式。建构式课堂生态范式是在教师的启发引导下,充分发挥学生的主体作用,关注其原有生活经验和学习兴趣,采用谈话、讨论等方法,引导学生的想象思维和自我见解,使其全面发展的课堂生态范式。共建式课堂生态范式"将教师和学生作为学习活动的共同体和富有生命活力的主体,以平等对话的合作关系共同参与教学活动,共同发现问题,共同创造知识,实现课堂教学为师生共同成长和可持续发展服务"(徐建华,2015:62—63)。

生态学原理向人文科学领域渗透,促进了教育生态学的发展。根据徐淑娟(2016:29—35)对教育生态学理论的梳理,列举以下几种:

"限制因子定律":当生态因子(一个或相关几个)接近或超过某种生物的耐受性极限而影响甚至阻止生物生存、生长、繁殖、扩散和分布时,就成为限制因子。教师应在生态课堂减少限制因子的影响,扩大发展最适区,引导学生完成知识意义的积极建构。

"最适密度原则":大多数生物个体会与其他许多个体联系成一个互相依赖、相互制约的群体才能生存,这是基于适应性特征的集群。每种生物都有自己的最适密度,教育生态群体亦是如此。教师应考虑大学外语课程群各模块课程群体的特征及不同课程班级的合理人数等。

"花盆效应":花盆里的作物靠人为创造适宜条件,包括温度、湿度、营养等,可以生长良好,但由于生态因子的适应阈值下降,生态幅变窄,生态位下降,一旦缺乏照料就经不起变化而枯萎。教师应思考如何创造适宜的学习环境,在积极引导的同时学会放手,锻炼学生的环境适应能力和竞争力。

"边缘效应":在两个或多个不同性质的生态系统交互作用处,某些因子或系统属性的差异和协合作用引起系统某些组分及行为的较大变化。边缘效应以激烈的竞争开始,和谐的共栖结束。教师可以利用边缘效应指导分级教学。确定教育的边缘区,帮助提高边缘区学生的竞争力。

"整体效应":生态系统各组分在质和量上的变化及相互作用的过程中对本系统或更高层级系统产生放大效应,即牵一发而动全身。教师应思考要达到 $1+1>2$ 的效果,从细节入手,提高教学的整体成效,院系教、学、管集成机制,形成合力。

"活水效应":生态因子的不断优化或物质能量的不断输入使生态系统保持动态平衡。教师应提高信息素养,不断更新教学理念与教学内容,不断优化教学环境,有利于外语教育生态系统平衡、动态、良性发展。

教育生态系统中存在着使其各要素之间相互联系、相互作用的教育生态链。教育生态链的形成是教育生态系统形成的重要标志。促进外语教育生态主体教师与学生之间、学生与学生之间关系的和谐共进,要遵循"以人为本"的生态化思想,构建交互动态的外语教学环境,在生态教学的视野下,将大学外语教学看作一个生态系统,确保系统良性循环运作,使系统中的各因子达到和谐、平衡,理顺教师、学生、教学内容、教学条件、教学方法等各方面的关系,打造合作探究型生态课堂,让学生在认知、情感、态度与技能等方面和谐发展,教学呈现"多元、和谐、开放、主动"的良性教育生态特质。在生态课堂中,和谐的师生交互关系主要体现为目标与理念的一致、交流和交互的通畅、关系和谐师生共生。教师既服务于学生的成长,也在教学过程中获取养料,形成良性循环。

以生态的视角看待学习,目的就是期望能够反映学习的复杂性及各种学习理论趋于整合的必然性。与行为主义学习观不同,生态学习观坚持作为主体的学习者不是消极地受制于其环境中的物理刺激,而是有意地与其学习的环境交互作用;与认知主义的信息加工理论不同,生态学习观没有将学习者视为汲取、存贮和再现信息的熟练的信息加工机器,而是携带一定的生命印记的、有情有义的知识意义的积极建构者;与社会文化理论不同,生态学习观强调个体与共同体在学习过程中的相互贡献、相互形塑。(郑葳、王大为,2006)

在教师发展方面,生态学视角与"以人为本,天人合一"的中国传统文化思想高度契合,为外语教师专业发展环境研究提供了概念框架:"环境是包括教师在内的一个多层级系统,教师主体位于这一系统的中心,是最重要的组成部分;而学校和社会文化则最能揭示这一系统运行的深层内核;教师的个体特征(认知、情感、实践等)与其他各层,特别是与最近环境(教学和科研实践中的人与事)的积极互动推动着教师的发展。"(顾佩娅等,2016:101—102)

生态学习观具有整体性、适应性、多样性原则。学习活动被视为一个完整的生态系统,而且由多种元素构成,如个体的人、群体的人、各种工具、语言、规则和方法、环境的因素等;学习的实践绝不能脱离特定的学习情境,学习是意义形成和积极建构的过程,良好的学习环境应该能够做出富有弹性的变化以适应每一个处于发展中的学习者的特征(提供多种形式以适应不同认知风格,多层次活动设计以支持不同水平学生的学习等);尊重每位学习者的专家身份,鼓励其对话交流而促进意义的生成。(郑葳,2007)生态学习观主张学习者有意识、自主地与其学习的环境交互,通过积极主动的活动,借助有目的的反思实践,对其情境所能提供的给养和限制进行调适。要解决教育生态系统变革中的失衡现象,大学课程只有推动个体、自然、社会有机统一,才能实现整体的人的发展目标。要实现人的全面、协调发展,避免教育单纯学术化,关注个体、自然与社会的和谐发展。要打破学科界限,将非学术性实践活动与生活体验等纳入课程体系。(王一军,2014)

典型的基于生态学习观的教学方法是多元智能教学法。戈尔曼(Goleman,1995)提出,智能是人在特定情景中解决问题并有所创造的能力。他认为我们每个人都拥有八种主要智能:语言智能、逻辑-数理智能、空间智能、运动智能、音乐智能、人际交往智能、内省智能、自然观察智能。他提出的"智能本位评价"理念,扩展了学生学习评估的基础,主张"情景化"评估,改正了以前教育评估的功能和方法。多元智能理论是对传统的一元智能观的强有力挑战。

克里斯蒂森(Christison,1997)就多元智能理论提出了以下具体教学操作方案。语言智能:讲座、讨论、工作表、词汇游戏、听有声材料、创作出版(创办班级报纸或收集习作)、学生演讲、讲故事、辩论、写日记、记忆等;逻辑数学智能:科学演示、逻辑问题和难题、科学思维、按逻辑排序进行主题陈述、编码、故事题、计算等;空间智能:图表、地图、录像、幻灯片、电影、照片、组织图、视觉意识活动、视觉化、思维导图、作画等;身体运动智能:创造性活动、角色扮演、实地考察、旅行等;音乐智能:播放音乐录音、弹奏音乐(钢琴、吉他)、音乐欣赏、学生自制乐器、唱歌等;人际交往智能:合作小组、同学互教、群组脑力风暴、冲突调解、结对活动等;内省智能:学生独立活动、个性化项目、课外作业选项、清单与检查表、个人日记、自主学习、反思性学习等。

第四节 需求分析理论

关于"需求"的定义,不同学者从不同视角给出了解释。霍金森和沃特斯(Hutchinson and Waters,1987)认为需求分为"目标需求"和"学习需求"。理查兹(Richards,1984)和布朗(Brown,1995)认为社会需求可分为"主观需求"和"客观需求"。国内学者束定芳、华维芬(2009:42)提出的"社会需求"和"个人需求"在国内需求分析研究中具有代表性。"社会需求"是指社会和用人单位对毕业生的英语知识与技能的要求,"个人需求"则是指学生目前的实际水平与其希望达到水平之间的差距。"前者是社会用人单位对大学毕业生的英语能力的需要,后者是指大学生毕业后所要从事的工作对英语能力的需要;一个是宏观需求,一个是微观需求。"(蔡基刚,2006:6)主观需求是理想需求,客观需求是实际需求。《教学指南》清晰描述了大学外语教育应该满足社会需求和个人需求:"一方面,外语教育满足国家战略需求,为国家的改革开放和经济社会发展服务;另一方面,外语教育满足学生专业学习、国际交流、进修深造、工作就业等的需求。"(何莲珍,2019:9)

　　学生的需求渐趋多元化、个性化、实用化。从需求分析理论内涵看,不管是学生目标需求和学习需求还是社会需求和个人需求都不是单层次、直线性的,而是多层次、多方面的,这种对外语学习和应用的多层次需求是多元化大学英语课程设置的基本原则。(段林远,2018)根据马斯洛需求层次理论,在高需求层次表现阶段,正确引导、促进学生特长的长效发展,如针对学生需求,增加不同类型比赛的活动,学生展露风采的同时,极大地增强其个人自信心。鼓励实行创新的学生,满足需求层次中的尊重层,促使学生从外在需求的满足进一步延伸到对自身行为价值上的追求,从而完善其特长的发展。需求层次理论适用学生的管理与教育,在行为心理学的基础上,依据大学生自我需求体系,实现从学生被动接受转化为学生主动发展。(孟牒等,2017)

　　考虑"人的禀赋和智能结构千差万别,我国各高校的办学定位和办学水平参差不齐,各行各业对人才的需求五花八门,社会需要的人才分为高中低等不同的层次",我们必须从多方面做好需求分析,并在此基础上"提供多元化的课程体系和多样化的选修课程"。(王银泉、王薇、张丽冰,2016:44)大学外语教学不能规定整齐划一的教学要求和课程设置,应该围绕需求来规划,围绕国家、社会、用人单位和个人需求来改革现有教学。需求评价应该是一个长期、持续、动态的过程,在教学过程中分阶段进行,以便适时调整教学理念、课程设置、教学模式、效果评价手段,以满足个体学习需求和社会需求。

第五节　外语语言学习理论

语言学习是一个漫长的量的积累过程。从语言理解到语言运用需要足够的量的积累。只有语言信息的输入积累到融会贯通的程度,才能产生语感,自由地表达思想。

美国行为主义理论学者斯金纳(Skinner,1957)认为言语行为只有不断得到强化,才能掌握语言技能。"重复"的出现在学习中相当重要。在学习过程中,通过"刺激—反应—强化",养成学习习惯。虽然行为主义理论有其局限性,但其科学性也经大量语言实践检验证实。复现知识是至关重要的。

克拉申(Krashen,1985)提出的"输入假设"(Input Hypothesis)理论认为只有当学习者大量接触到可理解的语言输入,才能自然习得语言。他提出"i+1"理念,i代表学习者现有语言水平,1代表当前语言知识状态与下一阶段语言状态的差距。如果缺乏足够阅读、视听的输入,语言习得就不可能发生。运用第二语言的流利程度是在合适的环境中慢慢形成的。该理论是分级教学的理论基础,既要保证学生有足够的输入量,又不能造成无法胜任的学习负担,这样才能达到理想的学习效果。

斯温纳(Swain,1995)提出的"输出假设"理论认为语言的输出能够促进学习者熟练运用语言。学习者要想提高外语语言能力,就需要利用现有语言资源,对将要输出的语言进行思考,使其确切、连贯、得体,通过协作输出可理解语言。语言输入是必要的,但不是语言习得的充分条件。在有限的时间内如果缺乏输出的机会,会影响学习效果。

朗(Long,1983)的"互动假设"理论认为,学习者以交际的方式讨论问题,在此过程中不断修正会话的互动结构,从而使输入更有意义。朗指出互动可以提高输入的可理解性,而且为学习者提供了语言输出的机会。后期修订过的互动假设(Long,1996)补充说明了在活动过程中纠正性反馈有利于学习者习得正确的语言形式。该理论强调学习者的社会关系在互动协商中的重要性,为学习者设计能平等参与和协商意义的情境及任务是语言教学的关键之一。

语言习得是输入和输出相互影响的过程,输出的过程是学习者验证对输入理解的过程,两者缺一不可。一方面应该学习外语的语言规则,另一方面需要合适的环境习得语言,教师有目的地创造外语学习环境无疑能最大限度地帮助外语学习者。

文秋芳(Wen,2014)提出"产出导向法"(Production-oriented Approach,下文简称POA)。文秋芳(2014a:6)主张,"在课堂上处理输入时,务必要集中学习和消化对输出活动有贡献的输入材料,全面实践一切为输出服务的理念"。学习者在外语学习中存在差异,具体体现在能力(abilities)、特质(propensities)、外语认知(learner cognitions about L2 learning)、行动(learner actions)方面存在个人差异,包括能力差异[智力(Intelligence)、语言能力(language aptitude)、记忆力(memory)]、特质差异[学习风格(learning style)、动机(motivation)、焦虑(anxiety)、个性(personality)、交流意愿(willingness to communicate)]、学习者外语学习认知差异[学习者观念(learner beliefs)]和学习者行动差异[学习策略(learning strategies)]。(Ellis,2004)

文秋芳(2018:4)还提出外语的六种关键能力:"语言能力(language competency)、学习能力(learning competency)、思辨能力(critical thinking competency)、文化能力(cultural competency)、创新能力(creative competency)和合作能力(collaborative competency)。在这六种能力中,前四种能力(语言能力、学习能力、思辨能力和文化能力)分别对应《普通高中英语课程标准(2017版)》中的四种核心素养;高校外语课程应该与《课标》无缝对接,否则就跟不上时代的发展。后两种能力(创新能力和合作能力)在《关于深化教育体制机制改革的意见》中有所描述,是学生踏入社会、进入职场的必备能力。"大学外语课程应该在强化和发展前四种核心素养的基础上,重点培养创新能力和合作能力,为学生进一步深造、未来生活和职场生涯做好准备。周燕、张洁(2014)提出,在大学基础阶段应"学以明智",即通过英语学习培养学生的表达能力和思维能力;在大学高级阶段及研究生学习阶段应"学以专攻",即与自身专业学习相结合,把学习的重点放在对专业内容和知识的探究、拓展和创新上。如此才能将教学效果最优化,更好地实现国际化人才培养目标。

上述教与学的理论为大学外语不断线课程体系设置提供了多个维度的坚实的理论基础。

第三章
大学英语不断线课程体系设置方案

坚持科学的大学英语教学改革观,核心是提高教学质量。外语教育者有责任遵循外语教育的内在发展规律,回归教育的本质,为我国经济社会发展和构建人类命运共同体培养更多更高质量的外语复合型人才。(蒋洪新,2018)

建设大学英语不断线课程体系是以学习者需求分析为依据,将学生当作知识体系创造的主体,尊重其潜能、本性、兴趣、要求和动机等,为其提供更多的选择机会,鼓励其建立自己的学习计划,从而能够根据自身能力、意愿、爱好组成不同的学习小组,就犹如加入各种外语兴趣小组。课程自由选择度大,学生可以自由探索,决定自己的学习课程,对自己的选择负责,自主安排和完成学习任务;同时,课程要求又具备一定的自我约束性。课程还注重外语学习者的个性,强调个性的充分发展与共性的协调统一,旨在培养有思想独立性、有内驱力、有创造性的人才。学习者在富有挑战性的工作和学习任务中,克服困难,由被动接受走向积极自主发展,最终取得成功。

大学英语不断线课程体系依据《教学指南》设计,达到传统教学手段与现代方法的传承、融合与创新。关于课程设置的总体框架,《教学指南》指出:"大学英语教学的主要内容可分为通用英语、专门用途英语和跨文化交际三个部分,由此形成相应的三大类课程。大学英语课程由必修课、限定选修课和任意选修课组成。各高校应根据学校类型、层次、生源、办学定位、人才培养目标等,遵循语言教学和学习规律,合理安排相应的教学内容和课时,形成反映本校特色、动态开放、科学合理的大学英语课程体系。课程设置要注意处理好通用英语与专门用途英语、跨文化交际教学的关系,处理好必修课程与选修课程的关系。课程设置还要充分考虑语言学习的渐进性和持续性,在大学本科学习的不同阶段开设相应的英语课程。"大学英语教学从单一的通用英语向"通用英语+"型转变。(王守仁,2016b,2017b)"通用英语+"型是一体两翼,即"通用英语+专门用途英语和跨文化交际"。专门用途英语包括学术英语和职场英语,相对而言是目前大学英语教学的"短板",因此要加强专门用途英语课程建设,深入开展学术英语教学研究。同时,外语教学要关注培养国际化领导人素质(leadership),使我们的学生具有国际视野、跨文化沟通能力,能清楚、详细地谈论广泛领域的话题,能就时事发表自己的观点,并能对各种可能性陈述其利弊(欧洲理事会文化合作教育委员会,2008),能动用语言的力量去说服人,讲好中国故事,传播好中国声音。

关于课程定位,《教学指南》指出:"大学外语教育是我国高等教育的重要组成部分,对于促进大学生知识、能力和综合素质的协调发展具有重要意义。大学英语作为大学外语教育的最主要内容,是大多数非英语专业学生在本科教育阶段必修的公共基础课程,在人才培养方面具有不可替代的重要作用。大学英语课程应根据本科专业类教学质量国家标准,参照本指南进行合理定位,服务于学校的办学目标、院系人才培养的目标和学生个性化发展的需求。"

关于教学目标,《教学指南》指出:"大学英语的教学目标是培养学生的英语应用能力,增强跨文化交际意识和交际能力,同时发展自主学习能力,提高综合文化素养,使他们在学习、生活、社会交往和未来工作中能够有效地使用英语,满足国家、社会、学校和个人发展的需要。根据我国现阶段基础教育、高等教育和社会发展的条件现状,大学英语教学目标分为基础、提高、发展三个等级。在三级目标体系中,基础目标是针对大多数非英语专业学生的英语学习基本需求确定的,提高目标是针对入学时英语基础较好、英语需求较高的学生确定的,发展目标是根据学校人才培养计划的特殊需要以及部分学有余力学生的多元需求确定的。大学英语教学与高中英语教学相衔接,各高校可以根据实际需要,自主确定起始层次,自主选择教学目标。分级目标的安排为课程设置的灵活性和开放性提供了空间,有利于实施满足学校、院系和学生个性化需求的大学英语教学。"

关于教学要求,《教学指南》指出:"我国幅员辽阔,各地区、各高校之间情况差异较大,大学英语教学应贯彻分类指导、因材施教的原则,以适应个性化教学的实际需要。"

大学英语不断线课程体系的课程设计还参照教育部考试中心起草、国家语言文字工作委员会规范标准审定委员会审定、教育部和国家语委于2018年颁布的《中国英语能力等级量表》(以下简称《量表》),无缝连接高中英语到大学英语学习,打通四年大学英语教学各环节,解决大三、大四英语学习断层问题,保证外语学习的连续性,以较长的四年本科时间周期为依托,实现课堂面授与自主学习相结合,彻底摆脱应试教学。

第一节　大学英语不断线课程体系演变与发展

笔者所在的江南大学大学英语改革历经十五余年,自 2004 年获批教育部首批大学英语课程改革试点单位以来,大学英语教学踏上了创新、务实的改革之路。2004—2007 年为改革试点期。外国语学院采用"大班课 + 小班课 + 网络自主学习"相结合的全新教学模式,首先对 8 个班进行了改革试点,随后逐年扩展,2007 年试点班级已达 64 个,为新一轮改革奠定了良好的基础。

表 3-1　2004—2007 年江南大学改革试点期课程体系

选学比例		规定性要求(必修课)(学期)					拓展类课程(选修课)			备注
		预备级	一级	二级	三级	四级	外语应用类(EGP)	文化拓展类(EGE)	双语/专业类(ESP)	
10%	预备级	0	1	2	3		中高级听力	跨文化交际	商务英语	拓展课程根据需求任意组合
45%	一般要求		1	2	3	4	中高级口语	影视欣赏	法律英语	
30%	较高要求			2	3	4	中级口笔译*	英文经典	科技英语	
10%	更高要求				3	4	雅思/托福*	诗歌散文*		
5%	卓越计划					4	应用文写作*	英文演讲*	学术英语*	
课程目标与要求		语言知识和基本技能、跨文化意识、自主学习能力					语言应用	文化素养	专业视野	
课内	周课时	4	4	4	2	2	2	2	2	2	总课时 16
	周机时				2	2					自主学习成绩不得低于总成绩的30%
课外周机时		2	2	2	2	2	1	1	1	1	
学分构成		4	4	4	4	2	2	2	2	2	总学分 16

2008—2010 年为改革推进期。2008 年 9 月,本着"分流分级,自主选课,底线达标,优生优培"的教改理念,启动了新一轮大学英语教学改革。新生入学分级考试后分别进入预备级、一级常规班和二、三级快班学习。快班学生修完四级后,进入拓展课程学习阶段。在该阶段,学生可选修"实用翻译""实用写作"

"英美国家社会与文化""商务英语"等课程,增强了课程的针对性与实用性。

表3-2　2008—2010年江南大学改革推进期课程体系

选学比例	规定性要求(学期)					拓展类课程			备注
		预备级	一级	二级	三级	四级	外语应用类(EGP)	文化拓展类(EGE)	双语/专业类(ESP)	
5%	预备级	0	1	2	3		不进入拓展课程模块			根据情况每学期开设一部分拓展课程提供学生选择
40%	一般要求		1	2	3	4				
35%	较高要求			2	3	4	A:中级口译+中级笔译	D:英国文化+美国文化	F:商务英语+科技英语	
15%	更高要求				3	4	B:雅思听说+雅思读写	E:时文选读+跨文化交际	G:论文宣讲+学术英语写作	
5%	卓越计划					4	C:托福听说+托福读写			
课程目标与要求	语言知识和基本技能、跨文化意识、自主学习能力					语言应用	文化素养	专业视野	总课时12
周课时	3	3	3	3	3	3/课程套餐	3/课程套餐	3/课程套餐	
学分构成	3	3	3	3	3	3	3	3	总学分12

2011—2013年为改革调整期。根据学分变化与教改实践经验,调整了大学英语课程体系的设置和修读模式:取消了低需求课程,成立了后台管理小组,以加强自主学习管理,进一步提升教改成效。

2014年9月,改革进入全面深化期。根据学校目标、学院架构与学生需求,遵循"各取所需,个性发展,强化能力,突出应用"的理念,深入推进大学英语教学改革,全力打造国内最具特色的课程体系与修读模式。实施"模块化+分级制"大学英语课程体系与修读模式,满足多元化的社会客观需求和个体需求。

教学改革后的课程设置实现模块化与分级制相结合,做到以人为本、以学为主,将听说模块、读写模块、翻译模块相对独立开来。学生在第一学期学习基础英语,夯实语言基础,进行高中与大学学习的有效衔接,充分发展自主学习能力,在学期结束前参加选课指导,并登录教务选课系统自主选课;在第二学期可选择级别一、二中的不同模块课程修读;自第三学期起可选择所有级别中的模块课程修读。三个学期可以横跨不同模块课程学习,或者缺什么补什么,或者进行营养性学习,也可以选择集中在某一个模块但不同级别的课程进行深入学习,在某些英语技能上追求卓越。这样的学习路径,有利于学生提高学习的积极性与主动性,为其搭建了人性化的提升语言应用能力的平台。

新课程模块层级分明,符合教育部《课程要求》提出的三个不同英语教学层次:"基础课程与级别一课程对应一般要求;级别二课程对应较高要求;级别三课程对应更高要求,从而满足不同英语层次学生的需求,摒弃宽泛的低关联度课程,开设学生真正所需的课程,如技能训练课程:读写课、听说课、口笔译;职场英语课程:BEC读写与听说;出国通行证课程:托福/雅思读写与听说,为学生搭建提升语言应用能力与跨文化交际能力的平台。课程进行综合技能教学的同时,尊重个体差异与专业/职场需求差异,兼顾专才与通才培养。学生进校不分级,在完成第一学期的基础课程后学生根据自己的实际情况与需求自行选择不同级别中的不同模块,由'他诊'转为'自诊',真正做到自主自助。课程定位更加聚焦与明确,有助于集中师资,打造特色课程。"(龚晓斌,2014:119)

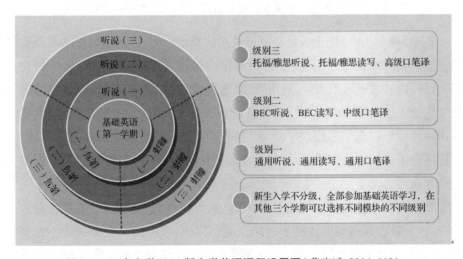

图 3-1　江南大学 2014 版大学英语课程设置图(龚晓斌,2014:118)

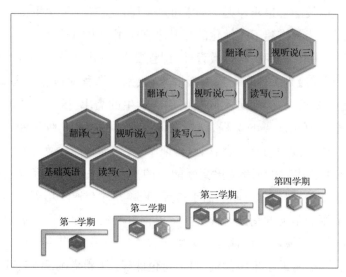

图3-2　江南大学2014版大学英语课程修读模式图(龚晓斌,2014:120)

鉴于《教学指南》把个人社会语域使用的英语称为通用英语,把学术职业语域使用的英语称为专门用途英语,新课程内容涵盖了通用英语与专门用途英语。课程内容紧密联系实际,通用听说、通用读写、各级别口笔译课重点培养学生实现个人生活需求和进行社会交往的语言能力,剑桥商务英语和托福、雅思等国际性课程重点培养围绕学业学科研究和创新创业进行交流的语言能力。课程进行语言技能教学的同时,尊重个体差异与专业/职场需求差异,兼顾专才与通才培养。

学生根据专业的需要和自己的兴趣,或者缺什么补什么,或者进行营养性学习,也就是在某些英语技能上追求卓越。当然,学生的专业和兴趣不总是一致,这时我们在积极引导之外,要充分尊重学生的学习兴趣。学生学习的动机明确,动力增强,学习的效果自然而然会提高。学生该课程的学分与原来一样,只不过将学分相对集中到某些技能课程上。只要达到规定的学分,并通过所参加课程的考试,就可视作完成大学英语的学习。(龚晓斌,2009:37)

为配合学校建设"双一流"大学及建设"研究型大学"的战略目标,大学英语课程对语言应用能力提出了更高要求,自2014年实施新一轮大学英语教学改革以来,由单一的基础英语综合课程延伸至各类提高阶段多元课程体系,其中包括国际考试通行证课程。

国际化课程有两大要素:一是学科内容,二是教学语言。(蔡基刚,2012a)鉴于本校实际,本课题研究大学英语课程体系中与国际化考试相关的课程,包括BEC剑桥商务英语类[听说(二)、读写(二)]、雅思/托福类[听说(三)、读写(三)]。此类课程的教学内容与国际化课程为导向的专业英语、学术英语紧密相关,课程的开设有助于教育和学术的国际化进程的实现。

自2014级新生开始,学校构建大学英语课程模块设置和修读模式等全新框架,走在了大学英语教学改革的前列。笔者设计教材时根据本校课程特色,重点围绕专项技能展开针对性的引导与训练,同时安排了大量的语言技能综合应用练习。论文亦立足于教改后的课堂教学,教师运用叙事探究的方法改进教学设计。全校范围的调研报告分析了学生对新一轮课程教学效果的反馈。研究成果皆服务于"各取所需,个性发展,强化能力,突出应用"的教改理念。

过去几十年的教学改革为进一步深化改革积累了较为丰富的经验,使我们更有依据、更有方法、更有信心去解决存在的问题。

就高年级专业英语开设情况而言,全校17个学院中13个学院自主开设外语类课程,共61个非英语专业,其中31个专业开设1—2门专业英语、全英文或双语课程,在大学三、四年级开设外语类课程的有21个专业。开设专业英语最多的专业是生命科学与技术专业,开设技能英语1门,全英文课程4门,双语课程1门,专业英语1门,第6学期短学期和暑期有海外综合能力实训。开设时段最多的是自动化专业(卓越工程师培养计划),课程分布在第四、五、六学期。开设课程内容主要包括"英语口语""英语听说""英语写作""英语笔译""学术英语""第二外语""科技英语写作与文献检索""外贸英语函电""专业英语与论文写作""专业英语"。

第二节 大学英语不断线课程体系设置调研

设计符合本校的科学、系统和个性化的大学英语教学大纲和实施方案,首要任务是了解学习者、教师、社会等各方面对大学英语教学的需求。(陈冰冰,2010)本研究以问卷调查为主,访谈为辅,深入调研本校大学英语教学,通过各种形式和渠道摸清客观情况,制订符合本校政策取向和战略意图的解决方案,从而勾勒出符合本校实际情况的大学英语不断线课程体系框架。

一、2014年大学英语课程调研

《教学指南》提倡大学英语教学应该适应多元化的社会和个体要求。就中国社会需求而言，不同行业使用英语的频率和侧重面均不同。大学英语教学模式不能"一刀切"。创新教学模式，使之科学高效，是解决我国英语学习"耗时低效"的重要途径。新教学模式引导学生"学以致用"，解决课程"学用分离"的诟病。同时鉴于"国际化"是我国高等教育发展的重要方向，新教学模式尝试开设出国通行证课程，为高等教育国际化服务。就学生需求而言，新教学模式充分体现和切实满足学生的学习需求，避免了学生学习动机缺乏和学习兴趣丧失。笔者前期进行的调研结果表明"对口语感兴趣的学生应该被给予机会上更多的口语课"的支持率高达90%。81.41%的受访者支持"学生应可以根据自己的兴趣在英语学习的过程中缺什么补什么"。越来越多的学者提出，由于课时有限，学生的英语水平参差不齐，学生对未来就业的期待不同，我们应该根据学生的专业和个人兴趣，采用灵活的教学模式，允许学生对不同模块的课程进行自我选择，以满足学生个性化的需求。（文秋芳，2012）

为了进一步推进和深化大学英语教学改革，江南大学外国语学院根据人才培养的新要求，秉持"各取所需，个性发展，强化能力，突出应用"的改革理念，从2014级新生开始构建大学英语课程模块设置和修读模式等全新框架，通过设置开放式课程体系，让水平、层次、需求、兴趣各异的学生都有权自主选择，满足多元化的社会客观需求和个体需求，切实提高学生的语言应用能力。原有的课程设置要求学生必须同时参加听、说、读、写、译各门课程学习，而新教学模式下的课程设置将分工具体化，做到以人为本、以学为主，将听说、读写、翻译相对独立开来，学生根据自己专业的需要和自己的兴趣，或者缺什么补什么，或者进行营养性学习，就是在某些英语技能上追求卓越。

以专业/兴趣为导向的大学英语教学模式能符合学生的专业或兴趣所向吗？2014年12月，基于霍金森和沃特斯（Hutchinson and Waters，1987）的目标需求和学习需求结合的分析模型设计问卷，笔者运用"SurveyMonkey"网络调研软件进行问卷调研，对全校各专业学生发放网络问卷，共收到716名非英语专业本科生的反馈。调查对象为江南大学2014级在新教学模式下学习的在校学生，专业涉及理学、工学、农学、医学、文学、法学、经济学、管理学、教育学、艺术学十大门类。

调查对象基本信息如表3-3所示。

表 3-3　调查对象基本信息

性别	百分比	小计/人
男	36.9%	264
女	63.1%	452

笔者团队首先针对调查对象的英语学习状况展开调研。如图 3-3 和图 3-4 所示,受访者认为自己最薄弱的技能依次是口语(36.31%)、听力(31.98%),最擅长的技能是阅读(57.12%)。

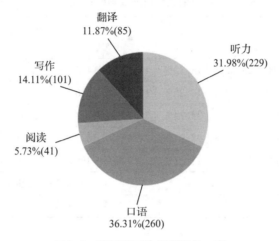

图 3-3　英语学习中最薄弱的一项

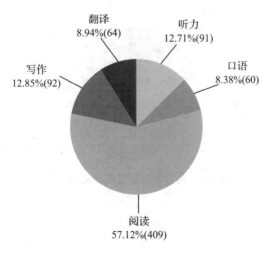

图 3-4　英语学习中最擅长的一项

笔者团队进而调查了学生的兴趣所向。如表3-4、表3-5、图3-5和图3-6所示,在各项英语技能中,学生按照最感兴趣到不感兴趣的次序排列,依次为口语、阅读、听力、翻译、写作。其中,口语是学生感觉最薄弱的,却是最感兴趣的;阅读是学生最擅长的,也是其次感兴趣的;听力排在薄弱的第二位,排在感兴趣的第三位。由此可见,学生对薄弱的英语听说技能兴趣较浓,这正是"缺什么补什么"的体现,它与专业需求紧密联系,在许多情况下,专业要求什么,学生就学什么。

表3-4　英语技能按由薄弱到擅长的次序排列

Answer Options	1	2	3	4	5	Rating Average	Response Count/Persons
Speaking	31.42%	26.68%	13.13%	14.53%	14.25%	2.53	716
Listening	28.91%	26.82%	14.25%	16.34%	13.69%	2.59	716
Translation	11.87%	17.46%	33.24%	25.56%	11.87%	3.08	716
Writing	13.13%	17.88%	28.07%	24.58%	16.34%	3.13	716
Reading	14.66%	11.17%	11.31%	18.99%	43.85%	3.66	716
					answered question		716
					skipped question		0

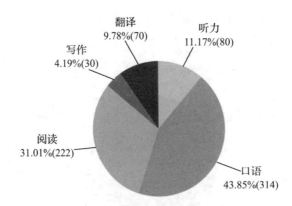

图3-5　英语学习中最感兴趣的一项

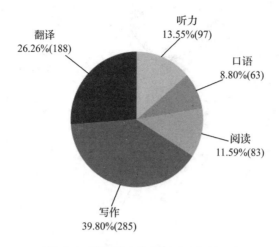

图 3-6 英语学习中最不感兴趣的一项

表 3-5 由最感兴趣到不感兴趣的次序排列

Answer Options	1	2	3	4	5	Rating Average	Response Count/Persons
Speaking	43.16%	17.46%	15.22%	14.53%	9.64%	2.3	716
Reading	28.21%	17.32%	22.35%	18.16%	13.97%	2.72	716
Listening	12.43%	30.45%	22.49%	19.55%	15.08%	2.94	716
Translation	9.50%	19.55%	22.35%	23.04%	25.56%	3.36	716
Writing	6.70%	15.22%	17.60%	24.72%	35.75%	3.68	716
					answered question		716
					skipped question		0

问卷还涉及新教学模式下首轮选课的情况,如图 3-7 所示,选听说模块的学生占 51.26%,选读写模块的占 35.47%,选翻译模块的占 13.26%,与上文中所提及的英语学习情况和兴趣的数据成正态分布,感兴趣的听说模块学生选择数量最多。

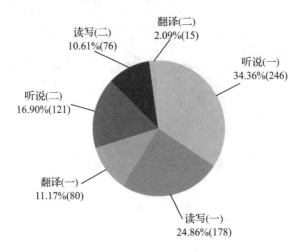

图 3-7　新教学模式下学生首次选课的内容

进一步剖析选课的因素,如图 3-8 所示,在诸多因素中,兴趣是学生考虑的首要依据;其次考虑与专业相关的因素,如专业要求和职业前景;最后还会关注学位和课程考核要求。

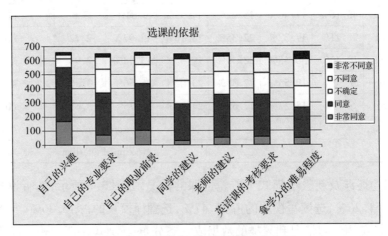

图 3-8　新教学模式下学生选课的依据

如表 3-6 所示,兴趣是决定性因素之一,79.08% 的反馈者赞成因为兴趣而选课,88.7% 赞成学以致用,73.13% 赞成将在工作中运用。

表 3-6　新教学模式下学生选课的原因

选课原因	非常不同意	不同意	不确定	同意	非常同意	小计/人
感兴趣	1.07%	4.43%	15.42%	58.32%	20.76%	655
其他同学也选了这门课	8.01%	34.13%	26.89%	26.44%	4.53%	662
英语老师建议	3.31%	22.59%	28.46%	37.81%	7.83%	664
学了有用	0.76%	1.37%	9.71%	63.73%	24.43%	659
将来工作中用	1.67%	5.77%	19.88%	57.05%	15.63%	659
与自己的专业有关	2.57%	14.35%	31.87%	42.60%	8.61%	662
其他原因,请写明						46

值得一提的是,当专业需要和个人兴趣发生冲突时学生如何选择?如图 3-9 所示,56.64% 的反馈者支持应根据兴趣选课,61.38% 的反馈者支持应根据专业要求选课。该数据体现了学习者需求的多元化。新教学模式正好可以满足其多种需求。

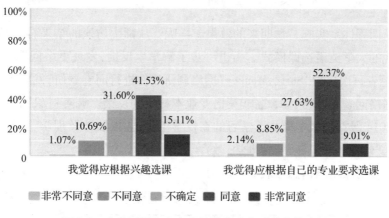

图 3-9　专业需要和个人兴趣发生冲突时学生的选择

问卷调研的数据同时反映了亟待解决的问题。如表 3-7 所示,84.73% 的反馈者在选课前认真考虑了该选什么课,但还有 11.91% 的反馈者不确定。虽然给出了课程的详细介绍,但还有 19.08% 的反馈者没有仔细阅读各课程介绍。以上数据表明导学的力度应加强,有必要做到面面俱到。有近 65% 的受访者听取了任课教师的建议,可见教师的导选作用很重要,亟须进一步完善导选机制,充分发挥教师的引导作用。

表 3-7　学生选课前的准备

选课前准备	非常不同意	不同意	不确定	同意	非常同意	小计/人
自己认真考虑了该选什么课	0.92%	2.44%	11.91%	52.06%	32.67%	655
自己仔细读了各课程的介绍	2.44%	16.64%	23.97%	43.67%	13.28%	655
听取了同学的意见	4.12%	20.15%	19.39%	49.93%	6.41%	655
听取了英语任课教师的建议	2.90%	15.27%	16.95%	49.00%	15.88%	655
听取了辅导员或班主任的建议	12.52%	39.08%	21.98%	20.31%	6.11%	655
听取了家人的建议	12.82%	38.64%	20.15%	23.05%	5.34%	655
其他情况,请写明						71

笔者对出现的问题商讨解决方案,对导学、导选的材料进一步修改完善,以教研室为单位研讨,教师在学生中宣传引导选课的重要性和方法。

二、2015 年大学英语课程调研

新课程体系实施一学期来的效果怎样呢?从师生访谈的结果看,学生欢迎开放式的大学英语选课模式。为进一步了解学生反馈,发现更多问题,2015 年 5 月,笔者再次运用"SurveyMonkey"网络调研软件进行问卷调研,发放了全校范围的网络问卷,共收到 715 名非英语专业本科生的反馈。调查对象同样为江南大学 2014 级在新教学模式下学习的在校学生,专业依然涉及理学、工学、农学、医学、文学、法学、经济学、管理学、教育学、艺术学十大门类。

调查对象基本信息如表 3-8 所示。

表 3-8　调查对象基本信息

性别	比例	小计/人
男	36.6%	262
女	63.4%	453

如图 3-10 和图 3-11 所示,84.9%的受访者喜欢新课程体系,74.9%的受访者认为自己选对了课,认为自己没有选对的只占 7.9%,还有 17.2%的学生不确定。由此可见,总体来说,新教学模式的满意度较高,新教学模式的教学效果比较理想。

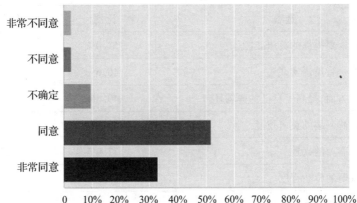

图 3-10 选课满意度(Q7 结果统计)

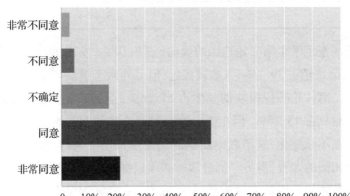

图 3-11 选课满意度(Q4 结果统计)

如表 3-9 所示,新教学模式带给学生最大的收获是"提高了自己需要提高的英语技能",即满足了学生的个性化学习需求。46.6% 的学生认为有更多机会进行英语实践,究其原因,听说课均为 35 人的小班课,学生有更多机会进行口头陈述、演示表演等听说活动。无独有偶,40.8% 的受访者认为提高了自己在英语技能方面的薄弱环节,40.7% 的受访者认为提高了自己感兴趣的英语技能,说明根据兴趣选择与根据"缺什么补什么"的学生数量相当。令人欣喜的是,37.9% 的受访者提高了英语学习的兴趣,31.3% 的受访者提高了上课的专注程度。

表 3-9　学生上课后收获

选项	比例	小计/人
提高了自己需要提高的英语技能	51.0%	365
有更多机会进行英语实践	46.6%	333
在英语技能方面,提高了自己的薄弱环节	40.8%	292
提高了自己感兴趣的英语技能	40.7%	291
提高了英语学习的兴趣	37.9%	271
提高了上课时的专注程度	31.3%	224
获得了老师有针对性的指导	22.0%	157
在英语技能方面,避开了自己的薄弱环节	15.5%	111
其他(可写在下面的空白处)	3.8%	27
没有收获	3.4%	24

笔者还调查了学生第二轮选课的倾向(表 3-10)。发现读写模块在第一轮占 35.47%,第二轮占 39.7%,人数较接近;但另外两个模块与第一轮选课的倾向截然不同。第一轮听说模块的学生占 51.26%,但第二轮只占 15.9%;翻译模块在第一轮只占 13.26%,但在第二轮占 44.5%。说明学生的需求随着学习的深入的确在不断变化,这给教学团队的建设带来了巨大的挑战,部分教师可以连续教授相同的课程,但另一部分教师必须根据学生不同时期的需求教授不同的课程。教师如何积极应对挑战、转变角色、适应教学模式的改革已成为一个亟待解决的问题。

表 3-10　学生第二轮选课

我下学期选的课程是	比例	小计/人
读写(一)	17.6%	126
读写(二)	21.0%	150
读写(三)	1.1%	8
听说(一)	6.2%	44
听说(二)	9.7%	69
翻译(一)	28.2%	202
翻译(二)	16.2%	116

问题对策

培养多元化的师资队伍,助力教师角色转变

教师是教学模式改革的主体,在新形势下必须实现教师角色的转型。在大学英语课程越来越多元化的背景下,需要培养多元化的大学英语师资队伍。技能型大学英语教师、技能+技术型大学英语教师、技能+技术+管理型大学英语教师、EGE 和 ESP 课程教师及管理服务型大学英语教师等类型的划分,让大学英语教师的职业发展具有了多种选择。英语教师完全可以根据学校的需求和自己的个性需求来选择适合自己的发展道路,这将有利于教师的优化配置,实现教师的个性化发展。"面对大学英语教学改革的浪潮,除了即将退休受到政策保护的老教师以不变应万变之外,大学外语教师做出了各种各样的调整,有的是主动的,有的是被动的,但是不管怎么样,大学英语教师原先的安逸状态已不复存在。对于变革的大环境,有的大学英语教师无所适从,几轮改革下来逐渐被淘汰;有的一直在观望,但是反应过来为时已晚;有的则乘势而上,实现了自身的成功转型和升级;有的甚至挖掘出自身最大的多种潜能,成为大学英语教学改革中不可或缺的多面手,成为无可替代的大学英语精英师资。"(龚晓斌,2014:103)

为适应教学模式改革,教研室成立了读写、听说、翻译模块的教学小组,教师根据自己的特长,寻找归位。鉴于学生选课的动态变化,教师必须准备两个模块的教学。如 A 教师特别擅长听说教学,那他可以加入听说组。如 B 教师既擅长写作又擅长翻译,那他也可以加入两个教学"俱乐部"。正如张尧学(2008:4)所说的那样,学生不可能英语五项技能全部学得很精通,"除非他是天才、奇才"。这同样适用于我们的大学英语教师。新教学模式下的大学英语教学鼓励全才技能型向专项技能型教师转变,教师可以充分发挥自己的长处,扬长避短,将自己最擅长的一面展示给学生。同时,教师可以避免战线过长,可以把精力集中在某些模块教学上,还可以教学促科研。教师在两个模块领域精雕细琢,必然会有深入的思考,而这正是科研的前提和基础。教学带动科研,科研反哺教学,是大学英语教师最为理想的职业规划路径。从学院的角度讲,还有利于融通大学英语与英语专业教学。教师可结合自身的特长优势,在大学英语课程和英语专业承担多种课型的教学工作,实现教师自身教学科研的良性发展。可组织教学经验丰富的资深教师进行培训和开展研讨,同时针对全校学生,包含大外与英语专业学生开设课程。

笔者团队在教师发展方面制定了相关制度和保障措施,通过组织培训、开展教改研究和教研活动、建立合理评价体系等措施,着力培养锻炼青年师资队伍,努力提高青年教师职业发展的积极性和专业化程度,帮助教师适应新教学模式下的教学。制订青年教师培养计划,学院组织教师进行国内外短期培训,定期进行教育技术与教学设计培训,不断改善教师知识能力结构,提高教师教育技术水平,解决新教学模式、新教学环境下教师教学中碰到的实际问题。开展丰富务实的教研活动,既从宏观教育政策,又从微观课堂教学策略方面交流探讨,通过深入研讨提高教师教学能力。许多教师本学期上了新课,在各课程组集体备课和研讨后都能够圆满完成教学任务,也有部分教师感觉课程进度有些紧张,建议根据各班不同情况灵活调整教学计划;同时加强教师间的学习交流,年轻教师可到经验丰富的教师课堂听课学习。

加强导选、导学方案的全面性和指导性

鉴于有少部分学生对选课缺乏理性思考和慎重考虑,跟不上课程进度,建议教师进一步加强对学生选课的引导。

撰写生动详尽的导选文件供学生参考。首先从英语学习的现状与学习中出现的问题出发,介绍读写、听说、翻译三大模块课程分别能解决什么问题;然后详细描述每个级别模块课程的教学目标,指出能帮助学生提高哪些方面的能力或素养;进而介绍教学内容,包括具体教材、学习重点与难点、各种学习活动、自主学习资源、学习后可能获得的收获等;最后明确考核方式,包括总评成绩的构成、平时成绩的构成、考试时间、考试形式等。某些级别的课程还辅以相关考试的介绍,方便学生参考,如"读写(二)"和"听说(二)"课程辅以 BEC 考试介绍,"读写(三)"和"听说(三)"辅以雅思(IELTS)和托福(TOEFL)考试介绍,翻译模块介绍外语口译岗位资格证书的考试形式、要求与流程。

精心设计每门课程的导学方案。课程组集体备课,制订统一的教学计划,制作统一的导学课件,内容包含学习目标、考核要求、每周学习内容、一学期要完成的学习任务(如听说模块中的访谈项目和口头陈述,读写模块中的阅读与写作任务,翻译模块中的口笔译任务)。此外,还分享学习策略、课程相关技能技巧、自主学习资料、作业评价标准、小组活动互评表等资料。

在选课前加强师生交流。一方面,鼓励学生向教师咨询建议;另一方面,教师主动关心任课班级的选课情况,根据学生实际水平将建议落实到个人,尤其加强对艺术类和体育类的学生的指导。教师可提供水平测试,使学生理性认识自己的英语水平。

根据教师研讨反馈,改进完善细节问题

组织教师集体讨论新一轮教改课程的授课情况。教师反映教学改革方向正确,教学模式框架科学合理,与《教学指南》中确立多元教学目标的精神一致,有利于培养学生的英语应用能力。具体反馈如下:

大部分学生根据自己的实际情况选课,因此"读写(一)"和"听说(一)"课程学生基础普遍薄弱,"读写(二)"和"听说(二)"学生基础普遍较好,学习积极性较高。但也有少量学生对选课缺乏理性考虑,因此笔者团队推动落实了上文所述的完善导选、导学方案的措施。

关于模块课程的授课内容,新教学模式分听说、读写、翻译模块,听、说、读、写、译无法完全分割开来。听说课也需要阅读信息,读写课也会有听力输入,只是侧重不同。建议教师研讨各技能融入的程度和比重,既要凸显各课程的特点,又要区别于综合课。

关于模块课程的考核,要做到读写、听说、翻译模块课程的期末考试成绩总体平衡,建议考试与平时的教学内容紧密结合,形成性评估与终结性评估相结合。按照教学计划,可以采取以下考核模式:总评成绩 = 平时(30%) + 期中口试(20%) + 期末(50%),或总评成绩 = 平时(50%) + 期末(50%)。

在开放式的选课体系下,各班人数不一,建议教师根据不同班级的情况及时调整教学策略,利用现有的学习平台,布置合理的学习任务,引导学生课后自主学习,如听说课可把大量听力练习作为课后作业,课上多做口语练习。

2014年的调研数据表明兴趣是学生选课考虑的首要依据,其次考虑与专业相关的因素;2015年的调研数据体现了新教学模式具有较高的满意度和良好的教学效果。两次调研数据相互补充,反映学生真实的需求与现状。研究结果证明,新课程体系基本满足了多元化的社会客观需求和个体需求,给传统课程体系下学生需求难以满足的问题开辟了新思路,有利于切实提高大学英语教学质量,在同类高校中极具推广价值。笔者提出的问题和对策值得同类高校借鉴和进一步研究:大学英语教师如何适应多元化的时代背景和个性化的学生需求,成功完成角色转变,提高教师职业发展的积极性和专业化程度?教师如何引导学生根据自己的专业和兴趣做出理性合理的选择,加强导选、导学课程的全面性和指导性?面对新教学模式不断出现的问题,如何在教学研讨中积极应对,在实践中不断调整改进?由于受到时间和地域的限制,研究还存在以下不足之处:首先,课程体系长时间的效应还有待考察,今后一定会有新情况和新问题出现;其次,笔者所在的高校为理工类综合性大学,各级各类学校情况不同,新教学模式的实施效果会有不同,要寻求完全适合各类高校的教学模式,还须在各自高校的实践中发现、改进和完善。

三、2017年大学英语提高阶段课程调研

在教育部大力推进下,我国高校正面临着一轮新的以国际化课程为核心的课程结构体系大调整。面对国际化课程下我国高校课程结构的一次重大改革,大学英语教学必须迎接挑战,为大学生接受国际化课程做好准备。(蔡基刚,2012a;申超,2014)各院校为非英语专业学生开设的英语课程必须由单一的基础英语课程延伸至各类提高阶段课程的多元课程体系,包括国际考试通行证课程、学术英语和专门用途英语等。(龙芸,2011;王守仁,2016a)英语提高阶段课程体系发展由来已久。(蔡蔚、张文霞,2004)笔者所在的江南大学自2014级新生开始构建大学英语课程模块设置和修读模式等全新框架,秉持"各取所需,个性发展,强化能力,突出应用"的改革理念,满足多元化的社会客观需求和个体专业需求,切实提高学生的语言应用能力,在大学外语教学改革队伍中奋进,课程实施以来的效果与问题值得探究。

问卷设计

2017年6月1日,笔者团队开展了"大学英语提高阶段课程"问卷调研,探究江南大学公共英语提高阶段与国际化考试有关的课程的现状,包含"听说(二)""读写(二)""听说(三)""读写(三)",分析影响课程质量的主要因素,比较不同课程的学生反馈,在教材课程、用外语授课的比例等方面进行比较分析。

本次利用"问卷星"网络调研软件进行问卷调研,共收到648份电子问卷反馈,调查对象来自全校修读提高阶段国际化考试课程的2015级和2016级学生。问卷包含两部分,第一部分为个人信息,涉及年级、性别、所选课程;第二部分为课程反馈测量项,针对本校教学改革实际,从学习观念、学习目标、教材质量、教学过程、教学效果五个维度设计了问卷问题。获取数据后运用SPSS软件进行统计分析,经测试,问卷信度系数 $\alpha = 0.839$,说明该问卷具有较好的内部一致性。

调查对象基本信息见表3-11、表3-12,每门课程调研人数比例见图3-12。

表 3-11　调查对象所在年级

选项	小计/人	比例
15 级	437	67.44%
16 级	211	32.56%
本题有效填写人次	648	

表 3-12　调查对象性别

选项	小计/人	比例
男	288	44.44%
女	360	55.56%
本题有效填写人次	648	

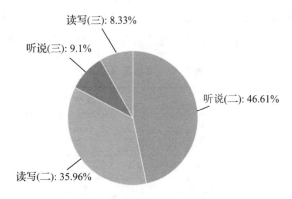

图 3-12　每门课程调研人数比例

结果与讨论

学生选课原因如图 3-13 所示,79.17% 的学生选择了个人兴趣,其次是未来职业需要(31.79%)和专业需要(26.39%)。兴趣是大部分受访者选课的最重要原因。

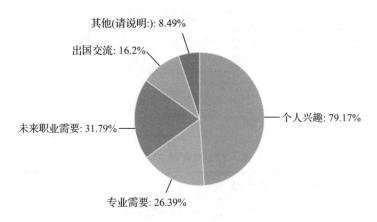

图 3-13　学生选课原因占比

进一步比较各门课程的选课原因,如表 3-13 所示,"听说(二)""读写(二)"和"听说(三)"都主要因为个人兴趣,分别占 86.4%、77.3%、72.9%,但读写(三)的选课原因中专业需要(55.6%)超过了个人兴趣(53.7%),说明个人兴趣与专业需求都可能是提高阶段课程学生选课的重要原因。

表 3-13　学生选课原因

课程		选课原因				
		个人兴趣	专业需要	未来职业需要	出国交流	其他
听说(二)	小计/人	261	69	115	55	11
	比例	86.4%	22.8%	38.1%	18.2%	3.6%
读写(二)	小计/人	180	61	58	15	30
	比例	77.3%	26.2%	24.9%	6.4%	12.9%
听说(三)	小计/人	43	11	17	19	4
	比例	72.9%	18.6%	28.8%	32.2%	6.8%
读写(三)	小计/人	29	30	16	16	10
	比例	53.7%	55.6%	29.6%	29.6%	18.5%

在学习观念方面,如表 3-14 和表 3-15 所示,47.53% 的学生赞成上三学年或以上的英语课。55.71% 的学生赞成在大三上英语课,25.31% 的学生赞成在大四上英语课。只有 1.85% 的学生表示不需要上英语课。这系列数据表明:上提高阶段课程的学生对大学英语课程的需求量大,为大学外语四年不断线课程

设置提供了实际需求的数据支撑。同时,该数据间接表明了学生对课程的信任度较高。

表 3-14 上英语课的时间长度(单选)

选项	小计/人	比例
一学年	97	14.97%
二学年	243	37.50%
三学年	202	31.17%
四学年	106	16.36%
本题有效填写人次	648	

表 3-15 需要上英语课的时间点(可多选)

选项	小计/人	比例
大一	590	91.05%
大二	558	86.11%
大三	361	55.71%
大四	164	25.31%
不需要	12	1.85%
本题有效填写人次	648	

在学习目标方面,如表 3-16 所示,确定打算考国内的研究生的学生比例较高,占 52.32%,打算出国深造的学生人数占受访者 32.41%,打算参加交换生项目的学生人数占 38.5%,打算毕业后进入跨国公司就业的学生人数占 39%。从这系列数据看出相当部分提高阶段的受访者有未来深造的目标。但是选择"不确定"人数也占一定比例,说明部分学生的目标不够明确,教师有必要加以引导。

表 3-16 学习目标

目标	非常不同意	不同意	不确定	同意	非常同意
打算出国深造	2.62%	15.74%	49.23%	23.92%	8.49%
打算参加交换生项目	3.50%	15.90%	42.10%	30.90%	7.60%
打算考国内的研究生	3.24%	9.41%	35.03%	39.97%	12.35%
打算毕业后进入跨国公司就业	1.90%	5.90%	53.20%	30.20%	8.80%

对教材质量的反馈如图 3-14 所示，65.43% 的受访者觉得本学期外文原版学习材料在课程中的使用比例合适，也有 22.22% 的学生表示不确定。教材的质量需要不断改进，以满足变化的教学需求。

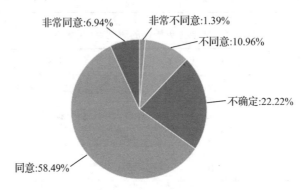

图 3-14 "我觉得本学期外文原版学习材料在课程中的使用比例合适"统计结果

如图 3-15 所示，在教学过程方面，除了 11.88% 的受访者不确定外，约 79% 的受访者确定认为当前学期英语授课的比例恰当，说明教师的授课语言得到多数学生的认可。

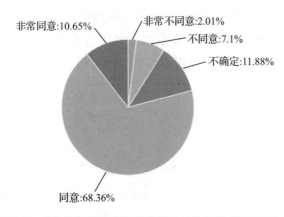

图 3-15 "我觉得当前学期英语授课的比例恰当"统计结果

如图 3-16 所示,课程吸引学生的因素中,教师的教学风格占了最大的比例 72.69%,其次是学习内容 66.51%,课堂活动 55.86%,同学分享交流 41.05%。受访者还提到了其他因素,如课堂问题的讨论、教师分享的方法、教材的编撰等。

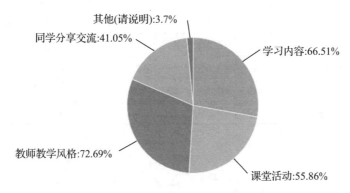

图 3-16　课程吸引学生的因素

如图 3-17、图 3-18 和表 3-17 所示,在教学效果方面,多于三分之二的受访者认为课程的内容能满足其学习需求。整体满意度较高,说明课程的教学效果得到了相当程度的认可。

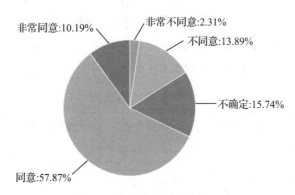

图 3-17　"课程内容能满足其学习需求"统计结果

表 3-17 "课程内容能满足其学习需求"统计结果

选项		课程							
		听说(二)		读写(二)		听说(三)		读写(三)	
		小计/人	比例	小计/人	比例	小计/人	比例	小计/人	比例
本学期课程的内容能满足我的学习需求	非常不同意	6	2.0%	8	3.4%	1	1.7%	0	0
	不同意	28	12.6%	41	17.6%	5	8.5%	6	11.1%
	不确定	47	15.6%	37	15.9%	9	15.3%	9	16.7%
	同意	182	60.3%	129	55.4%	32	54.2%	32	59.3%
	非常同意	29	9.6%	18	7.7%	12	20.3%	7	13.0%

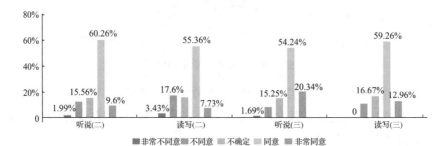

图 3-18 "课程内容满足学生学习需求"统计

进一步分析课程的不足,笔者将问卷收到的反馈分类,受访者主要提到课程内容、课程管理、课程时间以及课程作业四个方面(表 3-18)。

表 3-18 不足与建议

	分类	课程内容	课程作业	课程时间	课程管理
不足	人次	17	8	11	14
	内容摘要	趣味性不强;难度大;小组活动效率不高	作业多;课后自主学习任务多	课时少;部分院系每次连上3节课,效率不高	级别三选课人数少
建议	人次	18	4	13	17
	内容摘要	增加口语任务;增加小组展示的机会	加强学习任务监督与考核的次数	建议每次2课时,分单双周,周课时3课时	希望更多学生挑战高级别课程

结 语

笔者针对英语提高阶段课程设置情况所做的学生问卷调查还有很多不足之处,例如,问卷设计基本上是针对本校实际设计,没有严格参照特定的科学量表。尽管如此,我们还是从中获得了一些宝贵的经验和启示。相信在各方努力下,大学英语提高阶段课程建设会有比较好的发展态势。

四、2019 年大学英语课程调研

2019 年 5 月至 6 月,笔者团队对全校各专业学生发放网络问卷,利用"问卷星"网络调研软件进行问卷调研,共 25 个问题,涉及英语基础、学习动机、学习现状、教师因素、学习环境、课程设置等方面。问卷通过任课教师在课堂内由学生现场作答或课后完成,共收到 17 个学院 1211 位学生的有效反馈。采用的问卷借鉴了陈冰冰(2010)、秦晓晴(2009)、蔡蔚和张文霞(2004)等学者的问卷设计而成。

调查对象基本信息见表 3-19 和图 3-19。

表 3-19　受访学生所在学院

学院	人数	比例
食品学院	97	8.01%
生物工程学院	85	7.02%
纺织服装学院	74	6.11%
化学与材料工程学院	76	6.28%
物联网工程学院	279	23.04%
环境与土木工程学院	26	2.15%
商学院	101	8.34%
理学院	43	3.55%
机械工程学院	129	10.65%
设计学院	43	3.55%
药学院	32	2.64%
医学院	31	2.56%
人文学院	82	6.77%
外国语学院(非英语专业)	16	1.32%
法学院	64	5.28%
数字媒体学院	30	2.48%
至善学院	3	0.25%

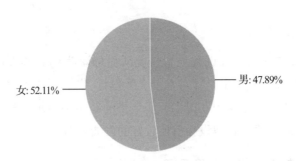

图 3-19　被调查者男女比例

学生选择所修大学一、二年级英语课程的主要原因如图 3-20 所示,排在首位的是"提高语言应用能力"(65.32%),说明大部分学生有学好外语的意识,39.39%的受访者选择课程的原因是"拓宽视野和知识面",近三分之一的学生选择"英语学习不间断"(30.22%)。选择"个人兴趣"(44.34%)和"修学分"(43.35%)的人数接近,说明一部分学生对外语学习充满兴趣,有强烈的内部动机;另一部分学生学习外语出于工具型外部动机,包括"考试"(32.2%),两部分学生人数都占相当比例。

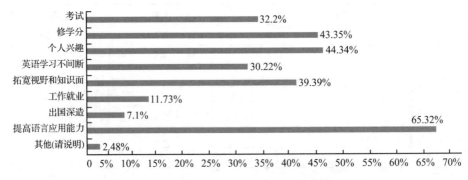

图 3-20　学生大学一、二年级选择所修课程的原因

关于上英语课时间长度问题的反馈如表 3-20 和图 3-21 所示,主张上一至两学期英语课的人数只占 17.26%,上三至四学期英语课的人数占 46.24%,认为应该上五至八学期英语课的人数占 36.5%,近百分之十的学生希望上八个学期的英语课,说明需要在大学高年级上外语课的学生也有一定比例。关于上英语课的具体时间段如表 3-21 所示,需要在大学三年级上英语课的有 511 位学生(42.2%),181 位学生(14.95%)认为需要在大学四年级上英语课。如图 3-22 所示,选择大三或大四修读英语课程的学生选课目的数据显示,排在首位的依然是"提高语言应用能力"(75.69%),58.01%的受访者选择"英语学习不间

断"。此外,工作就业(52.3%)、拓宽视野和知识面(49.91%)、出国深造(37.2%)、个人兴趣(30.57%)、考试(21.92%)都是学生在高年级选修英语课的重要原因。

表3-20 大学期间应该上英语课的时间长度

选项(学期数)	人数	比例
1	59	4.87%
2	150	12.39%
3	79	6.52%
4	481	39.72%
5	42	3.47%
6	277	22.87%
7	6	0.50%
8	117	9.66%
本题有效填写人次	1211	

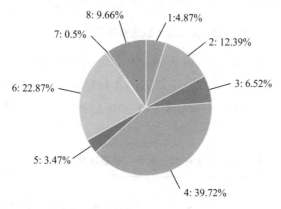

图3-21 大学期间应该上英语课的时间长度

表 3-21 什么时候需要上英语课

选项	人数	比例
大一	1112	91.82%
大二	989	81.67%
大三	511	42.20%
大四	181	14.95%
不需要	21	1.73%
本题有效填写人次	1211	

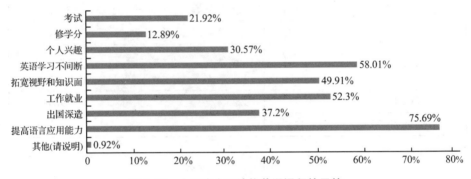

图 3-22 大三或大四选修英语课程的目的

- 考试 21.92%
- 修学分 12.89%
- 个人兴趣 30.57%
- 英语学习不间断 58.01%
- 拓宽视野和知识面 49.91%
- 工作就业 52.3%
- 出国深造 37.2%
- 提高语言应用能力 75.69%
- 其他（请说明） 0.92%

如表 3-22 所示，在大三或大四，学生最期待提高的英语技能是口语(92.94%)，其次是听力理解能力(76.64%)和翻译水平(56.45%)；期望提高写作能力(43.31%)和阅读理解能力(40.39%)的学生人数相当，有一半以上的学生希望扩大词汇量。

表 3-22 学生在大三或大四想要提高的英语技能

选项	人数	比例
提高口语能力	382	92.94%
提高听力理解能力	315	76.64%
提高阅读理解能力	166	40.39%
提高写作能力	178	43.31%
提高翻译水平	232	56.45%
扩充词汇量	212	51.58%
其他（请说明）	5	1.22%
本题有效填写人次	411	

如表 3-23 和图 3-23 所示,在高年级,学生最想参加的英语技能课程是高级别的听说、读写或翻译课程。事实上,在大一、大二选择这类课程的学生数量不多。随着年级的递增,高级别外语课程的需求量随之递增。究其原因,大学高年级学生面临国内外深造或寻求理想工作的选择,正需要高层次的外语语言能力。

表 3-23　学生在大三、大四希望上的英语课程

选项	人数	比例	
听说(一)	102		8.42%
听说(二)	284		23.45%
听说(三)	504		41.62%
读写(一)	74		6.11%
读写(二)	188		15.52%
读写(三)	283		23.37%
翻译(一)	122		10.07%
翻译(二)	259		21.39%
翻译(三)	323		26.67%
其他(请说明)	40		3.30%
不想上	173		14.29%
本题有效填写人次	1211		

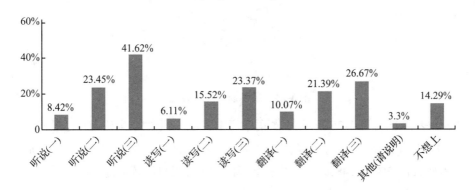

图 3-23　学生在大三、大四希望上的英语课程

如表 3-24 和图 3-24 所示,在英语学习中,39.8%的学生认为自己最薄弱的技能是听力,31.13%的学生认为是口语。认为写作、翻译、阅读技能最薄弱的学生比例依次为 16.18%、7.84%、5.04%。该数据与詹元灵(2017)在中国计量

大学的调研和宋丹丹(2018)在吉林省某所高校调研的结果十分接近:中国计量大学受访学生认为最弱的英语技能是"听"和"说",分别占40.4%、29.1%;吉林省某所高校学生认为最薄弱的英语技能比例为"听"占40.31%和"说"占26.41%。由此可见,听说能力偏弱依然是学生外语学习中较突出的问题。

表 3-24 最薄弱的英语技能

选项	人数	比例
听力	482	39.80%
口语	377	31.13%
阅读	61	5.04%
写作	196	16.18%
翻译	95	7.84%
本题有效填写人次	1211	

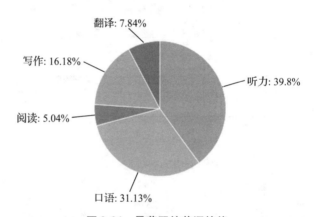

图 3-24 最薄弱的英语技能

如表 3-25 和图 3-25 所示,在英语学习中,一半以上的学生认为自己最擅长的一项是阅读(55.57%),认为擅长口语、听力、写作的学生不多,数量相当,分别为11.81%、11.73%、11.48%,认为擅长翻译的学生数量也比较接近,占9.41%。

表 3-25　最擅长的英语技能

选项	人数	比例	
听力	142		11.73%
口语	143		11.81%
阅读	673		55.57%
写作	139		11.48%
翻译	114		9.41%
本题有效填写人次	1211		

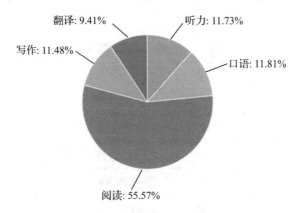

图 3-25　最擅长的英语技能

如图 3-26 所示,受访学生根据自己的情况,将英语技能从薄弱到擅长排序,平均综合得分依次为听力(3.55)、口语(3.49)、写作(2.88)、翻译(2.84)、阅读(2.17)。

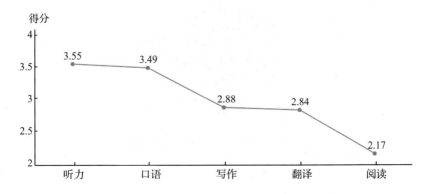

图 3-26　英语技能从薄弱到擅长排序

如表 3-26 和图 3-27 所示,受访学生认为在英语学习中自己最感兴趣的一项是:口语(39.39%)、阅读(28.9%)、翻译(17.59%)、听力(10.49%)、写作(3.63%)。如图 3-28 所示,从最感兴趣到不感兴趣的英语技能排序,平均综合得分依次为:口语(3.55)、阅读(3.17)、听力(3.03)、翻译(2.96)、写作(2.3)。数据表明,口语是受访学生最感兴趣的技能,但也在被认为最薄弱的技能中排在前列;阅读是受访学生第二感兴趣的技能,但它在受访者中被认为是最擅长的英语技能;听力在被认为是最薄弱的技能中选择人数最多,但对它感兴趣的学生人数并不多。由此可见,学生的需求千差万别,具有动态性和不可预见性,他们感兴趣的语言技能有可能是擅长的技能,也可能是自己外语语言技能的薄弱环节。

表 3-26　学生最感兴趣的英语技能

选项	人数	比例
听力	127	10.49%
口语	477	39.39%
阅读	350	28.90%
写作	44	3.63%
翻译	213	17.59%
本题有效填写人次	1211	

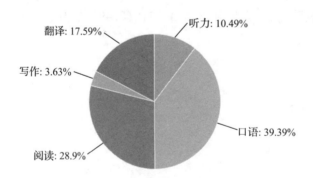

图 3-27　学生最感兴趣的英语技能

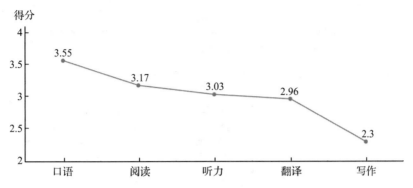

图 3-28　学生最感兴趣的英语技能

如表 3-27 和图 3-29 所示,学生在选择上侧重什么技能的英语课方面,主张上自己最感兴趣的课程的受访学生人数最多,表示同意和非常同意的比例最高,占 84.48%;其次是主张上自己最薄弱的课程的受访学生人数,同意和非常同意上此类课程的学生比例为 62.76%;同意和非常同意上自己最擅长的课程的学生人数相对较少,但也占相当比例(46.65%)。

表 3-27　选择上侧重什么技能的英语课

选项	非常不同意	不同意	不确定	同意	非常同意	平均分
上自己最擅长的	36 (2.97%)	235 (19.41%)	375 (30.97%)	479 (39.55%)	86 (7.1%)	3.28
上自己最薄弱的	25 (2.06%)	108 (8.92%)	318 (26.26%)	624 (51.53%)	136 (11.23%)	3.61
上自己最感兴趣的	12 (0.99%)	17 (1.4%)	159 (13.13%)	741 (61.19%)	282 (23.29%)	4.04
合计	73 (2.01%)	360 (9.91%)	852 (23.45%)	1844 (50.76%)	504 (13.87%)	3.65

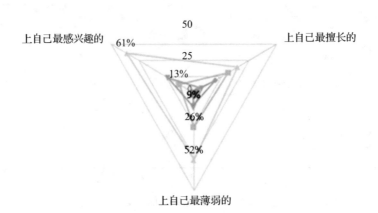

──非常不同意 ──不同意 ──不确定 ──同意 ──非常同意

（注：数据经四舍五入处理）

图 3-29　选择上侧重什么技能的英语课

关于学习计划，如表 3-28 和图 3-30 所示，打算考国内的研究生的人数最多，表示同意和非常同意的人数比例是 59.45%，打算毕业后进入跨国公司就业的人数比例是 30.97%，打算参加交换生项目的人数比例是 26.02%，打算出国深造的人数比例是 21.64%。

表 3-28　学生的学习计划

选项	非常不同意	不同意	不确定	同意	非常同意	平均分
我打算出国深造	123（10.16%）	292（24.11%）	534（44.1%）	186（15.36%）	76（6.28%）	2.83
我打算参加交换生项目	105（8.67%）	263（21.72%）	528（43.6%）	235（19.41%）	80（6.61%）	2.94
我打算考国内的研究生	41（3.39%）	63（5.2%）	387（31.96%）	540（44.59%）	180（14.86%）	3.62
我打算毕业后进入跨国公司就业	40（3.3%）	95（7.84%）	701（57.89%）	297（24.53%）	78（6.44%）	3.23
合计	442（7.3%）	1056（17.44%）	2706（44.69%）	1366（22.56%）	485（8.01%）	3.07

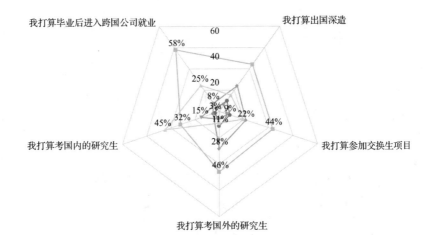

──■── 非常不同意　──■── 不同意　──■── 不确定　──■── 同意　──■── 非常同意

（注：数据经四舍五入处理）

图 3-30　学生的学习计划

如表 3-29 和图 3-31 所示，在课程吸引学生的因素中，选择教师教学风格的学生最多，选择同意和非常同意的比例为 73.58%，学习内容占 65.15%，课堂活动占 63.01%，同学分享交流占 55.82%。该数据与 2017 年调研数据非常接近，两次调研结果几乎完全一致。

表 3-29　英语课程吸引学生的因素

选项	非常不同意	不同意	不确定	同意	非常同意	平均分
学习内容	34 (2.81%)	94 (7.76%)	294 (24.28%)	683 (56.4%)	106 (8.75%)	3.61
课堂活动	28 (2.31%)	108 (8.92%)	312 (25.76%)	647 (53.43%)	116 (9.58%)	3.59
教师教学风格	26 (2.15%)	64 (5.28%)	230 (18.99%)	714 (58.96%)	177 (14.62%)	3.79
同学分享交流	34 (2.81%)	118 (9.74%)	383 (31.63%)	571 (47.15%)	105 (8.67%)	3.49
合计	122 (2.52%)	384 (7.93%)	1219 (25.17%)	2615 (53.98%)	504 (10.4%)	3.62

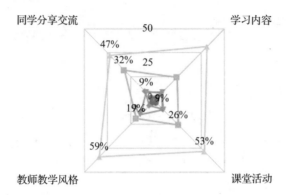

（注：数据经四舍五入处理）

图 3-31　英语课程吸引学生的因素

如表 3-30 和图 3-32 所示，在学生学习英语的动机因素中，选择同意和非常同意人数最多的是"英语是有用的交流工具"（90.33%），其次是"为了找到一份好工作"（86.79%），"为了更好地学习其他专业"（80.01%），说明大学英语的工具性已经深入人心，非外语专业学生学习英语的工具型动机比较强烈，"为了获取大学毕业证书"占 72.5%，"很大程度上取决于自身学习成绩"占 68.63%，"为了出国寻找受教育和工作机会"占 54.5%。此外，"英语课的质量"也相当重要，占 80.92%；"为了解世界各国的经济、科技发展情况"占 69.2%；在跨文化交际方面，"为了让世界了解中国"占 61.27%，"为了出国亲身体验英语国家文化"占 53.59%，"对英语国家的文化感兴趣"占 48.89%；在个人目标与情感方面，"为了中国的富强尽力"占 66.89%，"取决于是否喜欢英语老师"占 61.11%，"喜欢这门语言"占 48.31%。

表 3-30　学生学习英语的动机

选项	非常不同意	不同意	不确定	同意	非常同意	平均分
因为对英语国家的文化感兴趣	48（3.96%）	246（20.31%）	325（26.84%）	495（40.88%）	97（8.01%）	3.29
因为喜欢这门语言	52（4.29%）	224（18.5%）	350（28.9%）	484（39.97%）	101（8.34%）	3.30
很大程度上取决于自身学习成绩	17（1.4%）	110（9.08%）	253（20.89%）	724（59.79%）	107（8.84%）	3.66

续表

题目/选项	非常不同意	不同意	不确定	同意	非常同意	平均分
为了获取大学毕业证书	24（1.98%）	145（11.97%）	164（13.54%）	735（60.70%）	143（11.81%）	3.68
取决于是否喜欢英语老师	30（2.48%）	178（14.7%）	263（21.72%）	598（49.37%）	142（11.73%）	3.53
取决于英语课的质量	20（1.65%）	56（4.62%）	155（12.8%）	812（67.06%）	168（13.87%）	3.87
为了出国寻找受教育和工作机会	35（2.89%）	137（11.31%）	379（31.3%）	537（44.34%）	123（10.16%）	3.48
为了出国亲身体验英语国家文化	38（3.14%）	142（11.73%）	382（31.54%）	529（43.68%）	120（9.91%）	3.45
为了让世界了解中国	23（1.9%）	96（7.93%）	350（28.9%）	610（50.37%）	132（10.9%）	3.60
为了中国的富强尽力	22（1.82%）	58（4.79%）	321（26.51%）	659（54.41%）	151（12.47%）	3.71
因为英语是有用的交流工具	13（1.07%）	17（1.4%）	87（7.18%）	817（67.47%）	277（22.88%）	4.10
为了找到一份好工作	13（1.07%）	19（1.57%）	128（10.57%）	829（68.46%）	222（18.33%）	4.01
为了更好地学习其他专业	13（1.07%）	38（3.14%）	191（15.77%）	766（63.26%）	203（16.76%）	3.91
为了解世界各国的经济、科技发展情况	16（1.32%）	74（6.11%）	283（23.37%）	669（55.24%）	169（13.96%）	3.74
合计	364（2.15%）	1540（9.08%）	3631（21.42%）	9264（54.64%）	2155（12.71%）	3.67

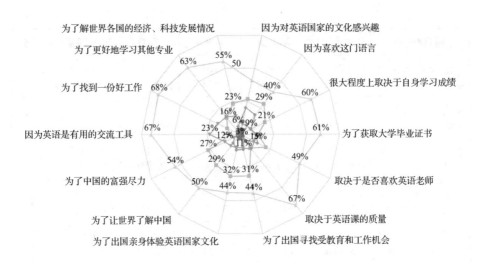

(注：数据经四舍五入处理)

图 3-32　学生学习英语的动机

关于希望开设何种英语课程,如表 3-31 和图 3-33 所示,学生选择人数最多的两门课是"英语影视赏析"(47.65%)和"雅思托福考试备考"(43.35%),进一步说明学生学习外语既有融入型动机又有工具型动机,前者是对语言本身产生兴趣,并希望可以通过轻松的学习方式融入所学语言的文化,并体会到乐趣;后者出于实用性目的,希望通过水平考试获得证书。关系未来职业生涯的课程也颇受欢迎,"职场英语"和"口语"分别占 39.97%、39.06%。"旅游英语"(35.84%)、"中西方礼仪"(34.19%)都占超过三分之一的比例,"跨文化交际"(32.62%)也有将近三分之一的比例。相比之下,外语技能类课程选择人数相对不多,依次为:"听力"(28.41%)、"口译"(26.42%)、"视听说"(18.91%)、"翻译理论与实践"(18.41%)、"阅读"(14.78%)、"写作"(14.7%)。

表 3-31　学生希望开设哪些英语课程(可多选,限选 7 项)

选项	人数	比例
口语	473	39.06%
听力	344	28.41%
英语影视赏析	577	47.65%
翻译理论与实践	223	18.41%

续表

选项	人数	比例	
跨文化交际	395		32.62%
口译	320		26.42%
视听说	229		18.91%
职场英语	484		39.97%
旅游英语	434		35.84%
综合英语	277		22.87%
写作	178		14.70%
英美文学	335		27.66%
阅读	179		14.78%
词汇学	236		19.49%
英语语法	166		13.71%
中西方礼仪	414		34.19%
雅思托福考试备考	525		43.35%
其他(请说明)	12		0.99%
本题有效填写人次	1211		

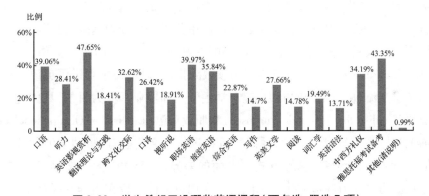

图 3-33 学生希望开设哪些英语课程(可多选,限选 7 项)

超过一半的受访者认为课时减少会影响学习效果,不利于进一步提高外语水平。此次调研结果给不断线课程体系的设置提供了需求调研数据支撑。当然,课程设置不能以课程需求问卷为唯一依据,课程理论、社会发展和学习者的动态发展等都是值得考虑的要素。(韩戈玲、董娟,2011)

第三节 大学英语不断线课程体系设置方案

从课程论视角,要处理好国家需求、学生个人发展与外语习得规律三要素的关系。过分偏重任何单一因素,都难以产生科学的语言人才培养规划。这三要素有时会有一种张力,平衡这三要素之间的关系,应是制定科学、高效课程设置的指导思想。(文秋芳,2016)

关于课程设置,《教学指南》指出:"大学英语教学的主要内容可分为通用英语、专门用途英语和跨文化交际三个部分,由此形成相应的三大类课程。大学英语课程由必修课、限定选修课和任意选修课组成。各高校应根据学校类型、层次、生源、办学定位、人才培养目标等,遵循语言教学和学习规律,合理安排相应的教学内容和课时,形成反映本校特色、动态开放、科学合理的大学英语课程体系。课程设置要注意处理好通用英语与专门用途英语、跨文化交际教学的关系,处理好必修课程与选修课程的关系。课程设置还要充分考虑语言学习的渐进性和持续性,在大学本科学习的不同阶段开设相应的英语课程。"

通用英语(English for General Purposes)课程是大学英语课程的基本组成部分。通用英语课程的目的是培养学生英语听、说、读、写、译的语言技能,同时教授英语词汇、语法、篇章及语用等知识,增加学生的社会、文化、科学等基本知识,拓宽国际视野,提升综合文化素养。通用英语课程分为基础、提高和发展三个级别。各级别课程相对独立,各有侧重,相互补充。专门用途英语(English for Specific Purposes)课程以英语使用领域为指向,以增强学生运用英语进行专业和学术交流、从事工作的能力,提升学生学术和职业素养为目的,具体包括学术英语(English for Academic Purposes)和职业英语(English for Occupational Purposes)两大课程群。跨文化交际课程旨在进行跨文化教育,帮助学生了解中外不同的世界观、价值观、思维方式等方面的差异,培养学生的跨文化意识,提高学生社会语言能力和跨文化交际能力。通用英语课程旨在培养并提高学生听、说、读、写、译的语言技能,提升综合文化素养;专门用途英语课程凸显了大学英语语工具性特征,意在提升学生学术和职业素养;跨文化交际课程的开设体现了大学英语的人文性特征,重在提高学生社会语言能力和跨文化交际能力。(屠国元、胡东平、范丽群,2016)同时,要完善教学内容,着重引导大学生了解中国传统文化。要把握大学生的思想、心理和认知特点,读懂教育对象,增强教学的针对性。(刘贵芹,2012)

王银泉、王薇和张丽冰(2016:45)认为:"我们必须以全面的、发展的眼光来看待这一问题,大学英语后续课程体系中的通识教育既不能仅仅局限于外语类通识课程,也不宜矫枉过正彻底向专门用途英语倾斜,它应该集成了外语类通识课程、专门用途英语和专业英语。这也正好辩证统一地吻合了大学英语课程的'工具性兼人文性'的特性。"外语教育不仅仅是语言技能的培养,而且是文化多样性的交流和"唤起"(蒋洪新,2019:14)。

王守仁和王海啸(2013:12)认为,在课程设置方面要做到"基础性与选择性结合,规定动作与自选动作结合,达到三个平衡,即必修课和选修课平衡、输入与输出平衡、语言与文化平衡"。"在建设好大学英语基础阶段课程的同时还应加大开设后续课程的力度,开发和建设特殊用途课程和通识类英语课程,构建更加科学、更能满足社会和学生需求的大学英语课程体系。"

课程设置要充分体现个性化,考虑不同起点的学生,既要照顾起点较低的学生,又要为基础较好的学生创造发展的空间;要有利于学生个性化的学习,以满足他们各自不同专业的发展需求。(屠国元、胡东平、范丽群,2016)

课程体系是有机统一的整体。要充分考虑教学过程中教师、学生、管理者各要素,教、学、管集成运行机制,规划大学英语不断线课程体系。依据大学通识教育目标,结合国际化人才培养特点,设置大学外语课程目录,统筹规划基础课程和后续课程,拟以分类、分段的方式构建大学英语不断线课程体系。课程采用学校、外国语学院和大学英语教学部三级管理机制。由学生根据各自爱好和特长设置个性化课程学习计划。课程模块反映出本模块的教学内容与教学方法,引导学生做出理性的选择。基于需求分析建立大学英语多元化教学模式构架,合理规划后续课程。鉴于笔者所在学校为研究型大学,后续课程应以外语类通识课程为主,专门用途英语为次(EAP 和 EOP 各占一半)。在现有拓展课程基础上,规划多元化"菜单式"的后续系列英语课程模块,拟从专项语言技能小班化课程、考试辅导课程(如考研英语、四六级、公共英语、托福等国际考试培训)、一般用途学术英语课程(如英文摘要写作、口头报告等)、语言文化类研究性课程、语言应用类课程、语言学习科学课程(增加学生对外语学习活动本身的认识,提高元语言学习能力、语言学习策略等)。

立足国情校情,遵循"各取所需,个性发展,强化能力,突出应用"的理念,凝聚全校外语资源优势,建设"立体、多元、开放"的大学英语不断线课程体系,打造优质外语资源平台,营造有效外语学习环境和浓厚校园外语学习氛围,为学校发展提供优质外语资源支撑。以学生为本,探索"各学所需,各尽所能"的选课方式,赋予学生更多的选择权,技能目标可选,尽可能考虑各学院、各学科、各专业的不同需求及学生的个性化需求,使学生最大限度地受益,对大学英语技能目标,学生可根据自己的强项和兴趣及对未来就业的预期,从听、说、读、写、译五种技能中选择两种或多种作为自己的学习目标,还可以自主选择高年级的后续课程类型,以切实提高英语实际应用能力,发展自主学习能力及批判性思维能力,提升国际视野。

借鉴南京大学大理科教育"多次选择,逐步到位"策略,实现阶段性目标与终身发展目标的统一。新生进校后大一第一学期不分方向,全部上基础英语课程,第一学期末根据自身的学情、兴趣、爱好、需求,选择模块课程中的不同级别,第二学期开始进入不同级别的模块课程学习,到期末,根据学情进行调整,选择下一学期的课程。大三、大四在原有专业院校专业英语课程的基础上,开设选修课,提供更多选择机会,便于学生自觉提升语言技能、拓宽知识面,也锻炼独立意志和选择能力。

参照"分层递进教学"(章兼中,2016:120),实施"学生分层"(学生自选参与哪个层次学习)、"目标分层"(根据教学大纲提出的教学目标和学生不同层次的实际水平制定教学目标)、"内容分层"(全员学习共性的基本内容,对于较难的拓展内容,低层次目标的学生可以不学,高层次目标的学生选择学习)、"分层教学"(运用不同的教学策略和方法,设计不同层次的任务)、"分层评价"(根据《量表》的细化标准设计形成性评价与终结性评价)。同时,课外学习与课堂学习相互交织、有效融合,使外语成为不同学科间沟通的桥梁。

创设"俱乐部制"的教学组织形式,以课程类型和课程模块划分教学俱乐部,如听说组、说听组、阅读组、写作组、翻译组(笔译、口译)、商务组等。教师根据个人的专项技能特长和兴趣选择教学俱乐部,发挥自身优势,集中精力打造精品课程,激发学生学习动力。

在每学期动态选课前,为实现课程的适应性、灵活性和实践性,教师充分发挥指导作用,在学生选课的时候提供选课咨询,实施有效"导学",避免学生自主选择的盲目性。研究表明,教师的指导加学生的自主选择使学生具有更强烈的学习动机。(杨韶刚,2003)美国常青藤大学之一布朗大学实行自由选课制度,所有课程均让学生自主选择,旨在培养学生在不断变化的世界中,尽快获得自己做出判断和决定的能力。布朗大学通过课程介绍、课程咨询、课程审核、课程注册等方法进行课程管理,还提供便捷的课程调整、更换及延期注册等服务,为学生提供尽可能多的方便和服务。学术顾问力量强大,学术咨询随时随地发生,负责咨询的教师依据指导手册,为不同年级、不同爱好的学生提供线上线下全方位的选课咨询,帮助其了解学习路径、制定个性化的教育目标。布朗大学的所有课程都采用"通过或不通过"二级记分制,以消除学生的后顾之忧,选修任何课程无须冒降低学分绩点的风险。(王一军,2014)尽管布朗大学的选课制度在目前实施还有难度,但也可成为值得借鉴的选择。

目前,教师可引导学生根据《量表》的要求进行自我评价,从而根据个人爱好和特长或专业需要等做出理性选择。借助《量表》,学生可以对自己的英语水平进行自评和互评,对自己的英语能力进行诊断,根据自己的实际情况调整学习目标和学习方法,选择适合的学习材料,参加适当级别的培训或水平能力测试。《量表》有助于学生提高自主学习的能力,实现以评促学。(王守仁,2018a)

兴趣是最好的老师。正如黄英杰(2018:80)所说:"真正的教学就是要努力保持和扩展内在于生命本身的这一固有兴趣,而不是泯灭它。有了兴趣的洗礼,生命实践才是灵活且满含灵性的,万事万物秩序井然,理性由此而生,情感由此而充沛丰盈;有了兴趣的参与,生命实践才不会枯竭,意志由此而彰显,生命之律动由此而满含乐感。"只有学生愿意学,才能学得好,才能在关键时候用得上。在课程实施中,教师运用现代教育技术手段,运用启发式、研讨式、探究式、反思式、团队式、情境化、项目化、案例化的教学方法,激发学生的学习兴趣,最大限度地调动大学生学习大学英语的积极性、主动性、创造性,实现师生、生生之间的自由互动,学生在互动中自主建构技能与知识体系,真正地生成课程意义。

建设英语学习第二课堂,组织主题研讨。发挥大学英语教师在英语第二课堂建设中的管理和指导作用,创造良好的学习和使用英语的环境。如引导学生充分利用我校已有广播电台、网络自主学习平台等多维的语言学习资源环境;开展丰富多样的第二课堂活动,营造更泛在的英语学习氛围,提升学生学习兴趣,如定期开展英语晨读、英语沙龙、竞赛类活动(演讲、辩论赛等)。

举办各类外语竞赛和文化活动。举办包括系列讲座、翻译竞赛、阅读竞赛、演讲比赛、作文比赛、外文歌曲大奖赛、外语调频台广播、英语角、模拟联合国、演讲与辩论、情景剧、维和勇士、模拟信息发布会等课外活动,将语言学习、人文社会、历史文化、时代特色和军事行动等主题很好地结合在一起,为学生提供丰富的实践平台,为跨文化交际能力培养提供强有力的支撑。

构建多元化、过程性和终结性相结合的评估方式。探讨促进学生英语学习的评估方式,改变考查形式,改变单一的书面测试,探索多元化的应用能力考查形式,如培养思辨能力的研究性论文及培养合作、交际能力的小组口头报告等形式;此外,将课外自主学习纳入课程评价体系,避免自主学习的放任自流和管理失范。探索激励学生自主学习的有效措施,例如对于积极参加课外语言实践活动、英语竞赛获奖的学生给予学分奖励等。

根据泰勒(Tyler,1969)提出的课程框架四要素,即目标、内容、内容呈现方式和评价,充分认识大学英语课程体系建设的紧迫性和重要性,通过调研、论证、实践,借鉴过去的成功经验与做法,综合社会与个人的现实需求,构建更加完整的大学外语不断线课程体系,不断提升课程的应用性与实践性、前瞻性与前沿性、可接受性和可操作性、人文性与开放性。

本研究致力于统筹规划基础课程和后续课程,拟以分类、分段的方式构建大学英语不断线课程体系。研究重点在于后续课程的规划。在现有拓展课程基础上,规划多元化"菜单式"的后续系列英语课程模块,拟从专项语言技能小班化课程、考试辅导课程(如考研辅导、托福等国际考试培训)、一般用途学术英语课程(如英文摘要写作、口头报告等)、语言文化类研究性课程、语言应用类课程等方面进行规划研究。

大学外语不断线课程体系包括通用英语、专门用途英语、跨文化交际和第二外语四大课程模块(图3-34)。每个课程模块内的课程也实施分级教学,确保不同层次的学生在外语应用能力方面得到充分的训练和提高。考虑不同起点的学生,既要照顾起点较低的学生,又要为基础较好的学生创造发展空间。课程以"模块化+分级制"为特色,符合《教学指南》提出的三个不同英语教学层次:基础课程与级别(一)课程对应基础目标;级别(二)课程对应提高目标;级别(三)课程对应发展目标,从而满足不同英语层次学生的需求,涵盖通用读写、听说、口笔译、剑桥商务英语、托福、雅思等国际性课程。除不同级别模块课程外,还设有艺术类综合英语、少数民族预科班英语、国贸专业大学英语、基地班大学英语、君远班大学英语,培养学生英语语言应用能力、跨文化交际能力、人文素养。课型由必修课、限定选修课和任意选修课组成。

第三章　大学英语不断线课程体系设置方案

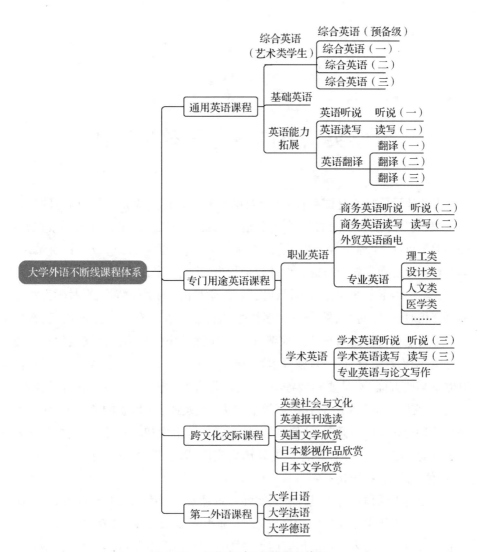

图 3-34　大学外语不断线课程体系

第四章

大学英语不断线课程教学设计

　　课程建设的核心是课程设计,涉及课程教学目标的设定、教学内容的选择与组织、教学方法和手段的合理使用、恰当的评价方法。教学设计的要素包括:确定教学目标,课程资源开发,设计教学行为,选择学习方式,设计评价策略。本章着重探讨确定教学目标和设计教学行为,其他要素在第五、七、八章讨论。

　　大学英语不断线课程教学设计按照《教学指南》的文件精神,在教学方法方面具有相对性、针对性、综合性和多样性的特点。教学有法而无定法,贵在得法。不局限于教材的编写体例框架,避免应试教学模式,减少直线型的知识传授方式,明确教学重点,因材施教,学生成为学习的中心,听、说、读、写、译结合,但侧重某些方面,不是要割裂各项技能,而是有所侧重,抓重点。融合任务式、情景式、交际式、互动型、合作型等教学方法,接受学习者因素的差异性,如智力水平、知识基础、性格倾向、认知风格、教育背景等生理和心理差异,重视学习者思维与情感的体验,综合各种课内外语言实践活动,陈述展示、演讲、讨论、辩论、角色扮演(影视模仿)等。

　　大学英语课程具有工具性和人文性双重性质。对大部分高校而言,本科阶段的大学外语教学需要从学生实际水平、能力和需求出发,培养和发展学生在一般学习与社会场合沟通的语言能力,并为一部分可能成为国际化复合型专门人才学生的成长奠定外语基础。另外,通用英语的一项重要内容是跨文化教育。从跨文化领导力的角度来看,我们培养的学生要具有全球视野,善于跨文化沟通,能用外语讲好中国故事,传播好中国声音,阐释好中国立场和价值观,在未来参与全球治理过程中成为领导者而不是跟随他人,在国际事务中发挥感召力、塑造力和影响力。因此,我们在大学本科生教育阶段仍须完善而不是削弱通用英语教学,专门用途英语是大学英语教学内容的重要组成部分而不是其全部。(王守仁,2018a)

　　《教学指南》有意识地对接高中英语教学,同时考虑学校和学生的不同需求,将大学英语教学目标细分为基础、提高、发展三个等级。其中提高目标和发展目标就是针对卓越系列人才培养计划和拔尖创新人才培养计划而设置的,其英语应用能力的标准比一般学生的要高。(王守仁,2018a)

大学英语不断线课程教学设计还参照教育部考试中心起草,国家语言文字工作委员会规范标准审定委员会审定,教育部、国家语委于2018年颁布的《量表》。《量表》由国内50多所高校200多位专家学者组成的工作团队经过三年多的努力研制完成,以语言运用为导向,构建了多层级指标体系,全面清晰翔实地描述了各等级能力特征。《量表》基于中国国情,对我国英语学习者和使用者的英语能力进行全面描述,将其分成"基础""提高""熟练"三个阶段共九个级别,跨越了我国目前各种英语课标和《教学指南》中涉及的级别,覆盖了从我国英语初学者到熟练学习者和使用者的各能力阶段;为教学大纲的修订提供了指导和技术参照,为编写各类英语教材、建设跨校同类课程(如在线开放课程)时确定语言能力的级别提供了标尺。《量表》中的"中级学习者和使用者"级别为4—6级,对应于我国高中教育阶段和高等教育阶段大学英语学习者和英语专业低年级学习者,即四级大致相当于目前的高考水平,五级和六级的水平大致相当于目前的大学英语四级和六级。(王守仁,2018a)《量表》的1—4级大致相当于基础教育阶段的九个级别,5—7级大致相当于《教学指南》的三个目标。(刘建达,2017)

《量表》等级的确定具有科学性,是依据大规模实证研究数据,参考了现有的语言能力量表等级、课程标准、教学大纲和考试大纲,以及社会需求分析后进行划分的。《量表》对大学英语教学产生影响,除了体现在考试对教学的反拨作用之外,为清晰界定和描述教学目标、确定本科学段大学英语内容提供了依据,为大学英语教学的改革和发展提供了理论基础和科学依据。在选择课程前,学习者对照《量表》中的自我评价表,确定自己目前水平在表中所处的位置,再结合自身的兴趣、专业,确定自己要达到的级别,然后选择相对应级别的模块课程。

大学英语不断线课程教学设计以《教学指南》和《量表》为依据,充分体现不断线课程体系的动态衔接性,服务于学生的主动学习、自主学习、终身学习。教学设计以《量表》列出的技能细化标准为突破口,基于《量表》对各种能力的科学描述和等级划分,尤其是根据各种分项能力表所描述的统一的语言能力,结合自己学校的特色,根据发展性、整体性、可行性、阶段性原则,将校本教学大纲与《量表》进行有效对接,制定分级分模块的教学目标,将《量表》内容落实在大纲的具体教学过程中,体现在学生英语语言应用能力、跨文化交际能力、文化素养和自主学习能力的培养上,建立大学英语不断线课程体系,使其既体现《教学指南》和《量表》的精神,又适合学校发展目标与教学条件。

设计运用不同的教学方法训练不同的语言技能。同样的方法在训练不同的语言技能时,目的和侧重点不同。每堂课设计措辞清晰、易于接受、在规定时间内切实可行的教学计划,设计丰富的语言活动引导学生掌握某种语言功能、微技能、学习策略等。(Baecher, Farnsworth, and Ediger, 2013)刘贵芹(2012:282)认为:"学习大学英语的根本目的全在于运用。要坚持能力为重,努力提高大学生的听力理解能力、口语表达能力、阅读理解能力、书面表达能力以及翻译能力,特别是提高大学生的听、说、读的能力,切实扭转部分大学生听不懂、说不出、看不明的状况。"

分级教学的传统定义是:"本着因材施教、提高教学效率的原则,根据学生的实际水平和潜能,将学生划分为不同层次,然后确定不同的教学目标,制订不同的教学计划,开展不同的教学活动等。分级教学在充分了解学生语言能力、认知风格、学习动机、性格态度的基础上实施教学,能最大限度地节约教学资源,提高教学效果。"(孙静,2018:82)笔者认为,学生根据自身兴趣和需求选课后进入不同层级的模块课程学习,教师根据选课学生的学情制订教学计划,也属于一类分级教学,因为它同样符合以下分级教学的原则:第一,因材施教原则,即教师针对不同层次、不同水平的学生,制定不同的培养目标和教学计划;同时,分级教学为优秀学生提供跳级的机会,学生更能发挥主观能动性,向着符合自身条件的目标奋进,基础薄弱和学习能力不强的学生也能进入注重夯实基础技能的层级学习。第二,层次性原则,即不同层级课程的培养目标、教学计划、教学方法、评价内容、管理制度等均体现层次性,目的是引导不同水平的学生通过努力,在各自不同的起点上取得进步,提高学习效果和教学质量。第三,循序渐进原则,即教师按照外语语言学习的内在规律和顺序进行系统教学,学生的认知活动是逐步积累、不断提高、由量变到质变的发展过程。

课程设置要把英语的听、说、读、写、译技能融入教学中,外语能力不仅指学习者掌握用外语从事听、说、读、写、译的语言技能,还包括运用这些技能表达和交流思想,对语言所承载的文化进行理性思考的能力。大学英语教学培养学生用英语有效地进行交际,不局限于工作和社会生活,还包括更高层次的文化交流和思想交流。(杨舒,2016)

第一节 大学英语不断线课程体系中的分级听力教学

真正的倾听给人带来快乐,听者可以得到一种特殊的满足,就好像听到天籁一般。倾听不仅让人懂得别人,也让人感到触及了世间的真理。在外语语言学习中,听力为学习者提供语言输入,在教学中起至关重要的作用,听力技能的发展十分有助于其他语言技能的发展,但是外语学习者对"听"的惧怕、顾虑和困惑是最多的。听是需要训练的语言技能,也是学习外语的途径。本节分析和论述大学英语不断线课程体系中的分级听力教学设计。

听力(listening)与听力理解(listening comprehension)在本质上是一回事。由于其"内隐"的属性,加之听力过程复杂,受到听者本身的内部因素及说者、文本、语境等外部因素的影响,所以听力不易被观察和考量。(程晓堂,2014)听的过程融入了识别声音、感知语调、捕捉信息、理解内容、诠释意义等内容。听不应该是被动的,而应是主动的,其特点是:"听力是一次性的,稍纵即逝;听力包含韵律学特征,如重音、语调、节奏、音量等;听力需要应对自然的快速语音,如语音的同化;听力要求及时处理和回应信息。"(Lynch and Mendelsohn,2008:194)

听力分为单向听力和双向听力,前者指听者只是听,不做出语言上的回应;后者指在听的过程中做出实时回应,如参与对话和讨论等。课堂上的听力教学不能局限于单向听力类型,而应该更多地设计双向听力任务,提供丰富的语境,更接近真实生活中的交流情境,听者必须快速处理所听信息,理解分析后给予反馈,同时还须注意语用、非语言和文化方面的因素。教师应多创造双向听力学习的机会,促进师生、生生之间的交流。

分级听力教学原则

循序渐进的原则。教师在选择听力材料时,先选择符合学生实际听力水平的起点材料,再逐步增加难度,语速由慢至快。

创设贴近真实场景的语境。外语学习者缺乏真实的外语交际环境,不熟悉跨文化背景,教师应该尽量提供真实的语言环境,通过大量语言材料的输入培养语感,学生能身临其境地进行听力训练。听力材料的语音语调要地道、准确、自然。

听不应该是被动的行为,听话人总是顺着说话人的话语思考,边听边理解,理解就是思维。精听(intensive listening)要求听者在注意力高度集中的情况下听懂语言材料,逐词逐句地听,准确地理解每个词、每句话。泛听(extensive listening)指广泛地听各种不同风格、类型的声音材料,注重对所听内容的整体把握,不需要专注于个别的生词或短语的理解。

灵活运用听力策略。根据奥马利等人(O'Malley and Chamot,1990)划分的三类策略:元认知策略(meta-cognitive)、认知策略(cognitive)和社会/情感策略(social/affective),引导学生有选择地综合运用各种策略。元认知策略能使学生有意识地运用听力策略,计划、监控和评估自己的听力过程;认知策略就是各种听力方法和手段,如预测信息、推论、听懂大意、听懂具体信息、识别关键词等;社会/情感策略指与他人合作、寻求帮助、求证理解、克服焦虑等技巧。

听力教学的目标可分为"理解"和"习得"两种。(Richards,2006)前者重点是"提高元认知意识",后者重点是"发展词语分割识别技巧"。(程晓堂,2014:37)听力教学应结合这两种目标。一种以理解为基本目标,强调通过听来获取信息,关注意义而不是形式;引导学生识别和理解话语的大概意义、具体意义和隐含意义,相关任务有回答问题、选择、判断正误等。另一种以习得为基本目标,强调听力在促进语言习得方面所扮演的角色,以及注意在促进学习者语言发展过程中的作用;学习者将注意到的新的语言点内化到自己的语言体系中;相关任务有完形填空、完成句子等,引起学习者对关键语言点的注意。

教学流程分听前、听中、听后三个阶段。在听前阶段,通过导入活动引起学生的兴趣,激活其背景知识,预测相关信息,熟悉关键词汇;在听中阶段,注重理解听力材料,把握大意,定位具体信息,抓住关键信息等;在听后阶段,通过相关活动对听到的内容做出回应,发表意见,展开讨论,加深理解。

就听力教学而言,自上而下的教学引导学生使用元认知策略,如预测、监控、评估、解决问题等,利用已有的背景知识或其他辅助语言信息,从宏观上把握核心意义。(Hedge,2000)自下而上的教学引导学生解码听力文本信息,从最小的意义单位如音素开始,逐级解码单词、短语、句子、段落等,最终理解整个文本。(Nunan,2001)听力教学应将二者有机结合,既从宏观上理解语言意义,又从微观上习得语言形式,通过反复、系统的训练,才能灵活自如地运用听力策略,成功参与交际活动。

据《量表》所述:"听力理解能力作为一种综合认知能力,由与听力活动相关的识别、提取、概括、分析、批判、评价等认知能力组成。"《量表》对英语"语速"

快慢做了界定。语速较快:约 140—180 词/分钟;语速正常:约 100—140 词/分钟;语速较慢:约 80—100 词/分钟;语速缓慢:约 60—80 词/分钟。《听力理解能力量表》包括理解口头描述、理解口头叙述、理解口头说明、理解口头指示、理解口头论述、理解口头互动六个方面。课程体系中"基础英语""听说(一)""听说(二)"和"听说(三)"的听力教学分别要求学生基本达到《量表》中四、五、六、七级的听力理解能力要求。依据其听力能力具体要求,课程体系中的分级听力教学设计如表 4-1、表 4-2、表 4-3 和 4-4 所示。

表 4-1 "基础英语"听力教学要求

听力理解能力	具体要求
理解口头描述	在听关于名胜古迹等简单描述时,能获取有关事件、人物、地理环境等信息。 能听懂语速正常的关于某一场景、人物等的描述,获取相关信息。
理解口头叙述	在收听或收看语音标准、语速正常的一般性话题的广播或电视节目时,能理解并记录相关信息。 能听懂语速正常的新闻报道,判断事件的因果关系。 在听语速正常的故事时,能理解情节的发展。 能听懂语速正常的故事,领会其寓意。 能听懂语音标准、语速正常的轶事和游记,理解大意。 在观看情节简单的影视剧时,能理解人物与事件之间的关系。
理解口头说明	在听语速正常、关于某一国家或地区的讲解时,能获取当地饮食习惯、风土人情等信息。 在听语音标准、语速正常的天气预报时,能获取有关信息,如地点、气温、气象特征等。
理解口头论述	在听话题熟悉或感兴趣话题的演讲时,能推断演讲者的情感态度。 在听语速正常的非专业性讲座时,能借助图片或视频概括主旨大意。 能听懂发音清晰、话题熟悉的辩论,把握辩论双方的主要论点和论据。 在听话题熟悉的多方讨论时,能分辨各方观点及观点间的关系。 能听懂对熟悉的文学作品或影视剧的评论,领会说话者的情感态度。
理解口头指示	能听懂发音清晰、语速正常的通知与公告,理解大意。 能听懂语速正常的一般性指示语,如指路、操作指南等。
理解口头互动	能听懂语音标准、语速正常、有关日常生活的谈话,辨别说话者的立场。 在听语速正常的对话时,能判断信息与话题之间的关联性。 能听懂语速正常、语气委婉的对话,理解说话者的言外之意。 能听懂语速正常的面试中的问题,推断面试官的意图和观点。

"基础英语"课程性质、目的

旨在培养学生英语综合应用能力,使其在今后工作和社会交往中能用英语有效地进行口头和书面的信息交流;同时增强其自主学习能力、提高综合文化素养,以适应我国经济发展和国际交流的需要;引导学生有效设定大学期间的英语学习目标,为学生进入后续选课模块提供指导作用。

"基础英语"课程听力能力培养目标

能听懂与日常生活话题有关的英语对话和短文,语速为每分钟110词左右;

能听懂与个人兴趣相关的口头表达,如演讲、非专业性讲座、新闻报道等;

能根据语篇特征区分主要和次要信息,理解主要内容,掌握中心大意,抓住要点;

能运用基本的听力技巧和听力策略,理解一般社会交往中说话者的观点和意图。

表4-2 "听说(一)"听力教学要求

听力理解能力	具体要求
理解口头描述	能听懂语速正常的关于节庆、赛事等大型活动场景的描述,获取关键信息。 能听懂英语为母语者对其社会现状的描述,并与自己所处的社会进行比较。
理解口头叙述	在听语速正常、简短的新闻报道时,能获取主要的事实性信息。 能听懂语速正常的幽默故事,领会幽默所在。 能听懂语速正常、情节较复杂的故事,理解主要情节和人物的性格特征。 能听懂熟悉的英文流行歌曲,理解歌词大意。
理解口头说明	能听懂语速正常、与自己专业领域相关的课程,记录授课要点。 能听懂语速正常、话题熟悉的纪录片,理解主要内容。 能听懂语速正常、话题熟悉的科普类讲解,理解大意。
理解口头论述	能听懂语速正常、一般性话题的音/视频节目或报告,获取要点和细节。 能听懂语速正常、有关社会问题的演讲,分清观点与事实。 能听懂语速正常、有关社会问题的讨论,理解论述的逻辑性。 能听懂语音标准的学术报告,把握报告人的信息组织方式,如整体框架、衔接手段等。 能听懂有关社会热点问题的新闻评述,理解其中的观点与态度。 能听懂语速正常、一般性话题的电视访谈,掌握要点与观点。
理解口头指示	能听懂包含多个步骤的有关学习及工作的任务指令。 能听懂语音标准、语速正常的有关日常用品的使用说明,掌握使用要领。
理解口头互动	能听懂语速正常、有关社会热点话题的对话,概括大意。 能听懂语速正常的面对面交谈,判断说话者用语的得体性。

"听说(一)"课程性质、目的

侧重听说技能训练,培养学生基本的英语听说策略与技巧、学习策略和跨文化交际能力;旨在满足学生日常生活、学习和未来工作中与自身密切相关的基本信息交流的需要,使其能够基本正确地运用英语语音、词汇、语法及篇章结构等语言知识,基本理解语言难度中等、常见题材的听力材料,能够就熟悉的主题或话题进行简单的口头交流,能够使用一定的学习策略,在跨文化交际时能根据需要运用一定的交际策略。

"听说(一)"课程听力能力培养目标

能听懂就日常话题展开的英语交谈,语速为每分钟130—150词;

能听懂正常语速的题材熟悉的讲座和音视频材料,掌握中心大意,获取要点和细节,明确其中的逻辑关系,如因果、转折、递进等;

在收听、观看一般性话题的广播影视节目时,能理解主要内容;

能运用多样化的听力技巧与听力策略,理解常见社交场合中对方表达的观点、情感、态度、意图等,理解话语的基本文化内涵。

表4-3 "听说(二)"听力教学要求

听力理解能力	具体要求
理解口头描述	能听懂语速正常、对某一地方的描述,获取地域特征信息。 能听懂人物心理的细微描写,评价其与情节发展之间的关系。
理解口头叙述	能听懂语速正常的广播节目,领会说话者的观点与立场。 在收听或观看语速正常的新闻或电视节目时,能理解大意。 能听懂语速正常、情节复杂的故事,理解其寓意或哲理。
理解口头说明	能听懂相关专业领域的国外大学公开课,概括主要内容。 能听懂不同媒体对同一事件语速正常的报道,判断报道之间的异同。 能听懂语速正常的景点讲解,获取相关信息。
理解口头论述	能听懂信息量大的讲座或音/视频报告,归纳其要点与观点。 能听懂语速正常的演讲,掌握其主要观点。 在听语音标准、语速正常的会议发言时,能准确把握要点和特定细节。
理解口头指示	能听懂环境嘈杂的车站、体育馆等公共场所的广播,获取特定信息。
理解口头互动	在与英语为母语者就生活话题进行交流时,能理解对方话语的文化内涵。 能听懂语音标准、与自己专业领域相关的对话,区分信息的主次。 能听懂语音标准、语速正常的对话,理解说话者的言外之意。 在听语音标准、发音清晰的商务洽谈时,能识别对方的观点和态度。

"听说(二)"课程性质、目的

侧重培养英语的听说技能,以现代商务英语为主要内容,融国际商务知识与实务为一体,主要培养学生在实际工作中用英语进行沟通和解决问题的听说能力;引导学生在掌握英语基本听说技能的基础上,了解国际商务活动中常见的工商业文化背景和实务环节,熟悉规范的商务英语用语,能够灵活运用英语沟通技巧进行交流,为毕业后进入涉外或外资企业以及从事国际商务行业打下语言基础。

"听说(二)"课程听力能力培养目标

能听懂题材熟悉、篇幅较长的英语音视频材料,语速为每分钟140—160词,掌握中心大意,抓住要点和相关细节;

能听懂语速正常的职场对话,如商务谈判、工作交流、求职面试等,理解会话内部的逻辑关系和隐含意义;

能听懂信息量大、与个人专业领域相关的口头表达,如讲座、报告、讨论等,概括主要内容,把握说话者的信息组织方式,如整体框架、衔接手段等;

能较好地运用听力技巧与听力策略,理解正式或非正式场合中对方表达的不同意图。

表4-4 "听说(三)"听力教学要求

听力理解能力	具体要求
理解口头描述	能听懂语速较快、关于自然景观的描述,概括其描述对象的主要特点。 能听懂带有专业术语、关于建筑物等的详细描述,获取重要信息。
理解口头叙述	能听懂语速较快的新闻节目,理解其涉及的社会文化内涵。 能听懂有噪音干扰、话题熟悉的现场新闻报道,概括主要内容。 在听体育赛事报道时,能获取关键信息,如运动员表现、比赛成绩等。
理解口头说明	能听懂复杂的操作指南、产品介绍、服务说明等,获取关键信息。 能听懂语速较快、包含俚语或习语的广告,获取特定信息。
理解口头论述	能听懂有关政治、经济、文化等抽象话题的演讲,评价演讲者的观点与立场。 能听懂语速较快、有关公共政策与社会问题等方面的辩论,把握辩论双方的观点与立场。 能听懂与自己专业相关的学术会议发言或学术辩论,评判其中的主要观点。 能听懂与自己专业领域相关的学术讨论或报告,理解其中的核心概念和主要内容。

续表

听力理解能力	具体要求
理解口头指示	能听懂语速较快、专业性较强的多步骤指令,理解要点。
理解口头互动	在与语速较快的英语为母语者对话时,能获取特定信息,基本无须对方重复或解释。 能听懂含有双关语、隐喻等语言现象的对话,理解说话者的隐含意义。

"听说(三)"课程性质、目的

以雅思、托福听力与口语难度为标准,通过不同类型的听说练习,引导学生运用听力技巧,提高听力技能,同时强化口语能力,增强学生运用英语交流的信心与水平。旨在培养学生高级的听力与口语能力,熟练掌握听力和口语技巧,拓展英语词汇量,懂得如何进行得体和有效的表达,可以为参加国际性英语考试(如雅思或托福考试)打下坚实的基础,满足高级的英语听说需求。

"听说(三)"课程听力能力培养目标

能听懂包含多种内容的不同文体,如有关政治、经济、历史、文化等抽象话题的短文、对话、讲座等,语速为每分钟140—180词;

掌握中心大意,把握其中的事实和细节,能听懂、分析、评价说话者的观点与立场;

能听懂语速较快且含有双关语、隐喻等修辞手段的对话,理解话语中的隐含意义;

能较好地综合运用各种听力技巧与听力策略,领会不同场合中对方表达的特定意图。

第二节 大学英语不断线课程体系中的分级口语教学

说是语言最主要的呈现形式之一,口语交际能力是语言能力的重要组成部分。口语是通过说话人自身的言语行为与他人进行交流的过程。口语的特点:口语交流是一个实时的过程,话语的产出稍纵即逝;是极复杂的认知行为;是交互式的动态过程。本节分析和论述大学英语不断线课程体系中的分级口语教学设计。

口语交际的即时、即地和即兴性决定了外语口语体具有鲜明的语言特征,如常用代词、缩略语、短语动词、模糊词语、语篇虚词、短句和并列形式,名词常用前置修饰语,词语重复较多,一般不用分词短语和独立主格结构等。

口语分独白和会话、互动性和非互动、有准备和无准备。(Harmer,2007)大量实践口语训练是实现和提高口语表达能力的关键因素。足够的语言实践能够产生熟能生巧的效果。

口语教学的目标有传授语言(conveying language)和练习语言(practising language)。(Johnson,2001)前者指通过各种方式,如呈现语言表达形式、提供使用范本、给出必要解释等,展示语言是如何运作的;后者指通过多种练习,如严格的控制性操练、灵活的交际性任务等,帮助学生内化外语语言形式与内容并熟练运用。

分级口语教学原则

遵循先听后说的原则,听和说在交际过程中相辅相成。听是说的前提条件。只有当学习者有了足够的语言储备后,才会实现真正意义上的口语会话。在听的基础上进行模仿练习,有助于提高说的能力。

取得流利度和准确度之间的平衡效应。流利度是一个相对的概念,通常指学习者不费力地进行自我表达的能力。连贯性是其中不可或缺的组成部分。(潘鸣威,2016)准确度指产出的语言与目标语标准的吻合度(Skehan,1996),包含单词、短语的使用准确及句子构建的准确等。同时还要注意适体性,即"话语与话语发生的场景或场合之间的切合度"(潘鸣威,2016:29)。

口语主要教学方法

交际教学法的目标是培养学生的交际能力,促进听说读写综合能力的提高。交际教学法的主要原则是:鼓励使用真实的语言;目标语是课堂交流的工具;游戏具有真实事件的特征,可以运用;错误是交际技能发展中的必然结果,可以容忍;成功的交流在于准确性,也在于流利性;教师要创建促进交流的情境;交流互动能产生合作和协商意义的机会;社会语境给话语赋予意义;能恰当地运用语言形式是交际能力的重要组成部分;教师要在交际活动中提供指导;语法和词汇知识与功能、情境和会话者角色相关;给学生提供机会理解实际使用的外语语言。(郑玉琪、侯旭、高健,2015)外语教学应在传统教学法与交际教学法之间寻求融合,传统教学法与交际教学法应该是一种互补关系。(束定芳,2019)

任务型教学法从交际法派生出来,其基本要素是强调交际、有意义、有目的的活动和任务。关键概念是:学习者在参加活动和完成任务时通过有目的的交际互动学习外语;重在过程不在结果;活动和任务根据难易程度排序;任务的难度取决于学习者的经历、任务复杂程度、需要的语言、能够获得的支持。(Feez,1998:17)

产出导向法:POA(Production-oriented Approach)提倡的"学用一体说"主张在课堂教学中,一切语言教学活动都与运用紧密相连,做到"学"与"用"之间无边界、"学"与"用"融为一体。学生不再单单学习课文,而是以课文为手段来学习用英语完成产出任务。文秋芳(2015)提出要认真选择产出任务的话题。POA认为有利于人文性目标实现的话题可分为两大类:一是有利于学生树立正确的世界观、人生观和价值观;二是有利于培养学生中外文明沟通互鉴和传播中国文化的能力。换句话说,一类话题围绕的是如何促进学生个人健康成长,另一类话题围绕的是如何使学生担负起推动中外文化交流的社会责任。

格拉韦斯和加顿(Graves and Garton,2017)认为,课堂上外语语言的习得是建立在发展学习者交际能力的基础上,通过以下原则实现:语言要地道,注重含义,在流利度和精确度之间要取得平衡;要发展产出性和重复性的技能,语言形式应在上下文中呈现;教师和学生都应尽可能使用目标语言;学习应该是主动和协作性的。

口语课堂活动主要有:补充不完整的计划或表格,互补式听力,图片比较,事件排序,寻找地图或图片中的缺失部分,指导他人作图,根据提示讨论问题解决办法,讨论,对话,角色扮演,演讲,短剧表演,辩论,访谈,句子排序,语言游戏,等等。

按照参与人员划分的课堂活动形式有:教师讲授,小组讨论,对子活动,个体展示,小组展示,等等。不同的形式服务于不同的教学目标,关键在于教师要选择实现教学目标的最佳形式。(文秋芳,2015)

开展小班教学,教师创设有意义的课堂情境,以主题为中心组织教学内容,运用参与式、互动式、体验式、案例式、启发式教学等,鼓励每位成员在大量的活动中尝试,带着情感投入课堂集体讨论中去,讲述自己的经验,展示自己的独特性,使每位成员认识到自己的自主性,积极主动地倾听和发言。体现课堂教学的生成性:一位成员的经验分享引发所有成员的思考,进而成为所有成员的经验。但是避免过多活动代替系统化、系列化的教学设计,回归教育潜移默化的渗透式本质。

可部分借鉴行为主义心理学为理论基础的听说教学法的优点:重视言语实

践性,强调形成自动化的习惯;重视口语,有一套听说训练的练习体系;重视句型教学;对比母语和外语,以科学地确立教学重点和难点。(章兼中,2016)

关于阅读后的课堂讨论,可以先让学生以口头的方式用英语对所读内容进行概括,然后对所读内容围绕一些关键问题进行讨论。一种方式是让学生在阅读时对相关思考题进行事先准备,然后在课堂上对这些问题自由地发表观点和看法,陈述自己的见解;另一种方式是教师根据阅读内容设计讨论问题,让学生分组讨论,之后发言。最好学生在讨论和发言之前已经写作过读后感,并且进行过文献调查,因此,他们在发表见解、陈述看法时能做到有备而来。通过这种有准备的口头互动和交流,学生会有较强的获得感,并提高学习动机。(吴诗玉、黄绍强,2018)

据《量表》所述:"口头表达能力具体表现为说话人在分析情境、参与者、表达目的、交流渠道等语境因素的基础上,恰当地运用语言知识和交际策略,有效地完成口语交际任务,实现交际目的。"口头表达能力包括口头描述、口头叙述、口头说明、口头论述、口头指示、口头互动六个方面。课程体系中"基础英语""听说(一)""听说(二)"和"听说(三)"的口语教学分别要求学生基本达到《量表》中四、五、六、七级的口头表达能力要求。依据其口语表达能力具体要求,课程体系中的分级口语教学设计如表4-5、表4-6、表4-7和表4-8所示。

表4-5 "基础英语"口语教学要求

口头表达能力	具体要求
口头描述	能简单描述主题熟悉的音/视频。 能简单描述自己的学校或工作场所,如地点、人员特征等。 能详细描述个人愿望或理想,如期待的旅行、理想的职业等。 能详细介绍自己的情况,如学习、工作、兴趣爱好等。 能按时间顺序简要描述已发生或即将发生的事情。 能简单描述文化传统或习俗。 能在就医时简单描述自己的症状。
口头叙述	能较为完整且连贯地讲出简短故事。 能较完整地复述小故事的主要情节。 能简要转述活动的主要内容。 能有条理地口头描述个人经历,如旅行经历。

续表

口头表达能力	具体要求
口头说明	能参考课程简介或相关资料,简单介绍学校开设的课程。 能详细介绍自己的人生计划并说明原因。 能详细解释日常生活或工作中常见的状况,如迟到或缺席的原因。 能简单说明自己能胜任某一工作或职位的理由。 能简单说明工作或学习中常见任务的步骤。 能经过准备,就名人、名胜古迹或文化习俗做简短介绍或评论。 能经过准备,就学校、社团或工作话题做简短发言。 能经过准备,详细解释自己喜欢某电影或音乐作品的原因。 能经过准备,简单说明自己对一些社会问题的看法,如零花钱、代沟、叛逆等。
口头论述	能对所读文章的主要观点做出简单的口头评论。 能对他人发言阐述自己的看法。 能在发言中对主要观点进行解释,并适当使用证据加以支撑。
口头指示	能在日常交际中简单回复别人的询问,如问路等。 能在运动、游戏等熟悉的活动中,发出简单的口头指令等。 能简要解释日常电子产品的操作流程,如电脑、智能手机等。
口头互动	能在购物时就物品信息,如颜色、尺寸、款式、价格等,进行简单交谈。 能与他人简单讨论家庭、学校等方面的话题。 能与他人讨论自己的理想和规划,如学习计划、未来想从事的职业等。 能就退换货、退款等商贸事宜进行简单交谈。 能就服务、账单等事务进行简单的交涉。 能通过电话预订生活中常见的服务,如预约就诊、订票、订餐等。 能在接待外宾时简单询问对方的住宿情况、行程安排。 能在工作中简单解答顾客的咨询。 能通过交谈在租赁公司租用交通工具。 能通过交谈办理日常的银行事务,如开户、销户、存款、取款等。 能就日常学习事宜进行简单交流,如安排预约、询问课程及考试信息等。

"基础英语"课程性质、目的

旨在培养学生英语综合应用能力,使其在今后工作和社会交往中能用英语有效地进行口头和书面的信息交流;同时增强其自主学习能力、提高综合文化素养,以适应我国经济发展和国际交流的需要;引导学生有效设定大学期间的英语学习目标,为学生进入后续选课模块提供指导作用。

"基础英语"课程口语能力培养目标

能运用恰当词汇描述事物、定义概念等,口头表达时语音、语调恰当;

能就一个主题或图片或所学课文内容进行连续3分钟左右的陈述,如有条理地讲述简短故事或个人经历,能就所熟悉的话题经准备后做简短发言,表达比较清楚;

能简单介绍或解释日常生活和工作中常见的活动或场景,如体育运动、休闲娱乐、风景名胜等;

能进行一般日常生活交谈,就感兴趣的话题进行交流,并适时地做出回应,确保交流顺利进行,表达个人需求和意愿,并根据交际对象选择适当的表达方式,如礼貌程度等;

能根据具体交际情境,运用恰当的语言形式和交际策略,礼貌、委婉地表达歉意、抱怨、感激等较广泛的意图,遵守重要的交际规范,保持良好的人际关系。

表4-6 "听说(一)"口语教学要求

口头表达能力	具体要求
口头描述	能简单对比不同的文化传统或习俗,如中西方节日等。 能准确表达个人感受,如喜悦、悲伤、恐惧等。 能详细描述日常事物、人物性格、生活场景。 能有条理地介绍活动安排,如班会议、家庭聚会等。
口头叙述	能详细讲述不同时期的个人经历,如求学或生活经历等。 能借助原文的词句,复述所读故事的大意。 能讲述小说或电影的主要情节。
口头说明	能连贯、详细地说明自己的人生选择或个人喜好,并说明原因。 能清楚、连贯地解释自己的计划或方案,如做什么、怎么做等。 能在求助时,如报案、紧急呼救等,就自己的实际情况和具体要求与相关人员进行有效交流。 能参考操作手册或流程纲要,简要说明流程或规定,如电脑操作、申请驾照等。 能经过准备,有条理地阐述自己对社会热点问题的看法。 能简要说明一些熟悉的运动、游戏的基本规则。
口头论述	能对日常生活如旅游、购物时的不同选择进行优劣对比并清楚表达,陈述做出决定的理由。 能经过准备,就与自己专业相关的话题进行简短发言。 能对文学艺术作品,如影视、书画、小说等,进行简要评述。 能在发言时按逻辑顺序陈述观点,突出主要思想。 能对他人的发言进行有针对性的评论。 能就相关热点问题,清楚表达自己的观点和态度。 能在正式演讲中用具体的事例清晰论述自己的观点。

续表

口头表达能力	具体要求
口头指示	能借助地图或旅游指南详细介绍旅游方案。 能借助说明书,口头解释仪器或设备的操作方法,表达清晰。
口头互动	能就学习或工作事宜同相关工作人员进行有效协商。 能与他人就社会热点问题展开口头讨论。 能基本应付访谈或演讲中的即兴提问。 能在经过准备后进行简单的采访,并向被访者核实或确认信息。 能就旅游中遇到的问题进行简单的交涉。 能通过音/视频的方式,就熟悉的话题与他人进行有效交谈。 能就所读的文章与同伴展开简单的口头讨论。 能用简单的语言参与专业领域的学术讨论和交流。 能就日常维修服务进行简单的交谈,如修理设备、维修家电、更换设施等。 能在购物时与商家进行有效的交流,如询问商品信息、讨价还价等。

"听说(一)"课程性质、目的

侧重听说技能训练,培养学生基本的英语听说策略与技巧、学习策略和跨文化交际能力。旨在满足学生日常生活、学习和未来工作中与自身密切相关的基本信息交流的需要,使其能够基本正确地运用英语语音、词汇、语法及篇章结构等语言知识,基本理解语言难度中等、常见题材的听力材料,能够就熟悉的主题或话题进行简单的口头交流,能够使用一定的学习策略,在跨文化交际时能根据需要运用一定的交际策略。

"听说(一)"课程口语能力培养目标

能就日常生活事宜用英语进行简短但多话轮的交谈,如旅游、购物等进行有效的口头交流或协商;

能对一般事件和物体进行简单的叙述或描述,能经准备后就所熟悉的话题简短地发表个人见解,能就学习或与未来工作相关的主题进行简单讨论;

能理解和使用常见语气和语调的表意功能,语音、语调、语法等基本符合交际规范;

能运用基本的会话技巧,表达清楚、有层次、有条理;

能根据社交场合的正式程度,选择恰当的语言形式,得体地表达自己的观点、情感、态度;

能注意文化习俗差异,体现对交际对象应有的尊重,实现有效沟通。

表4-7 "听说(二)"口语教学要求

口头表达能力	具体要求
口头描述	能详细、准确地向他人描述所参观的地点、景物。 能详细描述生活、工作、故事或电影中的主要人物、场景。 能详细、有条理地描述社会热点事件的进程。 能描述自己的计划或经历,用词丰富、准确。
口头叙述	能完整、详细地复述话题熟悉的文章内容。 能生动、详细地讲述亲身经历的事件。 能详细讲述突发事件,如向主管报告事件始末等。 能用自己的语言续讲经历或故事。
口头说明	能详细分析并评论文章或访谈的内容,表达连贯,有条理。 能清楚地讲述和分析社会热点问题的现状、成因和解决方法。 能在讨论时解释问题产生的原因并陈述解决问题的意见。 能在正式会议或研讨会上简短地发表意见,解释观点。 能根据交际需求详细说明或解释事件的相关细节。
口头论述	能就社会热点话题发表意见、表明立场并给出充分理由。 能就升学、就业等人生选择问题,通过多角度分析,权衡利弊,进行有效劝说。 能就指定的话题发表有一定深度的个人见解。 能对所听、所见和所读到的信息进行有一定深度的评论。 能比较并评述电视、网络等不同媒体对同一事件的报道,见解有一定深度。
口头指示	能在集体活动和社会活动中,就执行某种具体方案或计划的方法、步骤、程序等给予清晰、明确的口头指示。 能在学习或工作中详细地同学或同事口头转达指令或要求。
口头互动	能较为自如地进行日常商务交流和沟通。 能就生活、学习或工作中的纠纷与他人进行有礼有节的沟通。 能有效地围绕社会热点问题展开辩论。 能在日常社交活动中恰当地应对意料之外的评价、批评、质疑等。

"听说(二)"课程性质、目的

侧重培养英语的听说技能,以现代商务英语为主要内容,融国际商务知识与实务为一体,主要培养学生在实际工作中用英语进行沟通和解决问题的听说能力。引导学生在掌握英语基本听说技能的基础上,了解国际商务活动中常见的工商业文化背景和实务环节,熟悉规范的商务英语用语;能够灵活运用英语沟通技巧进行交流,为毕业后进入涉外或外资企业以及从事国际商务行业打下语言基础。

"听说(二)"课程口语能力培养目标

能陈述事实、理由和描述事件或物品等,较好地运用口头表达与交流技巧,就熟悉的观点、概念、理论等进行阐述、解释、比较、总结等；

能掌握当代商务活动中的基本交际策略，就职场话题进行比较流利的会话，语言组织结构清晰，语音、语调基本正确；

能就社会热点问题或专业领域内熟悉的话题与他人展开讨论，对他人的发言、插话等做出恰当的反应和评论；

能就与社会文化、职场和学习相关的指定话题发表有一定深度的个人见解，语言丰富、表达流畅、思路清晰；

能在处理日常纠纷、突发情况时，进行有效的口头交流或协商；

能在交流中选择不同的语言形式，恰当地表达自己的观点、情感、态度，熟悉目标文化及社会习俗，交际得体，效果良好。

表4-8 "听说（三）"口语教学要求

口头表达能力	具体要求
口头描述	能在就医时清楚准确地描述自己常见的症状。
口头叙述	能经过准备，详细地讲述有关名胜古迹的典故、传说。
口头说明	能详细、连贯地介绍自己正在开展的研究，如报告研究进展、目前的工作重点等。 能就与工作、校园生活或社区生活相关的话题即兴发言，表达连贯，逻辑性强。 能详细说明自己的计划或行动，有说服力。 能对所读的材料进行全面、准确的口头总结。 能简要分析文学评论，包括语言的选择、表达技巧和效果。 能对文学、影视、艺术作品作较深刻的口头评述。 能就本领域的专业话题进行详细解释，逻辑性强，要点清晰易懂。 能有条理地口头报告实验或调查研究的过程和结果。
口头论述	能就学术或专业性话题充分、有条理地阐述自己的观点。 能就社会或文化类话题提出自己的观点并充分论证。 能在竞争性场合发表有说服力的演说。 能在业务研讨等正式场合按逻辑顺序组织观点，并选择适当的论据进行论证。 能在演讲中根据所给的主题采用合适的论证方法，如统计、证明和举例等，进行有力的论证。 能在讨论中对他人的观点、推理、论证方式进行恰当的评述。 能在专业性的讨论中综合并提炼讨论的要点，展现对问题全面的理解。

续表

口头表达能力	具体要求
口头指示	能就处理复杂事务的方法、步骤,如谈判、研讨会安排等,给予清晰、明确、详细的口头指示。
口头互动	能就各种熟悉的话题自如地与他人进行深入的交谈。 能在处理纠纷的过程中,提出赔偿要求,表明让步底线,语言有说服力。 能在就医时询问就诊程序或进行协商。 能就社会热点问题与他人进行即兴交流,表达时观点明确、思路清晰。 能在面试时,自如、有效地应对提问。

"听说(三)"课程性质、目的

以雅思、托福听力与口语难度为标准,通过不同类型的听说练习,引导学生运用听力技巧,提高听力技能;同时强化口语能力,增强学生运用英语交流的信心与水平。旨在培养学生高级的听力与口语能力,熟练掌握听力和口语技巧,拓展英语词汇量,懂得如何进行得体和有效的表达,可以为参加国际性英语考试(如雅思或托福考试)打下坚实的基础,满足高级的英语听说需求。

"听说(三)"课程口语能力培养目标

能够运用所做的笔记,回答关于内容大意或细节的问题,同时能分析说话人的意图或言外之意;

能对所听到的内容进行即时口头总结,并提出自己的意见或建议;

能就各种熟悉的话题与他人进行对话或讨论,选择恰当的语言形式,有效表达自己的观点、情感和态度,话语符合身份及社会文化规约,沟通顺畅;

能流利自如地对抽象的观点进行陈述,发表个人观点,并根据交际场景调整表达策略和表达方式;

能进行正式的学术汇报,并根据提问做出进一步解释,表达准确、清晰、连贯。

第三节 大学英语不断线课程体系中的分级阅读教学

阅读是人们生存与发展所必备的一项社会文化技能。阅读是获取所需要信息的重要方法,是读者与文本的交互活动,涉及多层面复杂的认知加工过程,是包含诸多信息加工技能的多样组合。(Grabe,2009)外语阅读的目的主要是阅读理解和语言习得。(Han and Anderson,2009)外语阅读能力的提高依赖于语言因素及非语言因素,语言因素指词法、句法、篇章结构等知识,非语言因素主要指阅读策略的运用。(张法科、赵婷,2004)本节分析和论述大学英语不断线课程体系中的分级阅读教学设计。

阅读分三类:自下而上的阅读依赖文本本身呈现的信息,对应的是较低层次的信息处理过程,如词汇的识别、句法的加工、语义的建构、工作记忆的调动等。自上而下的阅读依靠读者的积极参与,需要借助自己的背景知识来进行文本信息的整合和构建,对应的是较高层次的信息处理过程,如篇章结构的分析、背景知识的激活、推论技巧的应用、阅读策略的调控等。综合式或交互式阅读既指将前两者合二为一,又指读者与文本之间的交流。读者须兼有解码的技巧和诠释的能力。(程晓堂,2014)

阅读策略包括认知策略和元认知策略,主要策略列举如下:预读、略读、扫读、重读;按意群阅读、猜测新词词义;预测、提问、推论、验证;运用背景知识,注意关联词;识别体裁、风格、句子结构、段落结构、篇章结构、修辞性语言等;整合信息、回忆、总结、反思、评价、批判、报告。(Nunan,2001)

阅读教学目标是培养能够根据文本类型和阅读目的有效恰当地选择、运用和调整阅读策略的读者,灵活运用多种策略的读者。阅读教学应该引导学生通过阅读学习来逐步掌握并积累有效的阅读方法和策略,加强语言知识,提高阅读理解能力。阅读的教学目标可以分解为以下内容。语言目标:学习新词、学习语法结构;内容目标:学习和理解内容、了解相关信息;技能目标:理解字面含义、推断隐含意义;文本目标:了解文章体裁结构、内部联系等。(Macalister,2011)

阅读任务应该是贴近真实的有挑战性的文本;教师应为学生提供修辞结构或主题框架便于分析;采取朗读、默读、重读等多种形式;学生与文本互动,与师

生互动;学生将文本信息转为视觉图示。(Davies,1995)

在阅读理解中起着重要作用的图式理论认为:"人们在理解、吸收、输入信息时,需要将输入信息与已知信息(即背景知识)联系起来。对新输入信息的解码、编码都依赖于人脑中已存的信息图式、框架或网络。输入信息必须与这些图式(schemata)相匹配,才能完成信息处理的系列过程,即从信息的接受、解码、重组到贮存。"(刘明东,1998:28)在阅读时要正确理解课文,读者必须具备与课文相应的图式,并在阅读过程中能成功地激活此图式。

体裁教学法是"基于体裁分析基础之上的把体裁和体裁分析理论运用于课堂,围绕语篇的图式结构而开展教学活动的方法,旨在引导学生了解不同体裁的语篇具有不同交际目的和语篇结构,使其认识到语篇不仅是一种语言建构,而且是一种社会意义建构,从而既掌握语篇的图式结构,又能够理解语篇的建构过程,最终理解和创作属于某一体裁的语篇"(李红梅,2005:60—61)。阅读理解中对语篇的分析从文体分析、语域分析逐渐过渡到体裁分析,即从表层分析向深层分析发展。体裁是一种内部结构特征鲜明、高度约定俗成的交际事件。(Bhatia,1993)不同体裁的语篇有记叙文、议论文、说明文、新闻和科研论文等。

乔玉玲和郭莉萍(2011:58—60)将"基于问题的教学法"运用于阅读教学。第一,问题准备:教师学生提出恰当的学习问题。第二,资料查阅:学生带着问题查阅相关资料进行合作学习。第三,小组交流:小组成员在课堂对各自所收集的资料进行交流,分别陈述知识点及对问题的理解,从而达到组内成员间的信息互补和更正。第四,课堂讨论:再由每组代表总结发言,其他组成员可记笔记,或对所讲内容进行提问,教师强调重点,并即时补充与评价。第五,评价总结:在所有问题讨论结束时,教师对此教学内容进行回顾总结,对各组的学习活动给予积极评价。

从关联理论的角度看,阅读理解的过程就是读者尽可能进行关联性程度最大的逻辑推理从而理解作者意图的语用推理的心理过程。人们在理解话语时需要在新出现的信息与语境假设之间寻求关联,但是这个过程要付出某种努力才能取得。关联的强弱取决于语境效果与处理努力之间的关系。在阅读理解过程中,"由于语篇产生者受到语篇的简洁性的制约、写作意图的支配、文化差异的影响,都会出现'信息空缺',从而增加了语篇理解者寻找关联的难度,关联理论对阅读理解过程中的认知过程有极强的解释力"(施庆霞,2001:53)。具备关联理论的知识,有助于提高阅读理解能力,如选择词义、理解反语、填补信息空缺等。

从衔接理论的角度看,作为一种语义关系,衔接在具体的语篇中体现为指称、替代、省略、连接等语法衔接手段和重现、搭配等词汇衔接手段。语法衔接靠语法手段来实现,而词汇衔接是通过词汇的选择和运用在语篇中建立一个贯穿篇章的链条,并以此来达到连贯的目的。这些语法和词汇的衔接构成语篇的连贯性和完整性,这对学生深入理解篇章有很大的促进作用。

互联网、数字化、新媒体、新介质的出现,引发了学习者阅读行为的改变。来自海量信息、知识更新、社会变化、竞争激烈、注重实用方面的压力,加速了大学生阅读行为的变化。(杨永林,2017)但吴诗玉和黄绍强(2018)提出要坚守阅读和讨论教学模式,其核心是学生能够在讨论前带着问题进行深度阅读,教师在学生进行阅读前设计相关的具有启发意义的思考题,鼓励学生在写作之前,针对阅读的内容进行一些文献调查,读后要求写读后感或读书报告。学生通过不断地阅读、写作和练习口头表达提高外语能力,提高隐性学习能力,语言知识得以内化。

外语阅读的本质,体现在多义性、私密性、文化性三方面,有"广度、高度、深度"三维空间性拓展的要求。要有广度,就必须博览群书;要有高度,离不开经典阅读;要有深度,少不了本体研究。杨永林(2017)提出了基于短语习语用法研究的阅读新视角。他提倡深度阅读,基于字词句层面的英语习惯用法的学习,以达到鞭辟入里的整体理解,举一反三的优化学习,培养我国大学生深度阅读的能力。

外语阅读对学习者而言在本质上是一种跨文化活动,是学习者建构文化图式、增强文化认知能力、提升跨文化能力的重要途径。杨桂华和赵智云(2018:25)认为,"语篇阅读的过程是学习者以语篇为媒介与世界各国优秀文化进行对话和思想碰撞的过程,是学习者与作者之间的跨文化交流,也是学习者建构文化图式的过程。学习者在语篇阅读中获取的文化信息能够增进其对异文化的认识和理解、对母语文化的鉴赏和对自身跨文化交际行为的反思"。教师通过语篇阅读教学培养学生跨文化能力。

据《量表》所述:"阅读理解能力是语言学习者和使用者作为读者阅读并处理书面材料时,运用各种知识(包括语言知识和非语言知识)和策略,围绕所读材料建构意义的能力,包括识别与提取书面信息的能力、概括与分析书面信息的能力、批判与评价书面信息的能力。"阅读理解能力包括理解书面描述、理解书面叙述、理解书面说明、理解书面论述、理解书面指示、理解书面互动六个方面。课程体系中"基础英语""读写(一)""读写(二)"和"读写(三)"的阅读教学分别要求学生基本达到《量表》中四、五、六、七级的阅读理解能力要求。依据其阅读理解能力具体要求,课程体系中的分级阅读教学设计如表4-9、表4-10、表4-11和表4-12所示。

表4-9 "基础英语"阅读教学要求

阅读理解能力	具体要求
理解书面描述	在读语言简单的游记时,能理解景物特征。 在读语言简单的抒情散文时,能辨识作者的情感表达方式。
理解书面叙述	在读语言较复杂的社会生活类文章,如旅游见闻等时,能提取时间、人物、地点等信息。 在读语言较复杂的故事时,能提取表达人物情感和态度的信息。 在读语言较复杂的人物轶事时,能概括出人物特点。 在读语言和情节较复杂的历史故事时,能概括故事发展脉络。 在读语言较复杂的有关日常生活的短文时,能理解作者隐含的观点和态度。 在读语言和情节简单的人物传记时,能理解主要内容。 在读语言简单、有关社会生活的记叙文时,能推断作者的写作意图。 在读语言简单的小说节选时,能区分主要情节与次要情节。
理解书面说明	在读科普类短文时,能理解其主要内容。 在读中外文化类说明性短文时,能概括主要内容。 在读简单的数据表格类材料时,能理解数据所传递的信息。 在读日常生活中常见的公告、招贴、广告时,能理解其大意。 在读语言较复杂的有关热点话题的新闻报道时,能提取关键信息。
理解书面论述	在读有关热点话题的简短议论文时,能找到体现作者观点的关键词。 在读话题熟悉、涉及社会现象的简短议论文时,能分析作者观点。 在读语言简单、涉及热点话题的议论文时,能评价论点与论据的一致性。 在读社会热点类的短篇议论文时,能区别主要观点和次要观点。 在读语言简单的演讲稿时,能识别事实和观点。 在读语言简单的哲理性议论文时,能理解其主题思想。
理解书面指示	在读简单的流程图时,能理解各流程间的关系。
理解书面互动	在读有关日常生活的信件时,能提取其中的主要信息。 在读语言简单的信件时,能评价其语言的得体性。 在读商务信函时,能提取其中的主要信息。

"基础英语"课程性质、目的

旨在培养学生英语综合应用能力,使其在今后工作和社会交往中能用英语有效地进行口头和书面的信息交流;同时增强其自主学习能力、提高综合文化素养,以适应我国经济发展和国际交流的需要;引导学生有效设定大学期间的英语学习目标,为学生进入后续选课模块提供指导作用。

"基础英语"课程阅读能力培养目标

能读懂语言简单、不同类型的材料,如简短故事、书信等,提取细节信息,概括主旨要义;

能读懂语言简单、题材广泛的记叙文和议论文,区分事实和观点,进行简单推断;

常速阅读速度达到每分钟70词,在快速阅读篇幅较长、难度略低的材料时,阅读速度达到每分钟100词;

能运用句式结构、时态和语态等语法知识准确理解信息;

能通过分析句子和篇章结构读懂语言较复杂的材料,理解意义之间的关系。

表4-10 "读写(一)"阅读教学要求

阅读理解能力	具体要求
理解书面描述	在读不同作者对同一话题的描述性短文时,能比较其描述手法的异同。 在读语言较复杂的短篇散文时,能理解作者所表达的情感。 在读语言简单的有关社会生活的散文时,能理解其中的修辞手法。 在读语言简单的描写人物心理的文章时,能理解人物的性格特征或情感变化。
理解书面叙述	在读语言较复杂的故事时,能理解其中的比喻、拟人等常见修辞手法。 在读语言简单的英语诗歌时,能理解作品表达的情感。 在读语言和情节较复杂的社会生活故事时,能提取相关细节信息。 在读语言简单的小说时,能掌握故事的主要情节。 在读语言较复杂的叙事散文时,能理解人物、事件等要素之间的关系。
理解书面说明	在读语言较复杂的科普类文章时,能把握其语言特点。 在读语言较复杂的应用文,如会议纪要等时,能理解主要信息。 在读生活中常见的各类说明性材料时,能掌握产品特性和使用方法等。 在读常见的图表时,能概括数据的变化趋势。 在读语言较复杂、有关社会现象或热点话题的图文新闻时,能掌握其主要信息。

续表

阅读理解能力	具体要求
理解书面论述	在读一般题材的议论文时,能推断作者隐含的观点和态度。 在读同一主题、不同观点的议论文时,能对不同观点进行比较和分析。 在读话题熟悉的评论性文章时,能理解其论点和论据。 在读有关社会热点话题的议论文时,能理解论点与论据之间的关系。 在读非学术性著作的书评时,能提取作者的主要观点。 在读有关社会现象或热点话题的评论性文章时,能理解全文的主题思想。 在读话题熟悉的演讲稿时,能区分事实和观点。
理解书面指示	在读相关专业领域的技术规范时,能理解其具体要求。
理解书面互动	在读求职信、推荐信等应用文时,能理解文章的关键信息。 在读语言简单的商务对话时,能理解其中的交流要点。 在读有关社会现象的材料,如信件、博文等时,能理解作者的立场。

"读写(一)"课程性质、目的

侧重读写技能训练,培养学生基本的英语读写策略与技巧、学习策略和跨文化交际能力。阅读内容涵盖英语文章的各种体裁,结合各项课堂活动,设计有针对性的写作练习,旨在在学生已有的英语基础上进一步拓展其阅读与写作能力,帮助其摆脱不地道的中式英语的表达困境,使其能够更好地品味英语文章中的文化内涵,同时增强其自主学习能力与思辨能力,以适应我国经济发展和国际交流的需要。

"读写(一)"课程阅读能力培养目标

能读懂英语国家报纸杂志的文章,读懂语言较复杂的论述性材料,如社会时评、书评等,分辨不同观点;

能够读懂自己专业方面的综述性文献,并能正确理解中心大意,抓住主要事实和相关细节;

常速阅读速度为每分钟90词,在快速阅读篇幅较长的材料时,阅读速度达到每分钟130词,能就阅读材料进行略读或寻读;

在读语言较复杂、话题丰富,如有关教育、科技、文化等的材料时,能理解主题思想,分析语言特点,领会文化内涵;

能理解复杂语句或段落之间的逻辑语义关系。

表4-11 "读写(二)"阅读教学要求

阅读理解能力	具体要求
理解书面描述	在读语言较复杂、篇幅较长的描述性文章时,能推断作者的态度。 在读语言较复杂的描写场景的文章时,能概括场景的主要特征。 在读语言较复杂的有关人、事、物的描述性文章时,能评价其描述手法。
理解书面叙述	在读语言和情节较复杂的故事时,能把握其叙述方式并提取主要细节的信息。 在读通俗的哲理性作品时,能理解其中的寓意。 在读语言较复杂的社会生活类故事时,能综合理解其中的人物或事件。 在读语言较复杂的小说节选时,能理解情节发展的逻辑性。
理解书面说明	在读语言较复杂的科普类文章时,能概括其描述对象的主要特征。 在读一般性新闻报道时,能理解报道的主要内容。 在读语言较复杂的有关科技发展的说明性材料时,能理解文章的主要内容。 在读语言较复杂的民俗文化类说明性材料时,能概括其主要特征。 在读语言较复杂的调查报告时,能理解其主要内容。
理解书面论述	在读语言较复杂的演讲稿或报告时,能理解其中的关键信息。 在读语言较复杂的有关社会现象的议论文时,能理解其论证方法。 在读语言较复杂的评论性文章时,能理解和归纳作者的观点及立场。 在读语言较复杂的议论文时,能评价其观点的说服力。 在读相关学科的综述性文献时,能把握其主要观点。 在读语言较复杂的议论文时,能评价其语言使用的有效性。 在读语言较复杂的演讲稿时,能评价其逻辑性。
理解书面指示	在读相关专业领域的操作指令时,能理解其中的专业术语。 在读各类指示性材料时,能提取其中的细节信息。 在读各类指示性材料时,能理解其指令。
理解书面互动	在读商务公文时,能评价其语言的得体性。 在读有关社会生活的篇幅较长的情景对话时,能概括其主要内容。

"读写(二)"课程性质、目的

侧重培养英语的读写技能,以现代商务英语为主要内容,融国际商务知识与实务为一体,主要培养学生在实际工作中用英语进行沟通和解决问题的读写能力。通过阅读相关商务活动的真实材料,掌握常用的职场语言表达及用法,熟悉主要的商务英语文书类型,理解语言较复杂的文章,能够书写各类文书,进一步提高英语的读写能力,为学习后续英语课程及毕业后的涉外商务工作打下坚实的基础。

"读写(二)"课程阅读能力培养目标

能读懂包含较长事实性信息的商务公文,掌握中心大意,把握事实和细节,并能对所读材料进行分析评判;

在读语言较复杂、相关专业领域的不同类型材料,如商务公文、文学作品、新闻报道等时,能把握重要相关信息,并对语言和内容进行简单的评析;

能读懂语言较复杂的文章,推断作者的情感态度,理解语篇中复杂结构的表意功能;

能通过浏览专业文献的索引,准确检索目标信息。

表4-12 "读写(三)"阅读教学要求

阅读理解能力	具体要求
理解书面描述	在读语言复杂、描述社会文化的文章时,能理解其文化内涵。 在读语言复杂的散文时,能赏析其语言特点。 在读描述同一社会现象的不同文章时,能从特定角度比较其描写手法。 在读语言复杂的抒情散文时,能分析作者的语言特色。 在读语言复杂的长篇散文时,能归纳关于人物感受的信息。 在读语言复杂、主旨深刻,如民族精神、社会理想等的描述性文章时,能分析作者的立场。 在读语言复杂的长篇抒情散文时,能赏析作者的修辞手法。
理解书面叙述	在读语言和情节复杂的短篇小说时,能分析作者的创作意图。 在读语言和情节复杂的剧本时,能评价其写作风格。 在读语言复杂的传记类作品时,能评价其叙事方式。 在读语言复杂的文化类作品时,能总结作品中文化的典型特征。 在读语言复杂的剧本、小说等经典文学原著节选时,能理解其大意。
理解书面说明	在读图文丰富的专业报表时,能概括其主要内容。 在读语言复杂的中长篇科技文章时,能找出其中的关键信息。 在读语言复杂、包含专业术语的说明文时,能概括关键信息。 在读语言复杂的社会科学类说明性文章时,能概括其说明对象的特征。 在读语言复杂的有关不同国家地区文化的说明性文章时,能对比分析不同的文化特征。 在读语言较复杂、专业性较强的研究报告时,能理解其研究方法。 在读相关专业领域的图表时,能理解数据所包含的信息。

续表

阅读理解能力	具体要求
理解书面论述	在读语言复杂的议论文时,能赏析其语言特点。 在读相关专业的文献时,能提取主要信息。 在读主旨深刻的议论文时,能分析作者的情感和态度。 在读相关专业领域的书评时,能提炼出主要观点。 在读语言复杂的议论文时,能理解作者的逻辑推理过程。 在读语言复杂的议论文时,能评判其论据的有效性。 在读社会时评时,能评价文章的现实意义。
理解书面指示	在读专业性较强的操作手册等指令性材料时,能理解其操作要求。 在读关于法律法规的解释性材料时,能评价其措辞是否严谨。
理解书面互动	在读语言复杂的长篇书信时,能找出表达作者观点和感受的信息。 在读语言较复杂的公文时,能评价其表达的严谨性。 在读语言较复杂的工作信函时,能评价措辞的得体性。 在读不同风格的信件时,能比较其措辞及语言风格。

"读写(三)"课程性质、目的

以雅思、托福阅读与写作难度为标准,通过不同类型读写练习,引导学生运用阅读技巧,提高阅读理解能力,同时重视针对学生的基本写作技能进行训练,逐步提高其遣词、造句、组篇能力,重点围绕写作部分涉及的各项技能与要求进行针对性的指导与训练。旨在夯实学生的阅读与写作基本功,同时,通过训练学生的笔记记录、文献搜索、材料概括综合等基本学术技能,帮助提高其听、读、写语言综合运用能力,为参加国际性考试(如雅思或托福考试)及未来参与学术活动打下坚实的基础。

"读写(三)"课程阅读能力培养目标

能够较透彻地理解不同主题的学术篇章内容,区分其中重要信息及相关细节,并厘清内容脉络;

在读语言复杂、专业性较强的不同类型材料,如文学原著、科技文章、社会时评等时,能整合相关内容,分析作者观点立场;

在读语言较复杂、有关文化的作品时,能批判性分析不同的文化现象;

在读语言复杂、专业性较强的材料时,能通过研读多篇同题材的材料,深刻理解隐含信息;

能理解并使用常见的修辞性表达方式,增强表达效果。

第四节 大学英语不断线课程体系中的分级写作教学

写作是一个循环式的心理认知过程、思维创作过程和社会交互过程。外语写作反映了思维转化为语言文字的过程。本节分析和论述大学英语不断线课程体系中的分级写作教学设计。

学生在运用英语语言写作中出现的一个很大的问题就是如何实现语言的准确性和地道性。孙有中和李莉文(2011)提出,不管是何种教学改革,如果学生的外语语言输出质量下滑,这样的改革就不能说是成功的。因此,在写作教学中,教师必须高度关注语言的习得与输出之间的关系,重视输入内容的质量与有效性,融入词汇、语法、句型、修辞、篇章结构等语言技能的训练,引导学生将对语言本身的关注逐步转为关注内容,直到大学高年级的时候可以将英语作为工具学习专业课程,从而实现知识的显性学习和语言的隐性学习。鼓励学生进行批判性讨论,锻炼发展其批判性思维,包括求异思维、创造性想象、独特的视角、活跃的灵感、创新技能等。

写作主要教学方法

过程写作法是"以写作过程为出发点,将写作过程列为教学的重心,设计一系列写作活动,使学生投入写作的各个具体过程中,通过写作而学习写作,最终获得成稿"(程晓堂,2014:94)。可以借助同伴评估的模式,例如,学生先独立写完一篇作文,然后依据制定的评价标准,通过小组互动进行评估。通过不断改进协同合作反馈的方式,写作学习发生得更有效。

诊断式教学法是"以医生诊视病人判断其病症的方式进行英语写作教学,即教师采取一定的方法手段及时了解学生英语知识掌握程度,对学生英语学习效果做出诊断,并采取相应措施进行矫正和解救,帮助学生达成英语教学目标的一种教学形式。其基本理念是师生互动参与、问题解决、批判反思和综合分析"(郑红苹、杜尚荣,2015:81)。它是一个动态过程,包括调查问题、收集资料、分析症状、初步诊断、实施纠偏、验证诊断等基本环节和步骤。

外语写长法是以写的方式促进外语学习的方法。它"以设计激发写作冲动的任务为教学重点,在一定的学习阶段,顺应外语学习规律,通过调节作文长度要求,逐步加大写作量,使学生在表达真情实感的过程中,冲破外语学习的极限,由此增强学习成就感,提高自信心,将外语知识加速打造成外语运用能力"(王初明,2005:45)。

体验式教学法重视写作过程,注重学生的体验,在学生积极参与的前提下,培养学生的思维能力。其主要步骤有:学前写作、课堂讨论、范文评析、自我修改、小组交流、课外练习与自我评析、教师评阅(包括当面评改)。"学生从体验中学会了交往,主动建构知识,把握了所学语类的语义结构,构建了写作图式,学生的语类意识不断增强,写作技巧和能力得到提高。"(罗毅、蔡慧萍、王金,2011:41)

基于语料库的写作教学是指教师和学生根据自身需求,利用语料库检索技术,观察、描述、归纳、自我发现写作中的语言规律,将学生的作文导入语料库,教师运用语料库技术对其进行分析与评价,学生的整个语言发展的过程将会自动生成个人档案。(刘彬、戈玲玲、李广伟,2012)

据《量表》所述:"书面表达能力通过不同的写作功能、目的和情景相互作用反映,主要体现为语言学习者和使用者撰写不同功能文本的能力。"《书面表达能力量表》包括书面描述、书面叙述、书面说明、书面论述、书面指示和书面互动六个方面。课程体系中"基础英语""读写(一)""读写(二)"和"读写(三)"的写作教学分别要求学生基本达到《量表》中四、五、六、七级的书面表达能力要求。依据其书面表达能力具体要求,课程体系中的分级写作教学设计如表4-13、表4-14、表4-15和表4-16所示。

表4-13 "基础英语"写作教学要求

书面表达能力	具体要求
书面描述	能清楚地描写自己熟悉的地方,如家乡、校园等。 能简单地描述自己熟悉的人或物的变化。 能简单描述自己喜欢的影片,包括主要角色、情节等。
书面叙述	能根据文字或图片提示写简短故事,内容基本完整。 能有条理地记叙个人成长经历中的重要事件。 能清楚地记叙校园活动,如班会、竞赛、社团活动等。
书面说明	能就常见话题简单说明自己的观点。 能简单阐述参与某项社会活动的感受。 能简单解释常见的抽象概念,如友谊、幸福等。
书面论述	能就如何解决生活或学习中的问题提出自己的建议。 能比较清晰地阐述某种行为的利弊。 能规劝他人接受自己的观点。

续表

书面表达能力	具体要求
书面指示	能简单介绍日常事务的步骤。 能为集体外出活动写出清晰的旅行线路与计划。
书面互动	能写信或邮件简单介绍个人信息、兴趣爱好、校园生活等。 能写信或邮件简单介绍熟悉的地方,如风景名胜等。 能简单介绍中国文化,如传统节日、习俗等。 能在不同场合包括社交媒体中,简单介绍自己的学习计划、学习经验等。

"基础英语"课程性质、目的

旨在培养学生英语综合应用能力,使其在今后工作和社会交往中能用英语有效地进行口头和书面的信息交流;同时增强其自主学习能力、提高综合文化素养,以适应我国经济发展和国际交流的需要;引导学生有效设定大学期间的英语学习目标,为学生进入后续选课模块提供指导作用。

"基础英语"课程写作能力培养目标

能就一般难度话题或提纲在半小时内写出不少于120词的短文,内容完整,语法正确,条理清晰,句子连贯;

能就熟悉的话题表达自己的观点,并使用一定的证据支持自己的观点,具有较强的说服力;

能记叙个人经历和身边的活动,如校园活动等,使用常见的修辞手法,语句通顺,叙述完整;

能通过社交媒介,如邮件、网页等简单讨论社会文化类内容,如传统节日、风俗习惯等;

能根据交际目的,正确使用语法和篇章知识有效地组织信息,表达较清楚,符合相关文体的规范和要求;

能使用有效的衔接手段,提高表达的连贯性。

表 4-14 "读写(一)"写作教学要求

书面表达能力	具体要求
书面描述	能描写熟悉的人或物,内容比较翔实,重点突出,表述比较清楚。 能详细地描写某个熟悉的情景,如传统节日、庆典活动等。 能描述个人的生活和学习经历,内容比较丰富,语句比较通顺。
书面叙述	能编写与校园生活有关的小短剧,剧情较完整。 能叙述身边所发生的事件,条理清楚,内容生动。 能较为生动地记叙个人经历。
书面说明	能比较完整、准确地描述图表中的信息。 能完整、清楚地说明校园活动的流程,如迎新晚会、社团会议等。 能比较详细地介绍熟悉的产品,突出其主要特征。 能根据图表信息说明事物的发展趋势,表述清楚。 能介绍自己处理日常事务的方法,如网购退货、投诉等。
书面论述	能评论与学习相关的文章或章节,观点明确,具有说服力。 能就自己感兴趣的社会话题进行短文写作,有理有据。 能比较清楚、有序地阐述自己的观点,并提供相关证据。
书面指示	能写出较为详细的社团活动方案。
书面互动	能写求职信,格式正确,内容完整,并恰当突出自己的优势。 能给有关人士写信或邮件,清晰完整地反映校园或社会问题。 能写信表达同情或慰问,语言得体。

"读写(一)"课程性质、目的

侧重读写技能训练,培养学生基本的英语读写策略与技巧、学习策略和跨文化交际能力。阅读内容涵盖英语文章的各种体裁,结合各项课堂活动,设计有针对性的写作练习,旨在在学生已有的英语基础上进一步拓展其阅读与写作能力,帮助其摆脱不地道的中式英语的表达困境,使其能够更好地品味英语文章中的文化内涵,同时增强其自主学习能力与思辨能力,以适应我国经济发展和国际交流的需要。

"读写(一)"课程写作能力培养目标

能就一定话题在半小时内写出不少于 160 词的短文,内容完整,条理清楚,文理通顺;

能就感兴趣的话题写短文,有论点和论据,衔接手段多样,语义连贯;

能描述各种图表,撰写与自身专业领域相关的报告,如读书报告、调研报告等,结构完整;

能写常见应用文,如感谢信、会议纪要等,格式正确,语言表达符合要求;

能运用相关的语法和篇章知识,选用适当句式结构和恰当的词汇表达相关的交际目的,表达基本符合相关文体的规范和要求。

表 4-15 "读写(二)"写作教学要求

书面表达能力	具体要求
书面描述	能比较准确、清楚地描写生活中常见的商品或产品。 能简要描写重要人物,内容比较完整。
书面叙述	能基本准确、完整地概括社会、职场的故事情节。 能叙述广为人知的中国神话、传说和民间故事,条理清晰。
书面说明	能写实验报告或调查报告,详细说明项目情况。 能撰写比较详细的项目实施方案。 能撰写研究论文摘要,符合学术规范。
书面论述	能分析教育、娱乐、民生等领域的热点问题,并提出具体建议。 能对文章、书籍、电影等进行比较全面的总结和客观评价。 能分析数据或实例来证明论点或假设,语言准确,逻辑清晰。 能解释支持或反对某一观点的理由,清楚说明不同观点的利弊。
书面指示	能写结构完整、语言清晰的商务活动指南。
书面互动	能写海报或告示,宣传自己的社团及其活动。 能就产品或服务质量等写投诉信,做到有理有据。 能就活动的成功举办等写正式的贺信。

"读写(二)"课程性质、目的

侧重培养学生的英语读写技能,以现代商务英语为主要内容,融国际商务知识与实务为一体,主要培养学生在实际工作中用英语进行沟通和解决问题的读写能力;通过阅读相关商务活动的真实材料,掌握常用的职场语言表达及用法,熟悉主要的商务英语文书类型,理解语言较复杂的文章,能够书写各类文书,进一步提高英语读写能力,为学习后续英语课程以及毕业后的涉外商务工作打下坚实的基础。

"读写(二)"课程写作能力培养目标

能够运用所学语言知识,写出格式规范、语言得体的一般性商务信函,如便条、备忘录,会议纪要或电子邮件等;

能写 200 单词左右的常见文体的写作,如报告、建议书、新闻报道、书评等,做到中心思想明确、结构合理、语言表达得体、篇章结构符合文体特征要求;

能就社会热点问题或现象,运用多种论证方法阐明观点,论据充分,有逻

辑性;

能写专业论文的英语摘要,能借助参考资料写出与专业相关、结构清晰、内容较为丰富的报告和论文,符合学术规范。

表4-16 "读写(三)"写作教学要求

书面表达能力	具体要求
书面描述	能准确地描述数据的特点及规律,条理较为清晰。 能概括描写中长篇小说中的重要情节。 能准确地描写自己的内心活动和感悟。
书面叙述	能完整、规范地撰写有关社会事件的新闻报道。 能编写情节复杂、内容生动的故事。
书面说明	能概括事实性和抽象性文本,要点突出。 能写自己专业领域的学术论文,详细表述研究过程、难点问题和主要结论等。 能合理解释某些社会和自然现象,并探讨其发展趋势和变化规律。
书面论述	能就作者意图、立场和语言风格等撰写评论,观点鲜明。 能对文学作品进行评论,条理清楚,行文流畅。 能在学术论文写作中分析、整合各种数据、事实及观点。 能就音乐、绘画等艺术作品发表个人观点,内容具有思想性。
书面指示	能撰写正式的指令通告,如政府公告、法院裁判文书、操作指令等。
书面互动	能写正式规范的会议纪要和语言得体的正式信函,如学术会议邀请函等。

"读写(三)"课程性质、目的

以雅思、托福阅读与写作难度为标准,通过不同类型读写练习,引导学生运用阅读技巧,提高阅读理解能力,同时重视针对学生的基本写作技能进行训练,逐步提高其遣词、造句、组篇能力,重点围绕写作部分涉及的各项技能与要求进行针对性的指导与训练。旨在夯实学生的阅读与写作基本功,同时,通过训练学生的笔记记录、文献搜索、材料概括综合等基本学术技能,帮助提高其听读写语言综合运用能力,为参加国际性考试(如雅思或托福考试)及未来参与学术活动打下坚实的基础。

"读写(三)"课程写作能力培养目标

熟悉社会热点话题,能辩证分析这些话题,能借助常见的学术和行业词汇获取和交流信息,完成相关论据的搜索并结合到个人写作练习过程中;

能根据交际目的选用恰当的语篇类型,立意清晰,使用恰当的语言和格式,

有效使用语法和篇章知识,符合规范;

能就抽象话题展开论述,自然、恰当地运用复杂句式和多样的衔接手段,阐释清晰,论据恰当充分,论证有说服力;

能在学术类写作中广泛收集、分析、整合资料,并提供有力的证据来支撑自己观点或反驳不同意见,语言运用熟练;

能写情节复杂的经历或事件,恰当使用修辞手法,语言生动,引人入胜。

第五节 大学英语不断线课程体系中的分级翻译教学

我国经济社会的快速发展需要越来越多的复合型、应用型翻译人才,大学英语翻译教学在培养非英语专业学生的翻译能力中具有重要的地位,它是提高学生英语知识和英语综合应用能力的重要途径之一。但是,翻译教学在大学英语教学中处于边缘位置。"翻译课程之公共选修课的性质使得翻译教学处境艰难,主要体现在:修课时限短,授课课时严重不足,班级人数多,很难完成既定教学任务。"(李忠华,2007:48)翻译教学课时不足和教材翻译知识的空白使一些教师误认为英语听、说、读、写能力是英语教学的重点,而这种观点在应试教育的导向下又极易被学生接受,因而学生翻译能力培养的重要性被严重忽视。(张海瑞,2010)本节分析和论述大学英语不断线课程体系中的分级翻译教学设计。

在翻译实践活动中,教师需要在理念上摒弃将大学英语翻译教学与英语专业翻译教学区别对待,摒弃传统的大学翻译教学模式。(李忠华,2007)考虑学生相对薄弱的目标语或母语的语言基础是大学英语翻译教学问题的主要原因之一,教师应着重扩大学生的词汇量,指导学生学习对不同类型英语语篇的不同翻译技巧和方式,增强学生翻译方面的知识储备。学生要加强对英汉两种语言文化背景知识、语境语义的学习和探究。翻译不仅是语言的转换,更是文化的交流,在翻译教学中,除了要注意学生语言表层互译能力的培养外,更应着重培养学生的跨文化意识,使翻译活动成为有意识、有目的的跨文化交际活动。学生在形成翻译能力的基础上,同时具备跨文化交际能力,形成宽容、平等、广博的文化意识,教师应该在传授翻译技巧、讲授翻译理论的同时,引导学生认识文化差异,并在学习翻译的过程中融入跨文化意识。(苏广才、李双娟,2014)

广泛涉猎母语和英语的相关文化,了解其底蕴和内涵,应引导学生注重实现译文预期功能,在维护民族语言文化和国家利益的前提下,求同存异,给他国文化予以应有的尊重,用得体的外语介绍汉语文化,同时也用恰当的汉语传递异域文明。教师还要"注意引导学生认识汉英语言在特定语境中各自相对固定的语篇形式、措辞、句法和美学修辞习惯,在翻译中注意做必要调整"(苏广才、李双娟,2014:53)。

翻译主要教学方法

语法翻译法以官能心理学为理论基础,历史悠久,简单易行,虽有其局限性,但在翻译教学,尤其是长难句笔译中可以发挥其优势。在教学中用演绎法详细分析讲解语法规则,辅以实例,然后将目标语译为母语,或将母语译为目标语。句子是教学和语言练习的基本单位。运用母语解释新的知识点和比较外语和母语之间的异同。章兼中(2016)认为可以吸取传统语法翻译法的优点,如注重培养阅读文本和文学原著的能力,重视磨炼学生的智慧,充分利用母语,把翻译作为掌握外语的手段,重视理性和讲解语法知识。

基于项目的教学法以自我效能理论、归因理论和自我决定理论为理论基础,学生通过项目学习更具反思能力和元认知能力。引导学习者在翻译实践中使用感知策略和社会情感策略,深入学习,更快地达到熟练程度。

根据唐晓(2008)的论述,错误分析法是基于 Corder 的错误分析理论而设计的教学方法,主要包括以下五个步骤:第一,收集分析的翻译资料,来自非英语专业大学生的翻译作业以及测试;第二,鉴别错误,判断句子是否符合语法规范;第三,将错误进行分类,将收集到的错误进行分组,确定错误类别;第四,解释错误产生的原因,找出原因并对之进行分析和改正,才能达到学习的目的;第五,改正错误,即错误分析的最终目的。

多模态辅助支架式教学法以支架式教学为主线,结合多模态教学理论,在多媒体技术的支持下,以大学英语教材为翻译内容,以篇章语段为练习单位,完成翻译任务,强化学生的语言基础,提高翻译能力及素养,激发学生学习的兴趣及主动性,促使其进行自主探究,完成对知识意义的深层理解及建构,同时提高解决问题的能力。(韦健,2014)

评注式翻译教学法引导学生在翻译遇到难题时,理性寻求解决方案,结合翻译理论分析原文,使用相关资源找准原文的所指,同时要反思和监控自己的翻译过程,思考译文是否准确传递了原义等问题,对非英语专业学生的翻译能力和水平有一定的促进和推动作用。(李朝霞、孙晓霞,2015)学生在分析和传递原文信息的同时或之后,以书面或口头形式提供自己解决翻译中重要问题的方法与过程,并就这些方法与过程及其他相关的理论与实际问题进行讨论。

产出导向法分驱动、促成、评价三个环节展开。在驱动环节,教师设计交际场景,挑战学生的语言产出能力,说明教学目标和产出任务,目的是激发学生产出的欲望,驱动学习。促成环节是核心环节,也是实现学用一体的重要环节。教师根据产出任务的需要,引导学生选择性学习,搭建脚手架,帮助其获取与产出任务相关的知识。评价环节的主要目的是了解学生的学习效果,发现问题,并为以后的教学设计提供参考。教师展示学生译文,先让学生点评,然后对原译者进行当堂采访,再总结今后可以改进的做法。(马兰慧、范丽,2019)

据《量表》所述:"笔译是以源语文本为输入对象,目标语文本为输出产品的跨文化语际中介。笔译能力是指语言学习者和使用者在交际参与过程中表现出来的语言应用能力。"笔译能力包括翻译书面描述、翻译书面叙述、翻译书面说明、翻译书面论述、翻译书面指示、翻译书面互动六个方面。课程体系中"翻译(一)""翻译(二)"和"翻译(三)"的笔译教学分别要求学生基本达到《量表》中五、六、七级的笔译能力要求。依据其笔译能力具体要求,课程体系中的分级笔译教学设计如表 4-17、表 4-18 和表 4-19 所示。

表 4-17 "翻译(一)"笔译教学要求

笔译能力	具体要求
翻译书面描述	能翻译篇幅短小的描述社会生活的文本,译文再现原文信息要点。 能翻译语言浅显的场景描写,译文再现原文空间方位、自然环境等信息。
翻译书面叙述	能翻译内容生活化的小故事,再现原文主要故事情节。 能翻译篇幅短小的社会生活类文章,如旅游见闻。 能翻译语言浅显的故事,再现原文基本情节和人物关系。
翻译书面说明	能翻译日常活动流程,如学校文艺演出流程,译文简洁清晰。 能翻译常用的证明文件,如成绩单,准确再现原文信息。 能翻译生活用品的包装说明、标签用语,译文用词准确。 能翻译商务名片,译文准确规范。
翻译书面论述	能翻译语言浅显的演讲稿,准确传达原文观点和事实性信息。 能翻译有关社会现象的、话题熟悉的简短议论文,再现原文主要信息。
翻译书面指示	能翻译校园活动日程表,传达原文时间、地点和活动等主要信息。 能翻译常见警示标识语,准确再现原文指示功能。 能翻译旅行社行程安排。
翻译书面互动	能翻译有关日常事务的电子邮件或信函,译文准确,内容完整。

"翻译(一)"课程性质、目的

旨在提升学生的语言技能与培养其口笔译素养。指导翻译的基本理论、策略和技巧,选择难度较低的常见交际场合与实用文体的翻译讲解应对策略、方法和技巧,并通过大量的口笔译实践来提升翻译的准确性、灵活性与流利性,尤其注重提升学生在联络陪同口译、外事接待口译、会议访谈口译、礼节性口译和介绍性口译等领域的实际口译能力。

"翻译(一)"课程笔译能力培养目标

能翻译有关日常生活的篇幅短小、语言浅显的文本,再现原文主要信息,例如,会谈、礼节性、介绍性相关文字;

能翻译描写空间方位、自然环境的文本,译文忠实、准确;

能翻译常见的指示性文本,如标识语、活动日程等,译文信息完整,表意明确;

能翻译有关饮食文化,中外文化交流和中外教育等有关内容。

表 4-18 "翻译(二)"笔译教学要求

笔译能力	具体要求
翻译书面描述	能翻译描述大众社会生活的短文,译文语言简洁清晰,主题信息完整。 能翻译描写人物情感的短文,译文传递出原文作者的情感和态度。 能翻译描述数据和图表信息的文本,译文再现原文细节信息。
翻译书面叙述	能翻译熟悉领域的新闻类文本,再现原文信息。 能翻译名人轶事,再现原文人物主要特征和事件经过。 能翻译语言简单的纪实性文本,再现原文事件经过。
翻译书面说明	能翻译篇幅短小的科普文章,译文传达原文的主要信息。 能翻译餐厅菜单,译文准确,符合目标语规范。 能翻译日常生活中的公告、招贴类文本,译文信息准确。 能翻译篇幅短小的社会生活调查报告,译文信息完整。
翻译书面论述	能翻译专业的学术论文摘要,完整传达原文信息要点。 能翻译社会生活类评论性文章,准确再现原文论点和论据。 能翻译常见题材的议论文,准确传达原文作者观点与态度。
翻译书面指示	能翻译常见的公示语,译文符合目标语语言习惯。
翻译书面互动	能翻译求职信、推荐信等文本,译文关键信息准确。 能翻译正式邀请函,准确传达时间、地点等细节信息。

"翻译(二)"课程性质、目的

旨在提升学生的语言技能与培养其口笔译素养,进一步指导口笔译的基本理论、策略和技巧,各种常见交际场合与实用文体的翻译应对策略、方法和技巧,并通过大量的口笔译实践来提升翻译的准确性、灵活性与流利性,尤其注重学生实际口笔译操作能力的提升,如会话翻译、礼仪性翻译、说服性翻译、学术性翻译、访谈交流口译能力等。

"翻译(二)"课程笔译能力培养目标

明确笔译特点与标准,掌握笔译基本原理、策略和技巧,如增译法、省略法、语态变换法、词类转换法、反译法、分句法、合句法等技巧;

掌握翻译相关主题所需的常用词汇、习惯表达与句型,能够根据源话语或语篇的场合与文体特征,灵活地翻译中等难度的英汉语篇,做到忠实、通顺,符合规范与规定格式;

能翻译熟悉领域的论述性文本,如常见题材的议论文、社会生活类评论文章等,再现原文观点与态度;

能翻译内容生活化的叙述性文本,如名人轶事、大众社会生活的短篇文章等,准确传达原文主要信息,译文句式丰富,表达流畅;

能翻译常见的交流性文本,如求职信、推荐信、正式邀请函等,译文准确完整。

表4-19 "翻译(三)"笔译教学要求

笔译能力	具体要求
翻译书面描述	能翻译语言平实的散文,译文语篇连贯,再现原文作者的情感和态度。 能翻译事件和活动的场景描述,再现原文细节信息。 能翻译描写性文本中的比喻、拟人、夸张等修辞手段,再现原文修辞效果。
翻译书面叙述	能翻译非文学类叙述文本,如案例或事件陈述,译文信息准确完整。 能翻译广为人知的神话、传说和民间故事等,准确传递原文文化信息。 能翻译语言复杂的叙事性散文,译文再现原文的修辞手段。 能翻译语言和情节复杂的故事,再现原文故事脉络和主题信息。
翻译书面说明	能翻译熟悉领域的学术演示文稿,准确传达原文信息。 能翻译外交活动备忘录,译文严谨正式,符合目标语体裁规范。 能翻译语言复杂的日常用品说明书,译文准确传达产品信息,符合行业规范。
翻译书面论述	能翻译社科评论文章,译文准确,再现原文观点。 能翻译商业评论文章,译文表达准确、连贯。 能翻译语言复杂的时事评论,再现原文作者观点及立场。 能翻译大众报刊文章,再现原文主要观点。

续表

笔译能力	具体要求
翻译书面指示	能翻译常用商务类指示文件,如装运通知,译文符合目标语商务体裁惯例。 能翻译公务类文本,如外事请柬、活动通知,译文准确,格式规范,符合外交惯例。 能翻译个人专业领域的技术文本,如实验操作步骤、工程图纸等,译文准确,表达规范。
翻译书面互动	能翻译一般工作邮件或信函,如商务信函,译文准确,措辞严谨,格式规范。 能翻译正式的申请书、建议书,译文措辞正式,表达通顺。

"翻译(三)"课程性质、目的

旨在指导学生掌握翻译的原理、策略和技巧,以及各种常见口译交际场合与实用文体的翻译应对策略、方法和技巧;能够根据源语话或语篇的场合与文体特征,利用翻译的基本原理、基本策略与基础技巧,尤其是口笔译的基本方法和技巧,灵活地翻译较高难度的英汉语篇,从事较高水平的口笔译工作,内容涉及外事接待、礼仪祝词、商务谈判、旅游观光、大会发言、宣传介绍、参观访问、人物访谈、科学报告、饮食文化、改革发展等各个领域,要求做到忠实、通顺,基本符合规范与规定格式。

"翻译(三)"课程笔译能力培养目标

熟练运用笔译常用的增词法、减词法、转性法、转句法、分句法、合句法等策略,熟悉笔译中常用的顺句驱动和模糊信息处理、语境因素处理等原则并能自如运用;

熟练掌握各种常见交际场合与实用文体的翻译应对策略、方法和技巧;提升翻译的准确性、灵活性与流利性;

能翻译句法结构复杂的叙述性文本,如案例或事件陈述等非文学文本、叙事性散文、情节复杂的故事等,译文完整,语言特点和文体风格贴近原文;

能翻译评论性文章,如社科评论文章、时事评论文章等,译文再现原文语篇的逻辑关系,符合目标语体裁规范;

能翻译熟悉领域的指示性文本,如实验操作步骤、日常用品说明书等,译文术语准确,符合行业规范。

据《量表》所述:"口译能力是指通过口头表达形式,调用语言知识和策略将一次性的源语听力文本转换为目的语文本的跨文化语际中介能力。"口译能力包括翻译口头描述、翻译口头叙述、翻译口头说明、翻译口头论述、翻译口头指示、翻译口头互动六个方面。课程体系中"翻译（一）""翻译（二）"和"翻译（三）"的口译教学分别要求学生基本达到《量表》中五、六、七级的口译能力要求。依据其口译能力具体要求，课程体系中的分级口译教学设计如表4-20、表4-21和表4-22所示。

表4-20 "翻译（一）"口译教学要求

口译能力	具体要求
翻译口头互动	在熟悉话题的联络口译中，能识别源语的关键词；能理解对话中词汇及句子的模糊含义；译语表达基本流畅。 能译出迎来送往、旅游观光、商场购物等日常对话中的信息。 陪同购物时，能译出讨价还价和支付等现场对话内容。 机场接送机时，能译出航班号、起飞或抵达时间等关键信息。 在小商品展销会上，能译出顾客的语气和态度。

"翻译（一）"课程口译能力培养目标

明确口译的特点和标准，掌握一些基本的翻译理论、策略和技巧，根据口译的交际场合和背景知识，译出源语中的重点信息，意义基本准确；

能准确流利地进行联络陪同和外事接待场合的口译，如迎来送往、陪同购物等；

能较为准确流利地进行会谈口译和访谈口译场合的口译；

能较为准确流利地进行礼节性口译和介绍性口译场合的口译；

能意识到口译中出现的明显错误并及时纠正。

表4-21 "翻译（二）"口译教学要求

口译能力	具体要求
翻译口头描述	在旅游推介的无笔记交传中，能听懂景点描述的主要信息。 在旅游导览的无笔记交传中，能辨析景点介绍的顺序和逻辑；能用译语简要表达景区的地理风貌、风土人情等主要信息。 在专家接待的无笔记交传中，能区分单位介绍中的主次信息。 在机构参观的无笔记交传中，能根据上下文信息，推断并译出讲解人下一步要表达的意思。 在商务陪同的无笔记交传中，能识别并妥当处理与主题无关的信息。 在商务接待的无笔记交传中，能用译语短句表达源语中的长句。

续表

口译能力	具体要求
翻译口头叙述	在景点介绍的无笔记交传中,能区分历史典故叙述中的主次信息。 在社区调解的无笔记交传中,能根据上下文信息,从零散叙述中提炼出主要信息。 在嘉宾介绍的无笔记交传中,能听懂并译出嘉宾的年龄、职业、工作经历等主要信息;能厘清嘉宾介绍的逻辑顺序。 在询问笔录的无笔记交传中,能在必要时用译语短句表达源语中的长句。 在饮食文化介绍的无笔记交传中,能用译语概述菜名的来龙去脉。 在个人经历阐述的无笔记交传中,能用译语表达不同信息点之间的逻辑关系。 在熟悉话题的联络口译中,能根据译语的表达习惯,译出常见俚语。
翻译口头说明	在展会场合的无笔记交传中,能听懂源语中产品价格和优势等关键信息;能辨析源语中的逻辑关系,如生产工序与产品特性之间的关系。 在陪同参观的无笔记交传中,能区分企业介绍中的主次信息。 在入学培训的无笔记交传中,能归纳学校介绍等主要信息。 在商务考察的无笔记交传中,能在必要时用译语短句表达源语长句的意思。 在销售培训的无笔记交传中,能用译语概述产品定位和销售策略等主要信息。 在产品推广的无笔记交传中,能译出产品的主要特征,逻辑清晰。
翻译口头论述	在陪同采购的无笔记交传中,能区别并妥当处理源语中的主次信息;能用短句表达源语中的复杂信息。 在商务对接的无笔记交传中,能提取结构完整清晰的源语要点。 在社区调解的无笔记交传中,能辨析矛盾双方的逻辑思路。 在陪同购物的无笔记交传中,能根据上下文信息,推断买卖双方的主要态度和意图。 在商务洽谈的无笔记交传中,能概述洽谈的主要目的和内容;能译出市场情况、价格变化等源语信息的大意。 在产品推介的无笔记交传中,能以符合译语习惯的方式,译出源语中关于产品优势等重要信息。

续表

口译能力	具体要求
翻译口头指示	在商务考察的无笔记交传中,能听懂企业参观路线等主要信息,能辨析考察活动流程介绍的逻辑主线,能从结构完整、清楚的考察流程介绍中译出流程要点,能根据上文信息,推断企业代表下一步要介绍的内容。 在旅游导览的无笔记交传中,能听懂路线指示等重要信息。 在体育赛事志愿活动的无笔记交传中,能辨析源语中的逻辑主线,能区分源语的主次信息。 在教练指导的无笔记交传中,能识别并妥当处理无关信息,能借助上下文重组源语中动作指令等重要信息。 在展会场合的无笔记交传中,能归纳出展场布置要求等主要信息。 在专家指导的无笔记交传中,能用译语短句表达源语的长句。 在课堂教学的无笔记交传中,能概括教学安排等主要内容,能表达出课堂指令的准确信息。 在广告拍摄的无笔记交传中,能译出导演指令。
翻译口头互动	在商务接待的无笔记交传中,能辨析源语中的逻辑主线;能在必要时用译语短句表达源语长句的意思;能概括地译出接待方行程安排等信息。 在专家接待的无笔记交传中,能区分源语中的主次信息。 在日常对话的无笔记交传中,能借助上下文重组源语中接待时间、地点、人物等重要信息。 在外事接待志愿活动的无笔记交传中,能妥当处理常见的英语被动句,译文符合汉语表达习惯。 陪同客户参加专题展会活动时,能译出业务咨询和介绍的对话内容。 在陪同旅游的无笔记交传中,能用译语重组中国文化介绍等信息。 在熟悉话题的联络口译中,能运用语言和非语言知识,译出源语的主要信息。

"翻译(二)"课程口译能力培养目标

具备进行口笔译活动所需的听、说、读、写、译各项基本能力;

明确口译特点与标准,掌握口译基本原理、策略和技巧,如顺句驱动原则、英汉转换技能、灵活应变技巧等;

掌握翻译相关主题所需的常用词汇、习惯表达与句型;

能就熟悉话题、较短语段做无笔记交替传译,如日常接待、产品交易会等;

能主动预测讲话内容,监控译语的准确性和完整性并及时修正错误。

表 4-22 "翻译(二)"口译教学要求

口译能力	具体要求
翻译口头描述	在文化沙龙的有笔记交传中,能分析源语信息要点之间的重要逻辑关系。 在艺术沙龙的有笔记交传中,能借助笔记,记忆艺术家创作过程描述等关键信息。 在赛事报道的有笔记交传中,能重组源语的语序结构,使其符合译语表达习惯。 在留学会展的有笔记交传中,能整合学校介绍中的短句并用译语长句表达。 在读者沙龙的有笔记交传中,能以概述的形式译出作品创作背景等重要信息。 在景点介绍的有笔记交传中,能译出景点位置、历史、文化等重要信息,逻辑清晰。 在病情描述的无笔记交传中,能以符合译语习惯的方式,重组病人所表达的重要信息。
翻译口头叙述	在展品讲解的有笔记交传中,能根据已有的语言知识和背景知识,识别讲解人的口误。 在历史事件叙述的有笔记交传中,能根据语境知识,推断并译出讲话人下一步要叙述的内容。 在城市介绍的有笔记交传中,能推断讲话人的语气和态度。 在历史名胜讲解的有笔记交传中,能使用笔记记录时间、人物、历史事件等关键信息。 在科普讲座的有笔记交传中,能以概述的形式译出发明源起等重要信息。 在景点介绍的有笔记交传中,能重组源语的语序结构,使其符合译语表达习惯。 在文化交流活动的无笔记交传中,能听懂并译出有关中国文化特色风俗介绍的主要内容;能从松散的源语信息中归纳并译出民间故事梗概;能整合神话传说中的短句并在必要时用译语长句表达;能以符合译语文化习惯的方式,重组民俗文化介绍中的信息点。
翻译口头说明	在企业宣讲的有笔记交传中,能听懂企业文化、宗旨、愿景等重要信息。 在媒体发布的有笔记交传中,能分析企业市场布局规划的逻辑关系。 在客户培训的有笔记交传中,能根据上下文信息,推断讲话人下一步要说明的主题。 在科普讲座的有笔记交传中,能结合科学常识,识别讲话人的口误;能借助笔记,记忆科学技术原理等关键信息;能按照译语表达习惯,译出科学精神的主要内容和重要细节。 在旅游推介的有笔记交传中,能重组源语的语序结构,使其符合译语表达习惯。 在营销讲座的有笔记交传中,能从松散的源语信息中归纳并译出市场推广策略等要点。 在技术推介的有笔记交传中,能以概述的形式译出科学技术的重要信息。 能在译语中使用与源语一致的语体。 在政策宣讲的有笔记交传中,能按照译语习惯,准确地译出政策要点及实施细节。

续表

口译能力	具体要求
翻译口头论述	在通识类公开讲座的有笔记交传中,能听懂并基本译出主讲人的主要逻辑和观点。 在留学咨询的有笔记交传中,能分析咨询建议之间的逻辑关系。 在小组讨论的有笔记交传中,能根据语境知识,推断各方发言的主题和内容。 在员工培训的有笔记交传中,能记忆统计数据、结果分析等关键信息。 在入职培训的有笔记交传中,能记忆职业规划等关键信息;能以符合译语文化习惯的方式,重组并译出具有文化差异的信息。
翻译口头指示	在员工培训的有笔记交传中,能识别并妥当处理源语中的冗余信息;能使用笔记记录人事制度等关键信息;能译出源语信息要点之间的逻辑关系;能根据已有的行业知识和企业背景,识别讲话人的口误。 在入学培训的有笔记交传中,能推断讲话人下一步要表达的意思;能根据口译笔记,译出纪律要求、课程安排等关键信息。 在商务考察的有笔记交传中,能以概述的形式译出生产流程、品质监控等重要信息。 在企业培训的有笔记交传中,能准确译出企业人事管理制度中的重要信息。
翻译口头互动	在商务洽谈的有笔记交传中,能根据语言结构等线索,预测讲话内容;能借助脑记和笔记记忆价格、折扣、交货期等重要信息;能识别并妥当处理源语中的冗余信息;能结合主题及背景知识,识别讲话人的口误;能利用新获得的信息,结合已有的语言和非语言知识,译出主要信息;能译出讲话人通过图像、图表等多媒体手段所表达的意思;能以概述的形式译出源语中交货方式、库存等重要信息。 在人物访谈的有笔记交传中,能译出讲话中的事实与观点等重要信息。能译出源语信息要点之间的逻辑关系。 在外事陪同的无笔记交传中,能分析讲话要点之间的逻辑关系。 在商务陪同的无笔记交传中,能识别主要信息和相关细节之间的关系。 在人物访谈的无笔记交传中,能从松散的源语信息中归纳出向被访嘉宾提出的问题等关键信息。

"翻译(三)"课程口译能力培养目标

提升口笔译基本素养,扎实掌握听、说、读、写、译方面的基本功,尤其是直接影响口译成败的口头表达能力和耳听会意能力;

提升翻译的准确性、灵活性与流利性;

能借助笔记做交替传译,译出信息密度适中、语速①正常、语段较短的讲话,如商务洽谈、培训沙龙等;

熟练掌握各种常见交际场合与实用文体的翻译应对策略、方法和技巧,运用增补、删减、显化等方法,译出源语中的重要信息和关键细节,译语逻辑连贯,表达较为得体、流畅。能及时发现误译、漏译等错误,并在后续译语中纠正或补充。

---

① 《量表》对英汉"语速"的快慢界定如下:
英语语速较快:约140—180 词/分钟;英语语速正常:约100—140 词/分钟;汉语语速较快:约160—220 字/分钟;汉语语速正常:约120—160 字/分钟。

第五章

大学英语不断线课程资源建设

本章探讨的课程资源主要指"有利于学生学习和教师教学的任何材料和物质",主要包括"可以作为学习和教学内容的材料"和"使学习和教学能够顺利进行的客观条件和设施"。(李朝辉,2010:131)王守仁和王海啸(2011)指出,在大学英语课程资源的开发利用和配置过程中,应遵循几点基本原则:第一,开放性原则;第二,优先性原则;第三,经济性原则;第四,针对性原则;第五,个性化原则。应从学生的发展需要出发,合理设计教学资源,研究教材的适切性,制订教材使用计划,明确拓展性课程资源、补充性课程资源的内容和形态。

第一节 大学英语不断线课程体系教材建设

外语教学时一个重要问题是选取或设计合适的教学材料。《教学指南》指出:"教材是教学内容的主要载体,也是实现教学目标的基本保证。大学英语教材的编写指导思想、选材内容、设计体例和载体形式要做到与时俱进,充分体现高等教育的特点。大学英语教学应选用国家级规划教材及其他优秀教材,积极推进大学英语立体化教材建设。各高校也应重视教学参考资料的选择或编写,尤其要在现代丰富的网络资源中,选用与课程相关的优质教学资源。教学参考资料的选用应注重其思想性、权威性和相关性,兼顾拓展性和多媒体性。"大学英语教材必须体现教学大纲的精神,为提高学生语言应用能力提供最佳的语言样本。只有具备思想性、科学性、实用性的知识载体才能保证优良的教学效果,最好兼有趣味性、可思性等。鉴于课程具有较强的实践性,大学英语教材尤其要在组织学生课内外语言实践活动上狠下功夫。

应以"分类指导,因材施教"为原则(祝珣,2015:102),在基础阶段统一使用教育部推荐的重点教材,教师根据不同层次的班级的特点决定教学进度和难点;同时,在现有教材的基础上,教师集体研讨备课,开发各级别校本教学材料,如时新的视听和阅读材料。在提高课阶段与发展阶段,教师可采用自选模式,既可以选用部分经典教材,又可以根据课程特点和教学目标,自主选择符合学生需求的材料,在备课、授课的过程中积累素材,如汉译英、英译汉翻译相关资料,文化的背景知识,课外媒体资源等,教学后改进内容,完善整理成册,形成系列校本教材。

一、大学英语不断线课程教材的现状分析

大学英语课程教材在过去传统的以外语知识为主线的课程教材基础上,重组重构以学生需求为导向、以培养外语技能和跨文化交际素养为主线、辅以相关专业外语知识的课程教材。所有课程均采用国家级规划教材及其他优秀教材,部分课程使用授课教师参编的正式出版教材或学校内部使用教材;所有课程基本由大学英语教学部的教师授课,部分授课教师为来自英语系的专业教师。(纪莹,2018)

因各高校课程目标和学生需求不同而无法使用国家统编的教材,只能由课程主讲教师因地制宜地开发和选用校本化的课程资源,以适应教学对象的英语水平和个性化需求。因此,课程资源优劣对高校大学英语后续课程教学有决定性影响,课程资源开发能力是新世纪大学英语后续课程教师应该具备的能力之一。(张艳,2016)

二、大学英语不断线课程校本教材

大学阶段,学生应该更多接触到真实地道的英语,同时也应有较多使用英语的场合和机会。根据杨非(2015)提出的教材选定原则,大学英语不断线课程校本教材应遵循以下原则:地道性,教材的语言材料必须符合以英语为母语国家的人民的使用习惯;通用性,面对全体大学非英语专业的学生,教材应涉及日常生活、求职工作、商讨谈判、协议签约等通用的内容;实用性,应从最频繁使用的口语实例中精选而出,让学生听得懂、记得住、说得出、易掌握;配套性,必须配备相应的音频材料、多媒体课件、网络平台等配套资源,便于泛在化学习。但是不能完全复制和过度依赖已有的教学资源和工具,而应利用好这些资源打开教学思路,自主编写相关课程教材、课件、微课程、视频公开课等教学配套数字化资源,进行教材的深度开发和优化利用。

关于听说教材,影响口语教学材料真实性的主要因素是缺乏口语特征。最

理想的解决方法是"在不影响语言教学效果的前提下,设计对话文稿时尽量融入自然发生的口语的各种语言特征"(程晓堂,2014:62),为学生提供尽可能真实自然的语言材料。关于读写教材,教师应该确保学生具备足够的阅读资源,并能够在语言上处理所给的阅读文本。(Nassaji,2011)

笔者团队检索查阅与课题相关的文献资料,总结和梳理各类提高阶段课程教材的优缺点,整合课堂实践中积累的原有教学资料,编写提高阶段国际化考试课程的校本教材。就提高阶段与国际考试相关的课程教材而言,研究发现,对照教育部所提出的人才培养质量标准,目前的大学英语教学重点应放在全面实施素质教育,促进人的全面发展并适应社会需要,培养国际化人才。而与各高校英语教学负责人及一线教师的访谈反映,目前有越来越多的大学生加入新托福英语考试行列,高校对于开设新托福等国际化考试的课程具备较大的需求,但苦于缺乏适合的教程。同时,经过图书市场调研发现,目前市场上有关新托福考试的图书多为应试训练或练习书,呈试题集形式,对中国英语外语(EFL)学习者因素(如语言水平、目标语输入、自主学习能力等)缺乏充分考虑,与大学生思维特点结合程度不够,且忽略了内容之间的衔接性与渐进性,针对性和知识的系统性不强。对大学阶段的学生而言,熟悉新托福考试题型、夯实语言基本功、提高语言综合运用能力是备考关键所在,因此,一套能够有效指导他们进行各项技能训练的教程至关重要。鉴于此,笔者团队对当前高校英语教学中各个环节,包括教学目标、内容、对象、手段、教材、测试评估等展开调研,在美国教育测试中心官方数据或材料的基础上,开发"新托福英语"系列教程,针对所考查的不同语言技能编写分册,旨在重点围绕专项技能展开针对性的引导与训练;同时,每册书严格依据新托福考试大纲,安排大量的语言技能综合应用练习与活动,以顺应大学英语教学改革趋势,满足高校英语教学需求。经过对高校英语教学改革状况的调研及编委会成员的反复讨论,本系列教程的基本情况如下:

教程编写理念务实。"新托福英语"系列教程是为训练托福英语听、说、读、写能力而编写的一套强化教程。教程的编写秉持各取所需、个性发展、强化能力、突出应用的理念,注重对学生语言综合应用能力、跨文化交际意识及逻辑性、创造性、批判性思维的培养,努力满足学生英语交际能力的提升及未来就业与海外深造等需求。

教程编写特色鲜明。在编写上各部分内容安排层层相扣,由浅入深,由易到难,体现了英语语言知识构建的渐进性与阶梯性,所设计的各项活动也较好地针对现代大学生的学习特点及认知规律。具体来说,本系列教程注重听、说、读、写技能的综合应用能力培养;内容由浅入深,体现英语语言知识的渐进性;基于学生认知规律,加强其思维能力的培养;遵循语言学习规律,确保输入与输出的有机结合;重视学习过程,充分发挥其学习主体的作用;个人活动与小组活动相结合,促进个人与他人的知识构建。

教学理念支撑到位。该教程主要采用两种教学手法以实现语言教学的目的。首先,语言的输入采用基于内容的教学方法(Content-based Instruction,简称为 CBI),语言技能的提高则以输出任务为驱动(Output-driven)。

各分册特点如下。

《新托福阅读教程》

编者依据新托福考试官方指南选取了大量不同话题的素材,从广度与深度入手确保素材选取的质量。同时,由于中国学生普遍停留在浅度阅读层面,缺乏深度阅读尤其是批判性阅读的训练,导致其阅读能力较低。对此,教材设计了全面的阅读技能训练,既包含常规的略读、查读技巧,又涉及对阅读信息的甄别、筛选排除、推断等微技能训练,以提高学生对信息输入的深度加工能力。

该分册含有按照阅读技能体系划分的 10 个单元及模拟测试。每单元先详细介绍一种基本阅读技能,提供示例或范本,设计丰富的阅读活动,学习者在探索中强化技能。在此基础上分析一类与该技能相对应的托福阅读理解题,提供科学系统的解题方案,并编排不同主题的学术类文章,引导学习者体验和实践各种托福阅读技巧。

《新托福写作教程》

二语(外语)学习者写作时内容空洞、语言输出能力较弱。对此,一方面通过丰富的素材以弥补目标语输入的不足,通过提供相同命题的多篇作文让学习者熟悉命题的多视角分析方法,引导其高层次思维能力的发展;同时,将笔记记录、同义替换、概要写作等写作基本技能训练穿插于教学设计中,目的在于夯实写作基本功。另一方面,所设计的英语母语者作文批判性阅读、自身作品评价及其学习过程的内省等活动有助于学习者对知识的内化吸收,促成学生从"被动接收器"向学习主体的转变,帮助他们通过在做中学、在学中思,逐渐成为真正的学习人。

该分册共 10 个单元,导言部分对新托福写作部分进行详细介绍,细化与示例所涉及各项技能。正文部分按照特定主题进行内容安排,主题主要基于新托福官方指南提供的主题目录。每个单元涵盖 5 大组成部分,第一部分为导入,

第二、三部分分别为综合写作、独立写作的教学内容,第四部分为单元内容回顾与反思,第五部分为课外辅助练习。

《新托福口语教程》

内容设计形式灵活多样、图文并茂,增强学生学习的体验感,题材广泛,兼顾语言的真实性与地道性,设计的口语活动基于新托福口试中的常考题型,同时也兼顾内容的知识性、趣味性与思考性。丰富的口语活动目的在于鼓励学生大胆开口,并活用已有知识,同时激发学生对话题的积极思考。

该分册包含14个话题,先以简单轻松的口语提问引入,然后用视、听、说等练习逐步展开,为学生输入大量与主题相关的语言信息,并辅以 Skill Building 训练,最后以2次 Exam Spotlight 让学生进行语言输出,检测所学内容,提高应试技巧,实现了语言应用能力和应试能力的有机融合与综合提高。

《新托福听力教程》

新托福考试对学生听力提出了较高要求,听力是众多中国学生的短板与瓶颈。在设计听力内容时,编排了大量与托福听力考试要求相关的技能训练活动,包括各种场景对话及主题讲座,既加大学生听力各项微技能如关注实义词、数量词、结构词等重要信息词的训练力度,又重视良好的听力习惯如速记记录技能的培养。

该分册正文部分共8个单元,每个单元按常考主题编排听力对话和讲座的相应练习,包括课堂练习(2篇对话、4篇讲座)、词汇复习、课外作业(1篇对话、2篇讲座),同时贯穿讲解相关听力技能的提高方法。每个对话或讲座中安排 Word Bank 和 Language and Culture Tips,介绍相关语言文化。正文后安排4个复习测试,检测所学语言知识及听力技能掌握情况。

第二节　大学英语不断线课程资源建设策略与内容

当今学生的知识来源多元化,已经超越教师和课本的范围,学生可以从多种渠道获取无限量的知识与信息。因此教学材料的选择不能仅仅局限于教材,应该融合多种资源。文秋芳(2015:551)提出:"精心选择为产出任务服务的输入材料。教师一方面挑选思想境界高、弘扬正能量的语言材料,用于陶冶学生的情操,帮助建立正确的思想价值体系;另一方面挑选反映国内外社会和政治热点话题的语言材料,用于培养学生的家国情怀,拓宽学生的国际视野。"在理想的课程资源建设下,学生所需要的学习材料和教师所提供的资源应该无缝对接,并产生合力效应,学习的效能实现最大化。

《教学指南》指出:"网络教学系统应依托网络教学平台,建设与教材相配套的网络课程资源库、展示教师个性化教学的课程网站、课程资源管理与服务平台等。"高校要注重网络课程资源库的建设和有效利用。网络课程资源库建设应以资源共建、共享为目的,以创建精品课程资源和开展网络教学活动为重点,形成集资源处理、存储、管理和评价为一体的数字化资源管理平台,实现资源上传、检索、归档,并运用到教学中。鼓励各高校建设符合本校定位与特点的大学英语校本数字化课程资源;鼓励本区域内同类高校跨校开发大学英语数字化课程资源,并形成有效的教学资源共建共享机制,在支持性的、一致的环境中培养良好的外语学习能力和提升学生的信息素养。

课程网站是课程资源建设的主要渠道,应兼顾大学英语课程量大面广的特点,强化师生互动、学生网上交流等功能的建设。鼓励高校利用国家级、省级和校级精品资源共享课、视频公开课等丰富课程网站资源。例如,北京交通大学网络教学充分借助并整合了国内外优质网络教学资源及本校自建的资源。其中本校资源包括国家级精品资源共享课、市级精品资源共享课、校级高级综合英语和大学英语词汇等慕课课程。(蒋学清、丁研、左映娟,2018)

依托本校外语自主学习中心、数字化外语教学广播电台、QQ群、微信、校园论坛、博客共同构建的多模态学习环境网络,实现教师自主教学与学生自主学习的实时互动,师生共建资源库,拓展延伸了英语教学的空间和时间维度。

高校应对课程资源的开发与利用制定具体的规范,强化课程资源的及时更新与动态管理。通过激励机制,发挥教师和学生在课程资源开发中的主体作用,提高教师和学生在资源建设、资源使用与资源评价中的参与度,实现资源使用效益的最大化。

第六章

大学英语不断线课程体系教师队伍建设

2018年,中共中央、国务院印发《关于全面深化新时代教师队伍建设改革的意见》,要求全面提高高等学校教师质量,建设一支高素质创新型教师队伍。习近平总书记于2019年1月18日指出:"专家型教师队伍是大学的核心竞争力。要把建设政治素质过硬、业务能力精湛、育人水平高超的高素质教师队伍作为大学建设的基础性工作,始终抓紧抓好。"教师是一个关键因素。《课程要求》提出:"教师素质是提高教学质量的关键,也是大学英语课程建设与发展的关键。"《教学指南》明确指出:"教育大计,教师为本。教师的素质、水平和能力是影响教学质量的关键因素……各高校应鼓励大学英语教师开展教学研究,努力做到教学实践与教学研究的紧密结合,以突出教学研究在教学改革、课程建设等方面的引领作用,深入研究人才培养的实际需求、学生的认知特征和学习风格、教学理论和教学方法,积极推进网络环境下教学模式的创新和教学方法的改革,探索创建具有中国特色的大学英语教学理论和方法。"

第一节 大学英语师资队伍现状

教师业务水平和教学能力亟待提高。许多学者通过问卷调研、访谈等方法研究大学英语教师队伍情况,包括教师能力、专业发展等,指出存在的问题,提出建设性的建议。

部分教师在职业发展中出现职业高原现象。因课时量大,课内外尽职尽责地辅导学生,可用于科研的时间相对少,造成论文发表困难、科研项目申请困难。夏纪梅(2012)指出:大学英语教师的学术身份存在"两不认"问题,即语言学不认、教育学不认,所以大学英语教师发表论文艰难、申报社科项目艰难、评聘职称艰难,成为这支队伍的常态。徐锦芬和李霞(2019)认为外语类核心学术期刊存在数量少、审稿长、难发表等问题。长期规范统一的管理模式和课程教学的特点抑制了科研意识。

顾佩娅、古海波和陶伟(2014)通过对全国10所不同类别高校346名英语教师进行的叙事问卷调查,探究教师对专业发展环境的体验及其意义。结果显示,多数教师认同教学改革并参与科研实践,但其能动性受制于"重科研、轻教学"的评价体系;多数教师将发展困难归咎于教育体制、传统文化、家庭责任、功利化导向等社会文化环境因素。

徐浩(2014)通过一项涉及全国17个省/自治区/直辖市、41所普通高校共778名新教师的规模性问卷调查和对35名新教师的深度访谈,从参与教师的视角,对全国高校外语新教师的专业发展现状进行了调查和分析,涉及论文、科研、教学、培训等4个维度20个具体方面的专业发展。总体来说,高校外语新教师面临较大的论文压力,教学工作量过重且任教课程不稳定,在融入已有教师群体方面存在困难,工作环境中也缺乏实质性的专业发展支持系统。地区、学校类型和专业因素对新教师专业发展的不同方面存在显著影响。

杨东焕(2015)从教学理念、教学方法与能力及专业发展现状三个方面的调查与分析可知,绝大多数高校外语教师拥有先进的教学理念;教学方法灵活,能根据教学内容的不同选择相应的教学方法;影响高校外语教师教科研能力发展的主要原因是没有进修机会,高校外语教师渴望出国进修;外语教师职业观、外语教学观及科研能力直接影响高校外语教师专业发展;高校外语教师充分认识到提升自身语言综合能力、学习掌握相关学科的专业知识是未来高校外语教师的发展趋势。

夏纪梅(2015)结合对5所院校校本培训现场外语教师的思维能力进行的反思调查,分析高校外语教师对思维能力的认知状况、对自身的思维能力的定位及在教学中对学生思维培养的状况,呼吁一线教师重视认知思维、科研思维、创新思维对自身专业发展和学生思维教育的重要价值。

张艳(2017)以两位大学英语教师为案例,研究大学英语后续课程资源开发对教师学习的影响。研究表明,大学英语后续课程资源开发为教师学习提供了动力和方向;基于该过程的教师学习促进了教师知识的多元化增长,促进了教师专业学习共同体的形成。这种学习具有问题驱动性、实践反思性、过程互动性和内容多元性特点,其结果积极影响了教师的教学实践,使教师明确了自己的教学研究和科研方向,实现了教师的专业成长。

徐锦芬和李霞(2019:843)认为,"传统意义上的教师发展'重教轻学',教师更多地被当作教育者,而非学习者。当今时代,构建学习型社会呼声高涨,终身学习已成为教师生存的基本方式。在此背景下,教师作为学习者这一身份受到研究者们的广泛关注,研究重点也从较被动的'教师教育'逐渐转向更为主动的'教师学习'"。对10位高校英语教师的学习途径及影响因素研究后发现,教师以各种文化制品和活动、科学概念及社会关系为中介进行学习,其学习受到个人、人际及宏观社会环境的影响。

当务之急就是健全教师发展长效机制,须努力打造一支新时代高专业素养的教师队伍。教师的专业发展已经成为全球教师教育改革的重要趋势,既是课程改革的需要,也是自身发展的需要。教师这一职业成为一项终身发展并能够实现教师人生价值的辉煌专业。(谢职安等,2014)。教师发展最大的挑战在于理念上的转变。教师要明确学习意味着什么及学生需要掌握的语言能力是什么。在信息化时代,教师要改变对自己及对教学的认识。做一个好教师必须首先做一个好学生,要不断更新教学理念,学习新的教学手段和方法;教师已不再只是一个知识传授者,而应该扮演组织者、启发者、帮助者、引导者等多重角色。如果教师本人忽视知识技能更新,单纯地采用"拿来主义",何来批判性思维?没有研究型教学,何来研究型学习?就拿依托内容教学而言,大学英语教师如果不与时俱进,20年前甚至10年前的知识已经远远满足不了现在学生的需求。此外,我们现在处于大数据时代,学生获取英语学习资源轻而易举,教师拥有资源的权威性受到挑战。这些挑战也正是新课程体系给大学英语教师带来的挑战。(龚晓斌,2014)

随着基础教育英语课程改革向前推进,高中生的英语听说读写能力显著提高,大学英语课程如何有效培养学生的语言能力,增强其语言学习获得感,是英语教师面临的一大挑战。教学发展旨在提升教师教学能力。教学能力并不等同于单纯的授课能力,而是具有较为丰富的内涵,包括专业理论和知识、课程建设能力、选择教学内容的能力、调整教学方法和手段的能力、教学改革与研究能力、与学生共同发展的能力、现代教育技术能力等。(王守仁,2018b)教师不断更新自己的专业理论和知识,研究教学内容,做到与学生共同发展。英语教师要把兴趣点从知识的传授转移到知识的创造上,树立教研相长的观念,实现从教学型教师到学者型教师的转型,学者型教师无疑比纯粹的知识传授型教师更具优势。(孙有中等,2017)

大学英语教师必须主动适应高等教育发展的新形势,主动适应大学英语课程体系的新要求,主动适应信息化环境下大学英语教学发展的需要,不断提高自己的专业水平和教学能力,除掌握学科专业理论和知识外,要具备课程建设的意识、选择教学内容的能力、调整教学方法和手段的能力、以学生为学习主体的意识、教学改革的意识、现代教育技术运用能力等。要确立终身学习、做学习型教师的理念,将更新教学观念、提升自身专业水平和素养、研究教学方法和提高教学绩效作为教师自身发展的主要内容,将不断学习和主动参与教学研究和教学改革作为教师自身发展的主要途径,在学院和同事的支持和激励下实现团队的共同发展和个人自我价值的实现。

《教学指南》指出:提升大学英语教师的专业水平和教学能力既需要学校和院系的支持和政策保障,也需要教师自身的追求和努力。学校和院系是教师专业发展的主要平台,要加强教师职业生涯的规划与指导,采取各种形式保障教师的专业发展和教学发展。各高校要重视大学英语教师队伍建设,提高教师师德水准和教学技能,优化教师队伍年龄、性别、职称与学历结构,从整体上增强大学英语教师队伍的实力和竞争力。各高校要逐步实施大学英语教师准入制度,把好大学英语教师入口关,同时建立和完善培训体系,为教师提供定时定量的在职培训,支持教师开展国内外进修学习活动,切实提高教师专业水平和教学能力。以造就一支师德高尚、业务精湛、结构合理、充满活力的高素质专业化教师队伍的要求建设大学英语教师队伍,发扬教学相长、教书育人的优良教风,以"传帮带"方式帮助青年教师成长,营造良好的院系教学文化。

第二节 大学英语教师角色的转变

以计算机多媒体和网络技术为主的信息技术正在深入英语教学领域,为之提供丰富的学习资源、先进便利的学习工具和灵活多变的学习策略。教师应依托现有的丰富的教学实践资源,进行整合与磨合,在外语教学理论的指导下,根据教学需要和学生情况,有目的、有针对性地改进教学,积极探索适合本校特色的外语课程设计,利用教师角色复合性特点,实现多重角色行为的适时有效转换。教师是实现高校人才培养、科学研究和社会服务三大职能的重要资源。教师的角色已经从传统的"传道、授业、解惑"者转变为以下主要角色:

德高为重、身正为范的表率者。夏纪梅(2018:79)认为:"当下大学教师的身份价值、存在价值、功能价值直接传递给学生的是学习价值,即课值、学值、言值,是核心素养的培植。"外语教师应具备较高的思想道德素质,爱岗敬业,全身心投入教育事业,克己勤奋,勤于思考,善于反思,坚持不断对自身教育实践提炼与升华,不断修炼自己的专业理念与师德修养,具有丰富的外语语言知识和扎实的外语语言技能,对外国的社会与文化有深入的了解,且有敏锐的解析能力,发挥自身在知识能力素养理念行为方面的"表率力",成为学生终身学习的示范者,赢得学生由衷的尊重与爱戴。

智慧的启蒙者,扮演催化剂的角色,健康成长的引路人。善于发现问题,提出学生关注并能产生共鸣的话题,引发其好奇心与求知欲,促进学生形成学习的乐趣。当代人本主义教育家珀克提倡将学生的自我认识和教师的期待和谐地结合起来,使学生逐渐形成肯定的自我价值。在这种"愉快的教育"中,教师了解每一位学生,与之交流。认真听取学生的意见,真诚地与学生相处,使学生感受到老师对他的尊重,正如古人云"亲其师,才能信其道",引导学生形成正确健全的自我概念,保持愉快,避免一味要求学生遵从。

课程的规划者、设计者。从不同学习者的情况出发,融合各种教学模式与实践,独立思考和研究规划教学目标与内容,增加满足学习者要求但教学资源中缺失的成分,引进新颖且有利于培养交际能力的教学任务与活动,针对不同的学习者设计多种个性化任务方案,引导学习者各取所需、各尽所能。

课堂学习与交际活动的组织者、管理者。一方面,热情参与学生的活动,与学生推心置腹地讨论与协商问题。运用各种方式促进课堂讨论,密切观察学生在讨论时的言谈举止,以此推断其心理活动,适时调整活动策略。另一方面,做好学习共同体的领路人,对学生有合理的期待,严格要求,布置向导性任务,提供有效指导,鼓励学习者主动探索并完成意义建构,以达到自己的学习目标。

学习的激励者、参与者、促进者。学生不是教师教出来的,教师更多的是为学生创造学习动机,培养学习需求,为学生营造良好的学习环境和学习生态,让学习发生。教师要落实"授之以渔"的理念,具备良好的教学技能,运用灵活的教学风格,引导学生学会学习,激励学生主动学习、终身学习,强调能力培养。针对学习者的个人因素中的态度和认知风格等采取措施,不仅在课上增加与学生的交流,而且要在课外设法与之保持联系,便于学生解决自主学习中随时遇到的疑难问题,引导其自觉将学习延伸到课外。运用多种手段,激发和保持学生的学习兴趣,明确学习目标,改善其学习态度。

学习策略的辅导者、研究型学习促成者。教师进行学生学习策略的培训,基于奥马利和查莫特(O'Malley and Chamot,1990)对学习策略的分类:第一,强化元认知策略,确定学习目标、合理计划分配时间、实施自我监督学习进度等;

第二,指导认知策略,即针对英语学习中听力理解、阅读理解、口语、写作和翻译的具体学习策略,主要包括重述、分类、推导、概括、联想等;第三,重视培养情感策略,积极与老师交流,与其他学习者合作,控制自身的情感,正确认识自主学习,消除心理和学习的障碍,克服焦虑和畏难情绪。激励学生进行研究型学习。

学习过程的引导者、协助者、监控者。教师为学生的学习活动提供资源、咨询和反馈,为他们搭建脚手架,进行过程指导,帮助其发现问题、诊断问题、分析问题、解决问题。帮助学生自己做出选择和决定,实现自己的潜能,帮助其在今后取得事业上的成功。不以权威自居,不给学生太多压力,避免给学生过高的期望值和较低的包容度。善于放权但不放任自流,明确规范课内外学习纪律,采取科学合理的形成性评估手段监控学习过程,并给予及时反馈。师生之间随时灵活地轮换进行"双主体"或主客体的"二重奏"(夏纪梅,2018:81)。

融洽和谐学习环境的倡导者、营造者。学习成为令人赏心悦目的快乐之旅。高水平的促进性环境的教师拥有积极的自我概念,积极回应学生的感受,给予学生更多表扬,善于真诚、关注、理解性地倾听并积极回应学生的想法,尽量减少在课堂上滔滔不绝地灌输,并建立良好的师生关系。课堂气氛不是偶然形成的,而是学生之间、师生之间关系长期发展的结果。(杨韶刚,2003)鼓励合作的教师在班级中形成较多的自发行为和社会贡献行为。注重情感、提倡合作、鼓励创造、强调自主的课堂气氛能使学生终身受益。

学习成果的评价者。使学生深刻地感受到学习的价值。例如,学生课堂展示后的教师反馈能够极大地激发学生的求知欲。只有教师的高度热情与投入和对学生的高度期待与严格标准相结合,才可能实现成功的教学。

英语教学方法的研究者、改革者、创新者。英语教师应乐以研究为工作方式,拓宽自己的知识领域,深入探索英语学科知识与技能,勇于尝试,勤于实践,敢于推陈出新,发挥教学改革创新的变革引领力,完善自己的教学策略,争取有建设性的专业发现与建树。

大学英语教师现阶段挑战很多,职业生涯遇到了前所未有的压力。语言技能能否全面发展?技能全才型是不是每个大学英语教师奋斗的目标?如果听、说、读、写、译的技能已经落伍而且没有发展的空间怎么办?基本技能很好,但是知识性课程缺乏专业训练和素养,是否需要培养?能不能培养?信息技术背景下教师如何快速转型?

为适应"以专业/兴趣为导向的大学英语教学模式"改革,笔者所在教研室成立读写、听说、翻译模块的教学小组,教师根据自己的特长,寻找归位。鉴于学生选课的动态变化,教师必须准备两个模块的教学。新教学模式下的大学英语教学鼓励全才技能型向专项技能型教师的转变,可以充分发挥教师的长处,扬长避短,将自己最擅长的一面展示给学生。同时,教师可以避免战线过长,可集中精力在某些模块教学上,还可以教学促科研,教师在一两个模块领域精雕细琢。教学带动科研,科研反哺教学,是大学英语教师最为理想的职业规划路径。从学院的角度讲,还有利于融通大学英语与英语专业教学。教师可结合自身的特长优势,在大学英语课程和英语专业承担多种课型的教学工作,实现教师自身教学科研的良性发展。可组织教学经验丰富的资深教师进行培训和开展研讨,同时针对全校学生,包含大外与英语专业学生开设课程。(龚晓斌,2014)

针对提高阶段课程对课堂教学设计提出更高要求的问题,从微观层面研究教师课堂教学行为,有利于提高教师专业化教学能力,扬长避短。教师发现和收集教学案例,实行课堂观察、撰写教学日志等,分析提高阶段国际化课程的教学效果。与师生进行访谈,进一步分析提高阶段国际化课程的存在问题,对教学设计的优化提出合理化建议。组织团队研讨,运用教育叙事探究法整理教师教学提升的典型案例。实施案例分析,剖析教学现场中的教学细节,为教师教学能力的培养提出具有可行性和建设性的建议。

叙事研究逐渐成为教师专业发展研究的新内容和新途径。笔者所在课题组成员采用叙事探究的方法,对教师开展个案研究。通过分析教师的反思日记,结合研究者的课堂观察以及访谈来了解教学专家评价的内容以及评价对大学英语教师课堂教学产生的影响。叙事探究是理解经验的一种方法。教育中的叙事探究就是教师从自己的教学经历中获得意义的过程,其意义的获得来自对该故事或事件或经历的感悟和反思。通过研究教学的每一个环节,发掘或揭示隐含在这些事件、行为背后的教育思想、教育理论、教育信念。叙事探究作为一种质的研究方法,要求教师们在反思自身教学实践时获得自我提高。

个案研究中的教师尝试了新的教学设计以实现有效教学,即翻转课堂的尝试。教师会提前把教学的重点和难点,以网络视频、音频或文字的形式让学生在课前个性化自主学习,完成相应练习,并布置相关任务,留待课堂上集体讨论,以保证学生在课堂上输出量的最大化和教学效果的最佳化。教师不仅是知识的传授者,也是学生学习与发展的支持者、促进者。积极互动的课堂氛围既激发了学生的学习热情,提高了教学效率,又突出了教师的教学主导地位,发挥了学生的学习主体作用。

教师应积极开展行动研究，实现教学科研良性循环。关于行动研究的定义有很多，《国际教育百科全书》的定义为："由社会情景（教育情景）的参与者，为提高所从事的社会或教育实践的理性认识，为加深对实践活动及其依赖的背景的理解所进行的反思研究"。它应具备六个重要步骤（Nunan，2001）：发现问题，进行初步的调查研究，提出假设，拟定计划并实施行动，评价结果，公布研究成果。行动研究的研究重点通常为解决备受关注的热点问题，反思课堂中的关键事件，检验理论或经验之谈。彭斯（Burns，1999）强调行动研究的问题直接来自教师对教学的具体关注，是在真实的课堂情境下调研教学的实际问题。为了提高行动研究法的信度和效度，要综合多种数据收集方法，如观察、问卷、访谈、讨论、个案研究、口头报告、教学日记等手段收集大量有关的信息等，还应与同事讨论检查数据分析是否合理。（Wallace，1991；McDonough and McDonough，1997）。

从行动研究的研究成果看，一线教师从事教育行动研究备受提倡。行动研究以其"行动中的研究和研究中的行动"的鲜明特点，无疑为教学科研相互促进搭建了坚实广阔的平台。鉴于外语学习的各个因素相互影响，教师应充分考虑各种因素的独特性和相互联系性，定期反思，设计行动方案，用行动解决问题，从而促进影响外语习得各类因素的发展。

自我反思是行动研究中的重要环节，也是提高课堂教学质量的关键环节。通过反思，教师可以发现自身的不足，从而积极学习新的教学理论知识，并将其内化为教学实践知识，以提升课堂教学效果。另外，交流互动是教师持续发展的有效途径。一方面，教师与专家同行的沟通互动与合作有利于自身的学习与成长；另一方面，师生互动既是成功课堂教学的关键，又是构建良好的师生关系、实现教师专业发展的重要前提。因此，大学英语教师需要在注重自我反思的同时加强同他人的交流互动，以获得持续的专业发展。

教师的专业成长和发展离不开指导学生的过程，教学相长至关重要。一方面，切实发挥教师在教学过程中的主导作用。教师在教育实践中分析学情，及时发现学生课内外语言实践中的问题，融入体验和感悟，引导学生运用适当的学习策略解决问题，不断提高教研能力。另一方面，突出学生在学习过程中的主体地位。大力挖掘学生的学习潜力，鼓励其发挥批判性和创造性思维，锻炼其发现、分析和解决问题的能力，提高其自主学习能力及终身学习能力。

第三节 大学英语教师职业发展共同体

在不断线课程体系的要求下,塑造一个高素质、专业化、充满活力与潜能的教师职业发展共同体至关重要。在信息化教育背景下,教师不仅要有扎实的专业知识,还要有较高的政治素养、信息素养和教学手段素养。因此教师必须不断提高自身的教育教学业务水平,不断适应教育教学改革的新要求。(文秋芳,2017)

教师专业发展环境就是教师的生活世界,亦即教师感知和体验到的职业生活和成长环境。这个环境是教师作为一个全人,与自身心智的关系,与当下或更远他人(学生、同事、领导、专家等)的关系,以及与支持或阻碍其发展的所有条件的关系的总和。这个多层系统交织而成的环境结构可以凝缩为三个核心的层级结构:个人环境、学校环境和社会文化环境。(Barkhuizen,2008)

教研组集体备课制度:交流教学经验,开拓教学思路,挖掘教学潜力

课程体系的有效实施关键在教师。学院成立模块式教学团队与俱乐部式课程小组,教师各尽所能,各展所长。各模块团队定期召开主题式教研活动,如教学研讨会、专题讲座、示范课,切磋研讨教学内容,商讨攻克教学难点,不断优化教学设计,出版配套教材。同时组织国内外多渠道教师培训,引导教师更新教学理念,加深对新课程体系的理解。教师团队充满活力,全力投入课程建设,因不断学习和主动参与教学研究和改革,所以在课程建设中更能够做到教学相长、教研相长。教研组是教师专业化发展的基地。教师在设计教学内容、改进教学模式、选择教学组织形式等方面有自主权,尤其在选修课方面。实践证明,课程建设是提升教师教学能力的有效途径。通过课程建设,我们可以推进教学改革,拓宽外语教师发展的主渠道。

以教学验证科研,以科研提升教学,实现"教"与"研"良性循环

高校英语教师不是语言培训者或教练,这就决定了英语教师必须具有学术能力与价值。教师必须在较强的科研意识下,不畏艰辛,克服困难,通过不断的科研实践,及时把握本领域的发展方向与最新成果,将前沿的语言学与二语习得理论运用至教学设计中的具体环节,从而提升理论水平,优化知识结构,提高实践能力,发挥创造能力。

通过英语教育改革试验,更新教育教学思想,锻炼教育教学能力,促进教育科研的能力,由经验型教师向专家型教师转化。夏纪梅(2012)认为,外语教学属于人文社会科学领域,与自然科学应当有所区别。没有数据支撑的、非量化的研究不等于没有科研价值。只要能够反映活生生的教学人或课堂人,有故事、有情节、有理念、有反思、有经验、有教训、有血有肉,都应当成为教学研究的内容而得到肯定和接纳,如基于课堂的、围绕学生的、针对教师的叙事研究、案例研究、行动研究、教学日志等。徐锦芬和李霞(2019:847)建议,"教师通过科学概念的学习,对自己的日常概念进行重建、调整和转化,再通过教学实践检验理论,最终实现概念性知识的借用和内化"。夏纪梅(2018:81)建议教师"立足于课堂,针对外语教学中存在的实际问题,运用科学规范的方法进行系统深入研究。当今教和学的关系已经不是'你教我学''我听你讲''我看你做'的关系,而是'共同探索''教学相长''互利双赢''合作共建'的关系"。教师应进行积极地自我指导,坚持不懈地追求自己的目标,夯实语言基本功,广泛涉猎,既博学又精专,持续提高外语专业水平。

建立教师学习型组织,形成教师发展共同体

充分发挥教师的积极性、主动性、创造性,成员为了共同的愿景和目标,沟通、合作、共享。教师发展共同体与互联网的结合使得两者优势互补,实现"1+1>2"的效果。

理想的合作教学模式是大学英语教师与专业课程教师合作共同开设专业学术英语等部分后续课程,在教学过程中英语教师解决语言问题,专业课程教师解决专业问题。文秋芳(2013)建议学科英语教学由专业课程教师负责,或者由专业课程教师和大学英语教师协作承担,学术英语的教学工作则主要由大学英语教师承担。夏纪梅(2014:9)认为:"与某些学科专业教师联手共建'双语专业课程'也不失为加强高校外语教师的学术身份和建立专业发展方向的上策。无论是学术英语还是专业英语或双语专业课程,只要教材选择适当,教学方法得当,边学边教、边教边做,干中体验与历练,外语教师就能从中获得专业成长。"

鉴于外语教学的特点,有条件的高校应积极引进和聘用外籍教师,承担通用英语课程系列中语言输出类课程的教学,如英语口语课和写作课。要做好外籍教师的教学管理,用其所长,充分发挥聘用效益。

组建俱乐部式教学研究团队,开展课程建设。首先要有课程意识,这是指教师对课程的自觉、对课程的基本认识,包括课程主体意识、目标意识、资源意识、生成意识、评价意识和反思意识。课程建设的核心是课程设计,涉及课程教学目标的设定、教学内容的选择与组织、教学方法和手段的合理使用、恰当的评价方法。实践证明,课程建设是提升教师教学能力的有效途径。通过课程建设,我们可以推进教学改革,开展教学改革,从而拓宽外语教师发展的主渠道。(王守仁,2017a)

徐锦芬和李霞(2019)建议学校应尽力为教师创设支持性学习软环境和硬环境,为教师学习提供有利中介和支架,重视高校教师团队合作,促进学习共同体构建,加大教师培养力度及经费支持,扩大外语图书期刊资源的投资,为教师访学、国内外学术交流提供更多资源与便利。

教师培训不断线,实现教学与科研能力可持续发展

教师培训以教师需要为出发点,是促进教师专业发展的重要手段之一,有必要贯穿教师职业生涯的全过程。大数据时代背景下,技术打破了教师培训在时空和资源上的限制,线上线下的混合培训模式最大限度地实现资源共享,教师根据发展需要为自身量身定做合适的培训课程,"教育淘宝"成为可能。(张明尧、王迎霜、蔡文莹,2018)一方面,强化自身听、说、读、写、译的基本功,提高本专业素养和能力;另一方面,更新教育教学理论知识,在原有科研教学实践的基础上注入新鲜元素,实现教研创新。

建立大学英语教师在岗轮训制度,加强对现有教师的培训和培养工作,鼓励教师围绕教学质量的提高积极开展理论与实践研究,以适应不断更新的高校教学与研究工作。在制定培训方案时,应做到教育观念科学前沿,目标明确可行,评价体系合理,符合教师个性化发展。夏纪梅(2012:7—8)提出,教师培训应该"急教师所急,帮教师所需",例如,可以开展"专业化心理咨询或辅导""以学生为研究对象的课题导向研究""以师生关系为研究课题的学术研讨和经验交流"等,多做教师参与性、反思性、研讨型、交流互助型培训,多为教师谋发展、找出路,指导他们做自己应该做且能够做的研究。这样的教师培训必须是为一线教师度身定做的,由富有教师培训经验的专家设计活动、选材、选法、选人。

《教学指南》指出:"大学英语教学采用学校、院系和教研室(教学中心)三级管理机制,倡导'以学校为主导、以院系为主体,以教研室为基础'的运行机制,落实'教、学、管集成'的教学管理理念,不断提高大学英语教学管理水平和管理效能。"各高校要完善教师分类管理和分类评价办法,充分考虑大学英语教师的职业特点,建立科学合理的教师考核、晋升与奖励制度,向从事公共基础课程教学的教师实行必要的政策倾斜,激发大学英语教师的活力和工作热情,引导他们在高校人才培养过程中发挥自身优势,做出应有的贡献。徐锦芬和李霞(2019:850)认为:"学校应为教师提供相关理论培训,帮助教师建构并更新学科课程知识、教育教学专业知识及通识教育知识等各种理论知识,并帮助其将各种理论内化并转化为实际教育行动。"

教师在教学与科研能力不断提升的过程中,获得成就感与满足感,对工作更有激情与热情,由此增强了教研意识与能力,从而善于教研、乐于教研,实现教与研的螺旋式上升发展。

教师教学与科研能力培养的具体措施

大学英语教学改革是对外语教师的巨大挑战,同时也给师资队伍建设带来了绝好的契机。为此,学校和学院在培养教师能力方面可以大有作为,进行有效干预和培训,通过组织国内外培训、开展教改研究和教研活动、建立合理评价体系等措施,着力培养锻炼师资队伍,努力提高教师职业发展的积极性和专业化程度。

制订切实可行的教师培养与发展计划,组织教师进行国内外短期培训,定期进行线上或线下教育技术与教学设计培训,例如,可以通过微信公众号如外研社Unipus、教学与科研文本和音视频,了解教学新理念及新技术的发展,不断改善教师知识能力结构,提高教师教育技术水平,解决新教学模式、新教学环境下教师教学和导学中碰到的实际问题。鼓励青年教师攻读博士学位,获得机会出国深造。每年暑期教师可以参加全国高等学校大学英语教学改革与发展研修班等。

组织多渠道专家讲座,专家运用科学的教学理论与实践经验,指引教师提高教学能力,提升教师职业素养和专业化程度。来访专家既有国内外知名教授,又有教学类杂志编辑,他们的精彩讲座拓展了教师的教育视野,为提高教学技能提供了理论和实践的指导。

有组织、有目的地开展教改实验研究,以科研带动教改、以教改促进教学。从教学设计的针对性、教学媒体的有效性、教学方法的适用性、学生能力与动机的差异性等方面入手,帮助教师进行正确的教学归因,提高自我效能感。申报多项省部级课题立项,校级教改、科研立项课题。

开展丰富务实的教研活动,既从宏观教育政策,又从微观课堂教学策略方面交流探讨,通过深入研讨提高教师教学能力。规范听课制度,听课常态化,每位教师每学期听课至少两次,教研室负责人每周听课一次,在听课评课的过程中相互学习,共同提高,将提高教学能力落实到课堂教学的每个细节。

建立合理的评教体系和激励机制,激发大学英语教师的职业热情和创造个性,积极投身于大学英语的教学与教改实验研究。组织富有经验的教师辅导年轻教师参加讲课竞赛。

第七章
信息技术与大学英语不断线课程体系建设

  2018年,教育部印发了《教育信息化2.0行动计划》;2019年,中共中央、国务院印发了《中国教育现代化2035》,提出要加快信息化时代教育变革。顺应时代势不可挡的"教育信息化"趋势,信息技术则能帮助教师和学生很好地实现个性化学习目标,帮助学生迅速提高学习成绩。"互联网+"深刻影响着我们的生活习惯、思维方式、经济模式等,促使知识学习、获得、产生的方式发生变化,给高等教育带来冲击、挑战和机遇。(王守仁,2017b)

  随着"互联网+教育"时代的到来,当今的教育模式不再是在固定的时间和地点学习固定的内容。每位学生都是一个独立的学习主体,可以在任何的时间和地点学习任何适合自己的内容,泛在化学习环境正在形成,但这"绝非仅仅技术手段与设备的更新,而是教育理念的全新设释与发展"(刘丹丹、董剑桥、李学宁,2013:81)。现代信息技术已在深度和广度上全方位介入外语教学,外语界学者探讨"完善基于课堂和计算机的大学英语教学模式""促进信息技术与外语教学深度融合",倡导大学英语通过建设慕课(大规模在线开放课程)、翻转课堂等,促进教学内容、教学方式和学习方式的变革。(王守仁,2018b)教育信息化是实现创新发展的驱动力,是实现改革创新的发展力,是实现引领示范的创新力。我们必须去接受、探索如何利用技术让学习发生,而不是考虑要不要去适应。教师如果不学习新技术,还是照本宣科,实行平面教学,那对于所教班级而言也是一种教育资源不公平,横向一比较,一些教师就会感到一种无形的压力。现代信息技术的发展从早期的邮件互动,到课程平台互动,到博客、微博、微信,再到云技术、小颗粒检索等。在教师的现实状况与客观的现实要求之间如何达成平衡?(龚晓斌,2014)

  2018年10月,教育部印发的"新时代高教40条"提出,要以学生发展为中心,积极推广小班化教学混合式教学翻转课堂,大力推进智慧教室建设,构建线上线下相结合的教学模式。混合式学习(blended learning)就是要充分利用数字时代的技术优势使教育获益,在提升学习者外语语言技能方面起了重要作用。(Rivera,2019)教师在精心设计下将教与学推向一个新高度。

人工智能与信息技术发展为外语教育教学发展提供了有利的条件。近年来,许多学校不断完善基础设施,实现多媒体教室全覆盖;还进行网络优化改造,实现校园无线网络全覆盖,打造智慧教室、智慧校园等;数字化校园应用为广大师生提供数据交换与集成、用户的统一身份认证、接口服务和管理支撑等功能。一些学校在教学软件方面积极实践,开发各类智能英语学习APP,整合教学资源,运用优质在线学习平台,实现对教育教学全过程的质量监控,取得的宝贵经验值得借鉴。例如,东北大学近年来积极推进基于互联网思维和平台战略的智慧英语学习与教学,以教学资源库、语料库、精品资源共享课等为依托,根据课程内容和学习者认知特点设计多样学习活动,提供在线学习资源,完善电子学档,为学习者提供全程学习指导,并通过跨校联盟、跨校修读学分机制建设等建立大学英语学习社区,推进大学外语教学的信息化和智能化。(王守仁、王海啸,2019)北京工业大学采用先进教学技术与观念,信息网络在线教学技术与大学英语教学体系相结合之后,大学英语课程的体系构成范式从传统的"2+1"模式(理论、方法+课程或教材)转变为"3+1"模式(理论、方法、网络教学技术+课程或教材)。(胡文婷、赵乾坤、何岑成,2016)也有学校应用"互联网+"技术,打造跨区域的教师教育发展和师生交流平台。

从影响外语习得的因素来看,三类因素相互影响,即学习者个人因素(年龄、智力、语言能力、认知风格、性格、动机和态度等)、学习过程因素(原有知识、学习者策略等)、环境因素(社会环境和教育学因素)。戴炜栋(2007)指出,环境因素决定外语素材输入的质量,学习者个人因素和学习过程因素决定学习者处理输入的效率,两者共同决定学习者外语输出的质量。与信息技术整合的英语教学模式恰恰创设了一个便于实现教育教学目标的新型学习环境。该环境为丰富的个性化外语素材提供了软件和硬件,为学生搭建外语学习的脚手架,也为改进学习者个人因素贡献良机,又可实现全程追踪学习过程因素,促进合作学习。(Beatty,2005;Benson,2005)贾国栋(2017)建议利用信息技术将教师课堂面授教学与学生网上自主学习有机结合,产生教与学的最佳效果。

笔者所在团队的教师自主编写相关课件、微课程、视频公开课等教学配套数字化资源,结合出版社提供的专业技术支持,形成丰富的教学资源素材,并通过后台系统动态管理,实现优质教学资源的共享与应用。通过利用网络教学平台,构建线上线下相融合的教学环境,尝试混合式教学模式改革,从时间和空间上延伸课堂教学。

第一节　多媒体在课程体系中的应用

从用户的角度,多媒体的定义是"集合两种及两种以上应用功能的计算机技术,这些应用功能可以是静态的,也可以是动态的。多媒体是集合文字、图形、音频、视频、动画为一体,而计算机是使这些媒体之间黏合和联系的胶水。多媒体是建立在传统计算机功能的基础上,即包含文字、图形、图像、逻辑分析等,与音频、视频以及为了创建与表达知识的交互式应用之间相结合的产物"(许智坚,2010:5)。

多媒体技术通过记录、存储、再现、传递等功能融入外语教学的听、说、读、写、译这些技能中,辅助教与学,强化和优化外语语言技能,提高学习效果和效率。多媒体资源以电子载体作为特征,为外语学习的输入部分提供大量听觉媒体、视觉媒体等语料,录音、录像、互联网动态资源等为外语学习者输入了丰富、鲜活、真实的电子资源。学习者身临其境,获得充分的语言沉浸,得到丰富的实践机会。多样的教学资源和及时的交流互动强化学生对知识的巩固和理解。丰富形象的图片和视频等教学材料,多感官的刺激不但符合现代学生的学习特点,而且能够极大地激发学生的学习热情,提高学生学习效率。(王丽丽、杨帆,2015)

如今多媒体投影设备的使用基本覆盖每个教室,学校配备专用网络机房或语音室,计算机网络在外语课程中起支撑作用。教师要找到多媒体技术与外语教学的契合点,在各类多媒体技术中游刃有余,如电声技术、光学技术、语言实验室技术、网络技术、计算机技术等,扬长避短,发挥其最佳优势,巧妙设计多媒体教学课件,使用与开发网络资源库。

多媒体作为教学辅助手段,易为师生接受,其突出的优点是网络和多媒体等信息技术的合理运用可激发学生的兴趣,增强其任务动机,锻炼自主学习的能力,帮助其完成知识的主动建构,使其有条件在丰富的学习资源中各取所需;同时,教师的面授课工作量减少,节省了人力资源。多媒体教学环境为学习者提供可视图像,也提供可参考的文本,例如,许多视频资料提供母语或外语等多种语言版本的字幕选择。在视听同步的环境中,视觉信息和听觉信息交互作用于外语学习者的理解过程中,如何扬长避短正是教学安排、活动设计和材料选

取应该重视的问题。(程晓堂,2014)

但是,多媒体在应用过程中出现了一些公认的问题,主要包括以下方面:第一,在计划紧凑的课堂上,部分师生有依赖多媒体课件的倾向,师生的实际交流较之传统的课堂没有改观,甚至有减少的趋势;第二,一些学生面对众多优秀的学习资源不知如何取舍,有时造成无目的学习,浪费了大量的时间和精力,挫伤了学习积极性;第三,学生自主学习的意识还需进一步加强,自主学习方法还需改善。

第二节 手机外语学习类APP在课程体系中的应用

新华社北京电,国家统计局于2019年8月13日发布新中国成立70周年经济社会发展成就报告。报告显示,我国网民由1997年的62万人激增至2018年的8.3亿人。2018年,移动互联网接入流量消费达711亿GB,是2013年的56.1倍。70年来,我国通信业发展突飞猛进。在此背景下,大学生几乎人手一部手机,引导学生利用手机APP进行外语学习极有意义。

APP的全称是Application,现多指智能手机或平板电脑第三方应用程序,APP提供移动掌上应用,实现教学资源的在线点播、在线评价、评教,提供数据的实时推送,师生享受到便捷的信息化服务。丁思琪、王新萍、刘佳慧(2019)将外语学习类APP分成如下几类。

一、词典工具类:以提供查词和翻译功能为主的APP。此类APP一般提供单词的拼写、词义、发音、音标及例句,并具有翻译、收藏等功能,部分APP还具有计划背单词、打卡的功能。二、口语听力类:以训练口语听力为主的APP。此类APP通常会提供外语新闻原声、外语视频、外语口语中常用例句等供用户练习听力、纠正发音等。三、电子阅读类:以为读者提供名著、小说、故事等外语文本为主的APP。此类APP会定期更新外语文本,或为外语原文名著,或为报纸杂志上的文章,或为趣闻美文,旨在增加用户的阅读量和对外文的熟悉度。四、视频教育类:以提供视频讲解或在线解答为主的APP。该类APP主要针对某一类外语考试,提供真题解析,讲解分析试题,整理考试知识点,一般还会直播在线过级课程,当然错过在线上课的用户也可以重新观看视频。五、趣味学习类:以互动、游戏、闯关等趣味手段吸引用户学习的APP,旨在让用户在乐趣中学习外语，既不感到枯燥，又获得知识。六、刷题测试类：为用户提供考试真题、答案和解析，并允许用户在线答题为主的 APP。七、综合学习类：包括文化、历史、旅游、地理、影视、政治等外语学习方方面面的 APP。

微信（WeChat）是腾讯公司推出的一个为智能终端提供即时通信服务的免费应用程序，伴有"公众平台""朋友圈""语音记事本"等服务插件。微信的特点是注册简单，可以绑定其他工具，如 QQ、手机号码、邮箱、微博等，方便与他人沟通；信息呈多种形式，如语音短信、视频、图片、文字和表情等；交互功能强；具有社交性。

运用 APP 进行外语学习的优势有以下方面。

一是使用便捷，实现泛在化学习。学习者下载 APP 后，可以突破时间和空间的限制，在任何时间、任何地点学习，如果事先缓存学习内容，就可以在没有通信网络的地点离线使用 APP 学习资源。

二是学习资源丰富，利用碎片化时间，进行个性化学习。无论在提高外语语言基础技能方面，还是在提高跨文化交际意识方面，外语学习类 APP 都有海量免费资源可供下载，形式多样、内容丰富、分类细致，且兼具实用性与趣味性，学生可以根据自身的知识技能水平、学习需求、兴趣爱好，充分利用短暂、零碎、闲散的时间来学习以手机为主的移动终端上接收到的信息，部分弥补缺乏外语语言环境的困境，有效辅助外语语言学习。

三是分享、评价、反馈等功能激励学习者坚持学习。大部分 APP 能够记载使用者的学习轨迹，还有制订学习计划、每日打卡、记录学习时间、分析学习进度等各种功能，在不同程度上对学习者起到了督促、提醒和激励的作用，促进其将学习内化为日常习惯，为终身学习打下基础。教师最好能够提供合适的网址，并对材料的使用提出明确要求，以提高学生寻找和使用材料的效率。

值得注意的是，学习类 APP 多用于完成碎片化的学习任务，难以达到系统学习的效果，对学习起到辅助作用，但绝不能代替具有整体性和系统性的课堂教学。学生有时被动地获得了海量被推送的信息，容易在知识的海洋上迷失方向，偏离原有目标，或者只求量不求质，对知识浅尝辄止，停留在表面，而不做深度思考和彻底消化。教师应该把握大数据、碎片化、移动互联的时代特点，在实践中与时俱进，探索如何有效利用具有实用性、趣味性和时尚性的多媒体和移动设备辅助教学，解决网络环境下学生自主学习的外部监控缺失问题，激发学生的学习激情，提高其参与度，获得理想教学效果。

第三节 微课和慕课在课程体系中的应用

一、微课

当今信息化时代,许多学生都有智能手机、平板电脑、手提电脑等,获取知识的途径越来越多元化。一系列"微"事物涌现,如微博、微信、微电影、微小说等。"微课"又名"微课程",是"微型视频网络课程"的简称,正是在这样一个"微时代"诞生,逐步走进课堂教学。岑健林、胡铁生(2013:20)将微课定义为"以短小的教学视频为主要载体,针对某个学科知识点(如重点、难点、疑点、考点等)或教学环节(如学习活动、主题、实验、任务等)而设计开发的一种情景化、支持多种学习方式的新型网络课程资源"。"随着移动互联网和智能设备的发展,基于微课的在线学习和移动学习将成为英语教学的新常态"(王丽丽、杨帆,2015:161)。微课不是整个授课过程的压缩版,而是将某个知识点或教学环节录制成短小的视频,借助网络共享给学生。微课包括微视频和微资源两部分,即重点知识的精练讲解和与之对应的课件、教案、练习、测试等教学资源。微课是实现翻转课堂的重要前提基础,也是课堂教学的拓展和延伸。

互联网的普及增强了知识的开放性,学生能够通过互联网更加方便快捷地获取多样化的学习资源。课堂不再是知识传递的唯一场所,而是教师引导学生掌握学习策略、答疑解惑的场所。课堂教学与现代技术的结合突破了传统课堂的教学局限,打破了学习时间、空间和教学器材的限制,增加了学生自主学习的渠道,极大丰富了学生自主学习的资源,引导学生由"被动学习"向"主动学习"转变。学生可以在任何时间更轻松地自主学习,自由把控节奏,结合互联网媒体,同时达到多种语言技能的学习目标,实现自主学习、主动学习、合作学习、个性化学习等。利用网络技术进行后续课程模块化教学可以给学生提供自主选择与个性化学习的机会。(姚文清,2016)教师在掌握信息技术的前提下,将课堂中精讲的部分录制成微课程,打破以往的诸多限制,如时间、空间、班级设置、课程教材等,将学生放到一个无限的时间和空间中,综合考虑各因素,如学生与学生、学生与资源、学生与工具、学生与内容,实施重新组合,设计教学。

使用微信英语学习平台,学校、教师和学生投入小,易操作使用。公众平台资源丰富、学习形式有趣,学生只要"关注"就可以利用课下零星的时间学习,实现语言的持续输入和碎片化学习;学校可省去大量购买设备、维护设备的资金和人力。教师和学生只需使用已有的智能设备下载软件即可操作。

微课优势日益明显,"具有'细'微、'精'微和'缩'微这三重意蕴,分别关涉课程的长度、深度和完整度"(曾文婕,2018:31)。在不断线课程体系中,微课可以充分发挥以下特点:第一,教学内容短小精悍,清晰易懂;第二,教学目标指向明确,学习者一目了然;第三,应用便捷灵活,学生可以反复学习,不受时间和地点的限制;第四,教师根据学生学情设计开发,具有较强的校本性,亦有可操作性,系列微课可以形成有特色的校本课程;第五,消除学生对课程的学习倦怠,持续提升学习兴趣;第六,减少教师的重复劳动,避免长期机械惯性授课的倦怠感。宁强(2018:148)认为,"通过精心设计,微课可以有效地辅助课堂教学或与课堂深度结合实现课堂翻转"。文秋芳(2015)建议教师在利用微课资源时,将产出"驱动"这一环节拍成视频,让学生在课前学习,课上教师负责检查学生对视频、教学目标和产出任务的理解情况。教师可以充分利用微课的优势,节省大量课堂时间,引导学生践行任务式、合作式、项目式、探究式等学习方式,在用中学,在做中学。

微课的设计包括五个步骤:第一,确定教学目标。结合具体教学内容,对外语教学的分级目标进一步分解细化,确定单个微课的子目标。第二,制定教学策略。微课虽然容量小、时间短,但结构完整,科学合理的教学策略与普通课程一样重要。第三,确定教学顺序。设计相互呼应的开头结尾,内容注重连贯性,思路清晰,重点、难点突出。第四,设计辅助资源。采用PPT课件、文本、音频等形式,辅以相应的微教案、微练习等配套资源。第五,选择制作工具。

微课视频的主要制作方式有四种:第一,拍摄式微课。通过外部摄像设备,摄制教师及讲解内容、操作演示、学习过程等真实情景的视频。第二,录屏式微课。通过录屏软件或交互式电子白板等,录制教师的讲解、演示的教学过程。第三,动画型微课。运用图像、动画或视频制作软件(如Flash、PPT、会声会影、MovieMaker等),通过微课脚本设计、技术合成输出的教学视频短片。第四,混合式微课。应有上述多种方式制作的教学视频。(唐俊红,2018)

在开发阶段,教师完成编写微教案、制作微视频、编制微练习、整合媒体资源。实践证明,微课制作要做到与课堂教学紧密联系,任务要求的明确性与学生完成任务的质量成正相关。(宁强,2018)微课不是静态的资源,而是简短、完整的动态教学过程或教学活动。

二、慕课

慕课,即大规模开放式在线学习课程,从兴起、发展到如火如荼,其背后真正的推手就是大数据。大数据就是容量大、种类多、速度快、价值高的海量数据的集合。(陈坚林,2015)以慕课为代表的在线开放课程是"互联网+教育"的重要发展成果,建设和使用慕课的意义在于确立学生学习为中心,重构教学体系和教学模式,重新设计组织教学内容,通过师生互动和生生互动促进教与学方式的变革。慕课有助于提高教学效率,实现优质教学资源共享,更为重要的是揭示了外语教学今后的发展方向,即在"互联网+教育"背景下,线上、线下深度融合的混合式教学将成为常态,这也是破解提高外语教学质量难题的重要途径。(王守仁,2018b)中国高校外语慕课联盟(China MOOCs for Foreign Studies,简称"CMFS")于2017年12月23日在北京成立。

慕课为高等教育组织构建了海量、优质、多元、免费的教学资源,但课程的完成率和可适用性遭到质疑。(胡杰辉、伍忠杰,2014)其优点毋庸置疑:授课人数不受限制,动辄上万人可以同时在线学习;学生可以不受时间和地点限制,以需求、兴趣为导向,选择课程反复观看,满足个性化学习需求,还可以得到系统、同伴和教师的评价;教师可以减少重复劳动,摆脱部分课堂内容讲授的枯燥和劳累,实现课堂教学与在线讨论、反馈的无缝对接,与学生多维度、多层面互动,有利于教师的职业发展。

大学英语教学不能简单模仿国外慕课的形式,应该深刻挖掘其内涵理念,借力慕课构建适合英语教学的个性化教学模式。王丽丽、杨帆(2015:160)提出了"慕课(自主学习)+翻转课堂(成果汇报)"的教学模式的具体实施方法。课前利用慕课自主学习以输入语言、课上讨论、汇报学习成果以巩固内化知识,课后教师和学生及时反馈以促进学生改进学习策略。无论是引入的国外优质教学资源,还是教师协同合作建设的校本化资源,教师都要精心选择适合本校学生水平的慕课资源并设计科学合理的项目活动内容和成果汇报要求。在自主学习阶段,学生收看慕课视频,完成语言输入。在翻转课堂,学生分组以口语汇报或书面报告的形式展示项目学习成果,完成语言输出,教师评价学生汇报情况。课后师生通过在线学习平台讨论小组学习经验,总结存在的问题,反馈分享学习成果,改进自主学习方法。

在翻转课堂上,教师提问与学生提问可以相结合。充分发挥教师引导的脚手架作用,激发学生学习的主动性,学生将提问内化为思维方式,形成发现问题的学习习惯，锻炼批判性思维，提高分析批判能力。翻转课堂重构了教学流程。翻转课堂由"先教后学"转向了"先学后教"，由"注重学习结果"转向了"注重学习过程"。（朱宏洁、朱赟，2013）翻转课堂的教学资源在构建完成之后具有高度复制性，大量学校可以较低成本（廉价硬件＋少量老师培训），快速在自己学校采用，而实现互联网式的爆发影响，具有高传播性。翻转课堂背后一整套严谨的教学逻辑和教学体系的核心思路就是学生平时课下把能自学的都自己学会了，上课时能用英语交流，多开口并及时得到反馈，为学生提供一种以学习母语的方式学英语的方法。翻转课堂能为学生提供远超过国内教材的学习材料，学生可以根据自己的水平和能力进行有针对性的选择和练习，从而真正把英语听、说、读、写综合能力提升上来。

章木林、孙小军（2015）论述了在大学英语后续课程教学中实施基于慕课的翻转课堂教学模式的可行性，并提出教学案例：基于慕课的大学英语后续课程翻转课堂。慕课基于系统的碎片化学习方式和模块化短视频，既方便学习者按主题学习，也方便他们利用零碎时间拆分观看，这将吸引很多学生。

三、问题与对策

"慕课、微课等新型在线学习方式不仅最大限度地实现了优质教育资源的全球性流动，而且与翻转课堂的有机结合创造出了跨地域、全天候、以学习者为中心的教学模式，可以说为混合教学模式注入了新的时代内涵。"（宁强，2018：145）但是，以微课、慕课为代表的线上教学还不可避免地存在一些问题。低完成率成可持续性发展最突出的障碍。（陈冰冰，2014）翻转课堂对于学生的自律性和意志力的要求很高。有的学生没有明确的学习目标，自主学习变为自由学习，处于放羊状态，浪费教学资源和时间。部分学习者因无法抵抗诱惑，不能专心学习，缺乏自主学习能力，未能及时发现问题并在课堂上和同学们及时交流和沟通。（卜彩丽、马颖莹，2013）在线课程难以替代校园生活的体验、校园文化的熏陶。（唐俊红，2018）平台缺乏自动评分系统，缺乏作业同伴互评等环节；师生与生生之间的互动较弱，学习者情感体验不够强。（蒋艳、马武林，2018）还出现过程管理失控、诚信问题受到质疑，建立可靠的防欺诈机制在技术上仍有一定的难度。学生借助网络教学平台自主学习发挥越来越重要的作用，延展了课堂学习时间和空间，但它不可以取代教师的作用。（王守仁、王海啸，2011）有的教师错误地解读了网络多媒体教学：一类表现为过分依赖，将一切交给多媒体或网络，课上完全依靠多媒体课件讲解，课下都布置网络作业，但缺少有效的互动、科学合理的监督与客观及时的评估,没有考虑学生的接受与消化能力;另一类则持不信任态度,过分夸大网络与多媒体的缺点,消极被动地甚至拒绝应用现代信息技术,教师转型、教学设计理念转变困难。

鉴于以上问题,只有线下课堂教学与微课、慕课等线上教学的融合才能扬长避短,利用技术解决教学深层次问题,实现有效的混合式教学。混合式教学不是在线课程和课堂面授的简单混合,而是教与学在理论、模式、方法、内容、主体、环境、媒介、资源、管理等多个维度的有机融合。必须对各要素进行优化组合,同时避免盲目使用或过度依赖信息技术手段,注重培养学习者的思辨与沟通能力,真正提高英语教学质量。

第八章

大学英语不断线课程教学评价

第一节 大学英语不断线课程教学评价的主要方法

教学评价是指"按照一定的教学目标和教学原则,运用科学可行的评价方法,对教学过程和教学成果给予价值上的判断,以提供信息改进教学和对被评价对象做出某种资格证明"。简而言之,教学评价是"对教学过程和教学成果的价值判断"。(李朝辉,2010:261)

教学评价是教师获取教学反馈、改进教学管理、保证教学质量的重要依据。为保持评价标准的一致性,必须遵循全面、客观、科学、有效的原则,做到多角度、多元化、多反馈。成绩评定的目的和价值在于反映学生的实际能力与特点,为师生提供大量的反馈信息,帮助师生及时调整教与学的行为,帮助学生成为主动的、自我负责的学习者。

教学评价应该实现以下功能:第一,诊断。通过评价的信息发现评价对象存在的问题与不足,对教学现状进行科学诊断,为教学决策指明方向。第二,反馈调节。根据评价者对教学情况的反映与建议,师生可以调整教与学的内容、方法、效能、情感、行为和态度等多种因素。第三,区分和鉴别。评价给人们提供科学、合理、客观、公正的依据以区别、鉴定单位机构、方案、人员等的某些方面水平的优良程度。第四,激励。评价能够激发被评价者的成就动机,以获得良好的形象、荣耀和利益等,较高的评价能给予精神的满足和鼓舞,激励被评价者向更高目标迈进;较低的评价则引人深思,起到督促与推动的作用,同样激发师生努力奋进。第五,导向。评价根据一定的价值标准进行价值判断,评价指标和标准成为被评价者的努力方向,教师据此修订教学计划,改进教学方法,完善教学指导;学生据此调整学习策略,改进学习方法,增强学习的自觉性。(李朝辉,2010)教学评价使教学过程随时得到反馈,教学效果不断接近预期目标。

教学评价的原则如下:第一,客观性。以客观事实为基础,严格执行评价标准,评价者态度,特别是最终的评价结果要符合客观实际,避免主观臆断。第二,科学性与可行性统一。遵循客观规律,评价指标精细化、互动式、过程化,评价方法、技术与评价程序简便易行。第三,主体性。发挥评价对象的主观能动性,教师和学生既是评价主体,又是评价客体,应自觉积极地参与评价活动。第四,一致性与灵活性结合。教学评价必须采用一致的标准,但由于存在客观条件与主观个体的差异性,要灵活处理不同层次的评价。第五,定期性与经常性结合。在时间方面确保发挥教学评价的功能最优化。第六,定量与定性评价结合。尽可能保有原始数据,用定性评价弥补定量评价的不足。(李朝辉,2010)

在信息化条件下,评价贯穿教学的始终,也时刻影响着教学目标、内容和方法的选择。学生在学习过程里会产生很多的数据,这些数据在信息化时代里应该在第一阶段反馈给老师,让老师去做决断、提建议,这样评估本身也就变成了一种教学手段。应为学生和教育者提供更好的实时反馈,从而使数据成为提高学习效果的强有力的工具,教师将其评价为辅助学生学习的工具。教师依据教学过程形成激励评价,彰显学生的学习主体地位,不断培养和提高学生的综合语言应用能力。

教学评价要避免评估标准单一化,如果一张试卷定乾坤,只通过有标准答案的考试来评价学生的学习成果将严重束缚学生的创造才能。教师应将过程性评价与结果性评价相结合,运用适当的评价法,做到评价主体多元化:自评、互评、点评、评价标准、评价记录、评分过程与结果。

一、诊断性评价

诊断性评价指在活动开始前为有效实施计划而进行的评价,包括"诊断"和"治疗"两方面,一般是在学期初进行,目的在于摸清学生的原有基础,对原来的状态和效果进行判断,为新教学目标的学习做准备,通过诊断性评价,及时弥补原有不足,对症下药,解决发现的问题。吴诗玉和黄绍强(2018)提出,教师要认真阅读和批改学生提交的每一篇读后感,在批改时既注重对学生所用语言的评价,也注重学生对阅读内容所发表的看法、感想和评论的评价。总体上以正面鼓励为主。教师仔细批改学生的写作最重要的是缩短了老师和学生的距离,为接下来的课堂讨论环节进行事先评估和准备。

有针对性地设计学生测评任务,能够及时反映学生学习中的问题与薄弱环节,有利于师生总结阶段性学习效果,提升学生自主学习与合作学习的质量与水平。"积极鼓励、引导学生之间开展有实质内容的互评活动也是保持学生课上注意力的好办法。"(宁强,2018:150)

二、形成性评价

形成性评价指在活动过程中,为使活动效果更好而修正其本身轨道所进行的评价。通过形成性评价,学生可以明确自己存在的问题,及时修改和调整方法与策略;教师可以分析学生的成绩与不足,采取相应措施,跟踪、对比学生不同阶段的学习成果,调整教学方法,以便达到最佳教学效果。例如,每单元结束后进行的单元测试就属于形成性评价。

教师应注重过程性评估,加大形成性评价所占比例,将评估融入平时。平时成绩和期末成绩的比例为5∶5。同时将过程性评估当作语言教学研究来做,通过学习档案记录、访谈和座谈等方式,对学生的学习过程进行观察、评估和监督,以促进学生有效地学习。

平时成绩由出勤、线上线下作业、课堂表现等构成,平时成绩综合评价学生平时学习表现,可以包括小组合作项目汇报、课堂讨论与发言、阶段性口语测试、课堂出勤、课后作业等。关于课堂表现,给学生足够的机会表现自己。凡是学生有优势、有能力、有才智进行探究的知识、信息、数据,老师不包办代劳。"凡是学生做的就给机会充分表现、竞争、比较,满足'虚荣心'的积极效应。"(夏纪梅,2018:81)关于平时作业,文秋芳(2014a:10)指出:"教师要给学生布置恰当的课外作业。"这里的"恰当"包含两层含义:第一,作业量适当;第二,作业难度适当。如前所述,大学英语课堂教学时间极为有限,大学生要想学好英语,课外肯定要花费时间。问题是,他们所学课程多,课外要完成的作业不止一种。如果英语作业过量,学生就不能按质按量完成。建议作业量为1∶1,即课内1小时,课外1小时。教师还应给学生鼓励,对学生的课业作品进行当场点评,尽量找出亮点,聚焦潜力分析,运用形成性评价,加大过程评分。作业难度要有所区别,即对不同水平学生提出不同要求。

课堂表现应将教师评学、同学互评、学生自评纳入评价体系,教师采取多种多样考试考核的方法,包括课堂提问、学习报告、辩论赛、小论文、合作作业、测验等。文秋芳认为对课堂学习任务的检查,"凡是要求学生完成的任务,教师必须要有检查。只有这样,教师布置的活动学生才会认真去做。……相当一部分老师只布置任务,但没有必要机制促使学生认真完成任务,其结果是,课堂上好像学生完成了一个又一个任务,但任务成效如何不得而知"(文秋芳,2014a:9)。

实践环节得分为第二课堂积分。实践环节包括网络拓展课程、外语学科竞赛、外语等级考试、外语技能证书考试等,贯穿大学英语的各个学期。课外平台包括网络课程、有声文学、外语之声等。校内学科竞赛平台为学生提供了展现自我的机会。各实践环节采取不同标准计分,按比例纳入学期各门课程总评成绩。学生的课内外学习均有明确要求,并统一纳入期末考核。

三、学生成长档案袋评价

成长档案袋指"收集、记录学生自己、教师或同伴做出评价的有关材料,学生的作品、反思和其他相关的证据与材料等,以此评价学生学习和进步的状况"(裴娣娜,2007:72)。档案袋评价以学生真正的学习样本为评价对象,通过让学生参与建立自己的学习档案,综合运用标准化考试、谈话、调查等正式和非正式的评估手段,记录学生平时学习的过程、努力程度、取得成绩等,促使其积极主动地反思学习行为,客观、动态地反映学生完成各种课内外任务的情况,教师可以从多角度了解学生各方面的发展情况,收集到的学生数据更加系统、有序、全面,一些难以量化的如兴趣、意志、动机、创造性等个性特征亦得以呈现,真实展示学生的成长过程。档案袋存储了学生每个阶段、甚至是数年的学习历程,教师可以大量积累教与学的原始数据,融合"质性"和"量化"评价,其中除学生的学习资料、自我反思、测试成绩等,还包括教师的教案、课件、作业批改、反馈、建议等,体现师生及学生之间的合作和相互指导。学生需要积极参与评价的每个步骤,包括规划档案袋的内容成分,评估学习样本的标准,反思学习过程,维护与提高档案袋的质量。对教师而言,档案袋既记录着辛勤不懈的工作,又便于开展教学科研,以评促教、以评促研。

以阅读教学为例,阅读档案袋包括"阅读材料、读书笔记、读后感、作业、测试、学习心得、小组评价、教师建议等"(韦健,2019:46)。这一系列数据能够记录体现学习进步的标志性和关键性事件,体现学生在阅读学习中知识、技能、情感、态度和效能的发展。韦健(2019)提出阅读档案袋的创建要求,明确其目的是提高学生的阅读能力,即掌握文章大意、抓住重要细节、领会作者的态度和意图、分析上下文逻辑关系的能力,明确评价主体是学生本人,教师和其他学生只是评价的参与者。发挥档案袋的反思功能,将平常的学习活动升华为有意义的学习经验,培养学生自我教育的习惯。在档案袋的维护中,教师选择优秀的阅读材料、笔记和读后感与学生探讨,学生不仅可以分析自己的档案袋资料,还可以比较、借鉴他人的样本,相互学习,取长补短,不断调整、改进知识结构与阅读技能。

四、终结性评价

终结性评价是指在活动后为判断其效果而进行的评价。一般在一学期结束时进行,根据各课程的特点以开卷、闭卷、口试、论文等形式进行终结性评价,采用三七开、四六开、五五开等不同比例折算出总评成绩。期末考试后,教师要对考试结果做出试卷质量分析,包括试题的难易程度、题型及内容范围、题量适中度、考查知识技能的情况、存在问题和改进建议等,对教与学的学期末最终效果进行评价。王守仁(2013)指出关键是要用好考试,克服应试教育弊端,真正使评估为教学服务。期末考试可以根据课程特点采取闭卷测试、项目任务、小论文、口语测试等形式。教学小组应该开发与学校人才培养目标相匹配的校本英语水平考试,开展校本考试系列研究,可为校本评价设计与研究提供借鉴。教师应提供成绩情况分析和改进措施等项目的分析报告,对考核内容的效度、覆盖率、难度、区分度、成绩分布等进行文字叙述,并参照评估标准表对试卷质量进行等级认定。王华(2018)提出学习型测试,它体现了测试与学习之间关系的最完美程度。测试和教学的结合越紧密,测试带给教学的积极性反拨作用就越大。

第二节 大学英语不断线课程学生自我评价

在课程评价方面,在全校范围大学英语课程问卷调研的基础上,通过教学小组的研讨和团队合作研究等形式深入探讨,完成调研报告。笔者所在团队修订了相关课程的教学大纲,修订时参照教育部考试中心起草,国家语言文字工作委员会规范标准审定委员会审定,教育部、国家语委于2018年颁布的《量表》。《量表》以语言运用为导向,构建了多层级指标体系,全面、清晰、翔实地描述了各等级能力特征。

《量表》的自我评价内容是学生用于对自身英语能力水平的判断或诊断的重要标准,可以用于选课前了解课程难度,制订学习计划,上课过程中对照判断自己是否达到学习目标,课后衡量和反思学习效果。

一、听力理解能力自我评价

表 8-1　听力理解能力自我评价量表

学习者层次	教学目标	《量表》等级	课程	听力理解能力自我评价内容
高级学习者和使用者	发展	九级	专业英语和学术英语	我能听懂各种话题、各种形式的口头表达,掌握要点和细节,理解言外之意,并对所听内容进行分析、推断与评价。
		八级		我能听懂相近领域的专业讲座和演讲,理解主旨大意。我能听懂语速较快的含有方言的电视访谈节目,领会说话者的观点和态度。我能看懂带有口音的影视剧,理解台词在特定语境中的言外之意。我能听懂语速较快的新闻节目、纪录片等,理解其所涉及的社会文化内涵。
		七级	听说（三）	我能听懂有关政治、经济、历史、文化等抽象话题的讨论和辩论,评价说话者的观点与立场。我能听懂语速较快的含有双关语、隐喻等修辞手段的对话,理解说话者话语的隐含意义。
中级学习者和使用者,高等教育阶段大学英语学习者	提高	六级	听说（二）	我能听懂与自己专业领域相关的公开课,理解其主要内容。我能听懂与自己专业领域相关的讲座和报告,掌握报告的主要内容,理解信息组织方式,如整体框架、衔接手段等。我能听懂有关社会、文化热点问题的广播和电视节目,理解其主要内容,分辨相关观点和态度。我能听懂商务交流、求职面试等场合中语速正常的对话,理解说话者的意图。
		五级	听说（一）	我能听懂语速正常的讲座或报告,获取要点和细节。我在与英语为母语者就一般性话题进行交流时,能理解对方话语的文化内涵。我能听懂电视节目中的简短新闻,借助图像理解大意。
		四级	基础英语	我能听懂语速正常、与自己兴趣相关的演讲,理解大意。我在与人就熟悉话题进行交谈时,能明白对方的观点和态度。我能听懂发音清晰、话题熟悉的辩论,把握辩论双方的主要论点和论据。

二、口头表达能力自我评价

表 8-2　口头表达能力自我评价量表

学习者层次	教学目标	《量表》等级	课程	口头表达能力自我评价量表
高级学习者和使用者	发展	九级	专业英语和学术英语	我能在各种场合中就广泛的话题进行自如、深入的交流和讨论。 我能就复杂、有争议的问题进行有效的交流和磋商,语言幽默、机智。 我能就专业性话题发表富有感染力的即兴演说,根据听众的反应恰当地调整表达内容和方式。
高级学习者和使用者	发展	八级	专业英语和学术英语	我能就广泛的话题展开充分、有效的讨论。 我能全面、有条理地分析和总结内容较抽象的文章或讲话。 我能在学术研讨中就专业性话题准确、自如地发表自己的观点。 我能在商务电话交流、纠纷处理中,就各种事宜进行有效的沟通和协商。
高级学习者和使用者	发展	七级	听说（三）	我能简要分析文学评论,说明文学作品的艺术效果。 我能就抽象的话题发表个人观点,阐述充分、有条理。 我能在专业讨论中综合提炼讨论要点,恰当评述他人观点。 我能就社会热点问题与他人即兴交流,表达时观点明确、思路清晰。
中级学习者和使用者,高等教育阶段大学英语学习者	提高	六级	听说（二）	我能生动、详细地描述个人经历。 我能在表达中及时地自我纠正语言错误,适时转移话题。 我能就社会热点问题或专业领域内熟悉的话题与他人展开讨论。 我能在处理日常纠纷或突发情况时,进行有效的口头交流或协商。 我能清楚地分析社会热点问题的现状、成因和解决方法,并发表意见,表明立场。
中级学习者和使用者,高等教育阶段大学英语学习者	提高	五级	听说（一）	我能详细讲述个人经历,准确表达个人感受。 我能在准备后有条理地阐述对社会热点问题的看法。 我能就日常生活事宜,如商务、旅游、购物等进行有效的口头交流或协商。 我能在准备后就与自己专业相关的话题简短地发表意见,发言时按逻辑顺序陈述观点,突出主要思想。

续表

学习者层次	教学目标	《量表》等级	课程	口头表达能力自我评价量表
		四级	基础英语	我能详细描述自己的人生计划或理想。 我能详细介绍自己的学习或工作情况。 我能在发言中对主要观点进行解释,并适当地用证据予以支持。 我能就一些日常交流,如电话预订、接待外宾、购物等进行简单的交谈。 我能在日常交际中,如谈话、聊天中适时地回应对方,使用重复、中英文转换、字面翻译等手段确保理解无误。

三、阅读理解能力自我评价

表8-3 阅读理解能力自我评价量表

学习者层次	教学目标	《量表》等级	课程	阅读理解能力自我评价内容
高级学习者和使用者	发展	九级	专业英语和学术英语	我能读懂语言复杂、内容深刻、跨专业的各类材料,如学术论文、文学原著或应用文等。 我能从多个角度评价阅读材料的价值。
		八级		我能读懂语言复杂的文学原著,并欣赏作者的语言表达艺术。 我能读懂专业领域相关的学术论文或科技文献并评价其研究方法。 我能通过研读多篇同类型阅读材料,综合评价作品的语言风格。
		七级	读写(三)	我能读懂语言复杂的小说及文化类作品,并鉴赏作者的语言特点。 我能读懂相关专业领域的书评。 我能通过浏览目录,预测全书(文)的主要内容。
中级学习者和使用者,高等教育阶段大学英语学习者	提高	六级	读写(二)	我能读懂语言较复杂的小说和议论文。 我能理解和概括说明性材料中被说明对象的主要特征。 我能读懂相关专业领域的操作指令并理解专业术语。 我能通过阅读材料的选词、修辞方式等,推测作者态度。

续表

学习者层次	教学目标	《量表》等级	课程	阅读理解能力自我评价内容
		五级	读写（一）	我能阅读一般题材的议论文或话题熟悉的评论性文章。 我能理解语言较复杂的社会生活故事中的各种常见修辞手法。 我能在读应用文，如会议纪要等时，提取主要信息。 我能在阅读中适时概括已读过的内容。
		四级	基础英语	我能阅读简短的故事、散文或说明文。 我能读懂旅游见闻中关于事件、人物、地点等信息。 我能从社会生活相关的简短议论文中分析作者的观点。 我能利用略读、寻读、跳读等不同的阅读技巧，找出文章中的重要信息。

四、书面表达能力自我评价

表8-4　书面表达能力自我评价量表

学习者层次	教学目标	《量表》等级	课程	书面表达能力自我评价内容
高级学习者和使用者	发展	九级	专业英语和学术英语	我能为英文报刊撰写社论。 我能进行专业文学创作。
		八级		我能对所收集的文献进行综述和评价。 我能撰写学术会议发言稿。 我能借助现代信息技术收集相关学术文献。
		七级	读写（三）	我能撰写文学或影视作品的评论。 我能就专业相关话题整理文献。 我在听学术讲座时，能做准确、详细的笔记。 我能借助修辞手法增强表达效果。 我能在完成论文初稿后从内容、结构和格式等方面进行修改。

续表

学习者层次	教学目标	《量表》等级	课程	书面表达能力自我评价内容
中级学习者和使用者，高等教育阶段大学英语学习者	提高	六级	读写（二）	我能撰写专业论文的英语摘要。 我能写简短的影评、书评或剧评。 我能写信或邮件向媒体反映社会、民生等问题。 我能用同义词或近义词来避免表达中的词语重复。
		五级	读写（一）	我能写国际交流项目的申请书。 我能写电影、戏剧、展览的观后感。 我能写读书报告。 我能通过收集不同来源的材料来提高写作质量。 我能根据老师或同学的反馈修改文章结构和内容。 我能写符合学术规范的议论性短文。 我能写与学习、工作相关的常见应用文。
		四级	基础英语	我能就自己熟悉或感兴趣的话题发表看法。 我能根据所读材料写概要。 我能就某一社会实践活动写出简短汇报。 我能写个人简历。 我能为校报等媒体写简短的新闻报道。 我能在写作前列出写作提纲。 我能用主题句突出段落的主旨大意。 我能检查并改正作文中的用词和衔接错误。

五、翻译能力自我评价

表8-5　口译能力自我评价量表

学习者层次	教学目标	《量表》等级	课程	口译能力自我评价内容
高级学习者和使用者	发展	七级	翻译（三）	我能借助笔记，译出信息密度适中、语速正常、语段较短的商务考察、科普讲座、旅游导览等活动中的讲话。 口译前，我能根据主题和讲话人的背景，了解相关知识、制作词汇表，主动预测口译信息。 我能听懂、分析并记忆（脑记和笔记）讲话人的信息，能用较流畅的目的语表达源语信息。 遇到困难时，我能借助译前准备的材料或已积累的经验帮助译出。

续表

学习者层次	教学目标	《量表》等级	课程	口译能力自我评价内容
中级学习者和使用者，高等教育阶段大学英语学习者	提高	六级	翻译（二）	我能完成话题熟悉、语段较短的无笔记交替传译，如商务接待、陪同参观等。 我能通过组织方、互联网等各种途径，搜集与口译任务和讲话人背景相关的资料，完成口译前的相关准备。 我能听懂讲话人的主要意图，记忆讲话的主要信息，并能用目的语较为准确地译出源语信息。 我能监控译语的准确性及完整性，及时修正错误。 我能向讲话人或听众求助口译中遇到的困难。 我能事后及时反思口译过程以及存在困难的原因。
中级学习者和使用者，高等教育阶段大学英语学习者	提高	五级	翻译（一）	我能就简单的交流场景，如机场接送、陪同购物等，完成口译任务，结合对主题和相关背景的了解，译出对话中的重要信息。 口译前，我能做相应准备，如了解日程安排、活动主题和内容。 我能意识到口译中出现的明显错误并及时纠正。

表 8-6　笔译能力自我评价量表

学习者层次	教学目标	《量表》等级	课程	笔译能力自我评价内容
高级学习者和使用者	发展	七级	翻译（三）	我能翻译与留学和求职相关的申请书和推荐信。 我能翻译社科、商业类的评论文章，译文表达连贯，与原文观点、态度一致。 我能翻译语言复杂的散文、故事，译文再现原文的主题、情感、情节。 我能准确地翻译公务文件，如请柬、外事访问日程表等。 我能翻译熟悉领域的演示文稿、备忘录等，译文格式符合行业规范。 我能在译前正确识别原文的交际目的，使译文有效传递原文信息，并在译后进行自我修订。

续表

学习者层次	教学目标	《量表》等级	课程	笔译能力自我评价内容
中级学习者和使用者，高等教育阶段大学英语学习者	提高	六级	翻译（二）	我能翻译熟悉领域的新闻稿，译文主要信息完整，关键词准确。 我能翻译短小的科普文章，译文主要信息准确，语言流畅。 我能翻译描写性短文，译文内容完整，层次清晰。 我能翻译语言简单的家电操作指南，译文简洁流畅，通俗易懂。 我能翻译篇幅短小的求职信、推荐信、邀请函等信件，译文主要信息准确。 我能正确运用省略、合并等方法处理原文中的重复信息。 我能使用复合句、非谓语动词短语、介词短语等来处理原文中的修饰成分。 我能根据英语句式的表达习惯，在译文中增加连接词等表示逻辑关系的词语。
		五级	翻译（一）	我能翻译常见的篇幅短小的证明文件或通知，译文准确、规范。 我能翻译简单的场景描写。 我能翻译校园活动日程安排。 我能翻译与社会文化和学习相关的短文或书籍的章节。 我能在译前明确翻译目的，借助工具书或网络资源等手段查询词义。 我能根据英语语法习惯恰当补充词语，确保译文语法结构完整。 我能在译后查询工具书和/或网络资源修正译文用词和语法的不当之处。

第九章

其他语种不断线课程建设与发展趋势

开设日语等小语种的公共外语课程符合外语课程发展的必然趋势。王守仁和王海啸（2019:11）提出:"大学外语教学并不等同于英语教学。我们要重视大学法、俄、德、日语教学，采取有效措施扶持多语种外语教学，特别是要对接国家'一带一路'倡议，促进沿线国家语言互通。为满足非外语专业大学生高质量学习第一外语的需求和部分高校培养'一精多会''一专多能'国际化复合型专门人才的需求，我们应在建设大学英语'金课'的同时，鼓励更多的高校创造条件发展多语种大学外语教学，开设多样化的第二外语课程，构建各语种共存的和谐语言教学生态。"

第一节 大学日语不断线课程建设

大学日语课程是面向非外语专业的本科生开设的公共外语课程，是高等外语教学课程的构成部分之一，包括必修课程以及选修课程两大部分。大学日语的教学目标是"培养学生不同等级的日语综合运用能力，让其能够在日后的工作中，在某种程度上运用日语来完成各种任务"（刘洋，2016:129）。大学日语教学应该积极提升学生参与中日文化交流的意识，改善学生的跨文化交际能力与综合文化素质，满足我国社会经济发展以及国家文化交流的需要。参照教育部高等学校大学外语教学指导委员会日语组制定的《大学日语教学要求》，进行课程设计。就高校公共日语课程现状而言，存在的问题是很多学生在课程结束之后，只能停留在少量的日本词汇的使用上，还不能胜任在日常生活中运用日语进行有效交流。（杨柳青，2015）

大学日语不断线课程建设已在部分院校实施。赵立红和陈钟善（2015）以应用型本科院校大连理工大学城市学院为例，运用问卷的方式调查学生对日语学习的需求情况。3999 份问卷反馈的数据显示,75% 的学生认为学习第二外语有利于自我目标的实现,49% 的学生认为最热门的第二外语为日语。如果学习日语,51% 的学生希望在校内学习。如果学校开设选修课,58% 的学生想进行选修。从这些数据可以看出学生对日语学习有很大需求,并希望学校能够开设相关课程,满足其需要。学生日语学习需求呈多样性,选修公共日语课程的目的中,就业占 49.5%,兴趣占 25.2%,留学占 14.4%,考研占 10.9%。基于学生实际需求与日语语言特点,在大三至大四的四个学期,分别开设"初级日语(一)"(32 课时)、"初级日语(二)"(64 课时)、"中级日语(一)"(64 课时)、"中级日语(二)"(64 课时)等四门国际化日语公共选修课程供全校各专业学生选修,四门课程在四个学期内根据学生实际选课需求可循环开课。国际化日语选修课程体系旨在通过较系统地学习日语,学生具有一定的语言与文字表达、人际交往与沟通、信息获取能力和解决实际问题的基本能力;同时,具有扎实的日语基本功,系统掌握日语语音、词汇、语法、语言方面的基础理论、基本知识和技能,具有一定的实际工作能力,能从事本专业业务工作和相邻专业业务工作;可满足学生个人发展、出国学习等需求。

为有效提高国际化日语课堂氛围,培养学生日语实战能力及国际视野,国际化日语公共选修课程由具有赴日留学或日企经历的中教与日籍教师联合讲授。但基于零起点的学习,"初级日语(一)"由中教授课,"初级日语(二)"开始均由中教和外教联合授课,中教授课 48 课时,适当穿插外教授课 16 课时。中教以语言基础教授为重点,日籍教师则注重日本概况、跨文化交际、日本礼仪、职场交际等相关的人文类内容讲授。充分利用学校周边的日企资源,通过积极开展校企合作等形式,增加任课日教师的涉外行业经历,提高实战能力,进而打造双师型师资队伍,提升人才培养质量。

第二节　其他语种不断线课程建设展望

由于师资、课时等客观条件限制,我国开设其他语种的大学外语课程还有一定难度。外语教学英语一枝独秀的局面不能长期延续,应鼓励更多高校创造条件,发展多语种大学外语教学,为国家培养更多懂英语及其他外语的国际化专门人才。(王守仁、王海啸,2013)借鉴大学英语不断线课程体系的理论与实践,设计其他语种不断线课程也具有可行性和可操作性。

"新时代高教40条"其中之一就是坚持分类指导,特色发展。由于各地区不同类型高校的外语教学发展不平衡,亟须正确处理好"博"和"专"之间的关系。归根到底要从本校的实际情况,特别是学生的实际外语水平出发,需要不断磨合与优化、改进与完善大学外语不断线课程体系,尤其是在当今"一带一路"、开展多边贸易的对外政策下,如果所在地区对于其他语种的大学外语课程有需求,就更应该丰富大学外语课程语言类型,将其他语种课程融入大学外语不断线课程体系。

大量调查研究表明,社会用人单位、高校院系、学生个体都具有强烈的外语需求,且这些需求极具差异性和个性化。因此,大学外语教学不能搞整齐划一的教学要求和课程设置,应该围绕需求来规划,围绕国家、社会、用人单位和个人需求来改革现有教学。各高校宜从全球化、国际化战略角度入手,从实际出发,充分发挥地域性、专业性优势,以国家、社会和学生个体发展需求为导向,切实加强大学外语师资建设。各高校大学外语教学应在国家整体教育规划布局内,在我国外语教育体系的蓝图中,以地域性与学科性为纵轴,以需求性与前瞻性为横轴,以大学外语师资为保障线,在"两轴一线"的坐标中找准自身位置、科学定位。只有这样,才能促进各高校大学外语教学质量最优化,实现大学外语教学可持续发展,培育出我国社会发展所需的各类外语人才。(丁仁仑、戴炜栋,2013)

我们必须要在教学改革经验的基础上,进一步确定课程设置、教学模式和教学评价与管理体系的改革思路,建立真正切实可行、便于操作、行之有效的大学外语不断线课程体系,可以鼓励部分有条件的学生对公共英语与其他语种进行双修,多维度提高大学生在外语语言方面的综合能力。

第十章

大学外语不断线课程体系建设难点

任何课程体系不可能做到完美,都不可避免地带有缺陷和不足。大学外语不断线课程体系可能遇到一系列挑战与问题。

一、学生选课的盲目性与动态性

尽管教师已经采取措施加强对学生选课的积极引导,但是,学生面对海量的学习资源、丰富的课程选择、各不相同的课程要求及他人过于主观的各种建议,出现盲目、草率或错误选课的现象。有些学生对后续课程的相关内容一知半解,把握不准课程性质和目标,甚至造成误解;有的仅凭课程名称或是高年级学长的反馈与评论信息随意选课;有的高估或低估自身的语言水平,上课后无法适应所选级别的课程难度,导致学习兴趣减退,学习状态懈怠;有的将学分绩点获取的难易程度看作选择课程的唯一标准。种种情况造成各级别、各模块课程开设类别与数量极不均衡,班级规模和学生水平参差不齐,因而教师很难兼顾所有学生的学情,在授课过程中出现顾此失彼的现象,给因材施教带来较大障碍。

大学外语不断线课程体系有不同模块和不同级别的课程,在丰富的课程体系中进行理性选择需要具备清醒的意识、明确的目标和坚定的信念。一方面,学生面对海量资源,在选择过程中容易出现迷航,选择过后还需要有持之以恒的行动力,否则也无法达到既定目标设定的理想学习效果。另一方面,不同专业、不同层次的学生对后续课程的要求千差万别,还可能出现"众口难调"的情况。例如,上海理工大学的英语课程体系实施效果良好,于2010年根据前两年的学生课程需求问卷开设了一门职业技能训练课程——英语公众演讲,选课人数却远远低于预期,与课程开发目标及授课教师意愿相差较大(韩戈玲、董娟,2011),后经课堂调研发现,多数学生职业发展目标是进一步深造,选课动机是提高英语语言熟练程度和翻译写作能力。

由此可见,学生选课原因处于动态变化之中,课程设置应尽可能兼顾全局,时刻了解学习者的动态变化,适合不同层次的需求。如何适应更多学生的不同需求需要在课程设置方面即时调整,教师需引导学生避免对自我的放任,发现自我知识结构、思维方法、行动能力的不足,正确地认识自己,结合自己的兴趣和专业需求,做出最优选择。

二、师资队伍面临的严峻挑战

大学外语不断线课程体系需要高水平的师资。课程体系鼓励学生根据兴趣、需求、学情等进行灵活自主地选择,因此,学生选择课程的数量具有未知性和不稳定性,每学期各课程模块每个级别的学生数量很难预测,选课情况处于动态变化之中,可能会出现某一级别课程模块的选课学生数量过多但擅长教授此模块课程的教师数量不足的情况。大学外语教师多为外语专业毕业,对其他专业知识少有涉猎,对其他专业英语缺乏科学的、系统的理解,如果要胜任各门专业英语,则需要进修其他专业知识。非英语专业教师的外语表达不过关。能掌握专业知识并运用英语教学的"双语"教师紧缺。

课程体系的发展将对课堂教学效果提出更高要求,要求教师在教学行为方面精益求精,对每位学生的学习承担责任,设法使课程的难度和学生的能力水平相匹配,根据情况变化调整难度,尽可能拓宽教学内容的覆盖面,给学生创造更多学习机会,通过适时适当地指导和管理,引导学生掌握外语学习策略,并把学习的自主权逐步转移给学生,不断锻炼其运用外语解决问题的能力,从而提升教学的成功率。

教师队伍的规划问题随之而来,例如,各级各类外语教师从何而来,与课程体系配套的教师教育如何有效开展,更多优秀师资如何培养,师资标准如何确定等。沈骑(2017:16)提出:"现有规划还缺少应对和缓解外语教师发展中'千军万马过独木桥'的科研困境的制度安排。"探讨改进教学设计、教师间优势互补也是当务之急。

三、教务管理难度较大

师资力量的配置、教学课程的安排、考试的组织等在实际操作中会遇到某些困难和阻力。(蒋立辉、王芬,2017)上课时间冲突、课程开设数量不足,学生会选不到自己喜欢的课程,有的甚至因为一两周的短期课程而无法选课。(田志强、郑翠玲,2019)

此外，评估体系中学分认定的难度毋庸置疑。设计科学、公平、合理的评估体系至关重要。在大学三、四年级，专业课任务重，如何在不增加过多学业负担的前提下，给每位学习者客观公正的学习反馈与评价，以体现其学习成果，激励其终身学习。除了需要任课教师的评估手段外，还需要学校教务部门对评估结果的认可，以及学校其他部门的协调配合。

任何教学改革都需要教育各部门的高度重视和鼎力支持。领导重视、政策倾斜是实现大学英语教学四年不断线的保证。（杨治中，1999）以课程改革为核心的大学外语教学改革是一个没有止境的科研和教学事业（赵海燕，2016），需要全体教职员工的共同努力与倾力奉献。课程建设需要我们投入大量的人力、物力及决策的魄力。

任何改革都不可能一帆风顺，一定会遇到阻力和困难，我们需要以战略的眼光转变观念，勇于创新，大胆探索，踏踏实实，一步一个脚印将工作落到实处，才能突破瓶颈，实施创新性的理论构想，开启新时代外语教育改革的新篇章。我国大学外语教育改革发展要在多年教育改革经验的基础上，加强课程建设，实现内涵式发展，为我国实施"一带一路"倡议、构建人类命运共同体和社会经济发展培养更多、更高质量的精通外语的复合型人才。

参考文献

Ausubel, D. The Psychology of Meaningful Verbal Learning: An Introduction to School Learning[M]. New York: Grune & Stratton, 1968.

Baecher, L., Farnsworth, T. & Ediger, A. The challenges of planning language objectives in content-based ESL instruction[J]. Language Teaching Research, 2013(1): 118 – 136. doi: 10.1177/1362168813505381.

Barkhuizen, G. A narrative approach to exploring content in language teaching[J]. ELT Journal, 2008(3): 231 – 239.

Barrows, H. S. & Tamblyn, R. Problem-based Learning: An Approach to Medical Education[M]. New York: Springer, 1980.

Beatty, K. Teaching and Researching Computer-assisted Language Learning[M]. Beijing: Foreign Language Teaching and Research Press, 2005.

Benson, P. Teaching and Researching Autonomy in Language Learning[M]. Beijing: Foreign Language Teaching and Research Press, 2005.

Bhatia, V. K. Analyzing Genre: Language Use in Professional Settings[M]. London: Longman, 1993.

Brown, J. D. The Elements of Language Curriculum: A Systematic Approach to Program Development[M]. Boston: Heinle & Heinle, 1995.

Bruner, J. S. The Process of Education[M]. Cambridge: Harvard University Press, 1960.

Burns, A. Collaborative Action Research for English Language Teachers[M]. Cambridge: Cambridge University Press, 1999.

Christison, M. An Introduction to Multiple Intelligences Theory and Second Language Learning[A]. In J. Reid(Ed.), Understanding Learning Styles in the Second Language Classroom. Englewood Cliffs, N. J.: Prentice Hall/Regents, 1997.

Cushman, K. Minds on fire[J]. Educational Leadership, 2014(4): 38 – 43.

Davies, F. Introducing Reading[M]. London: Penguin, 1995.

Ellis, R. Individual Differences in Second Language Learning. In A. Davies and C. Elder, The Handbook of Applied Linguistics. Oxford: Blackwell Publishing Ltd, 2004.

Feez, S. Text-Based Syllabus Design[M]. Sydney: National Center for English Teaching and Research, 1998.

Goleman, D. Emotional Intelligence[M]. New York: Bantam Book, 1995.

Grabe, W. Reading in a Second Language: Moving from Theory to Practice [M]. New York: Cambridge University Press, 2009.

Graves, K. & Garton, S. An analysis of three curriculum approaches to teaching English in public-sector schools[J]. Language Teaching, 2017(4):441–482.

Han, Z. H. & Anderson, N. J. Second Language Reading Reasearch and Instruction: Crossing the Boundaries[M]. Ann Arbor: University of Michigan Press, 2009.

Harmer, J. The Practice of English Language Teaching[M]. Harlow: Pearson Education Limited, 2007.

Hedge, T. Teaching and Learning in the Language Classroom[M]. Oxford: Oxford University Press, 2000.

Hornby, A. S. Oxford Advanced Learner's English-Chinese Dictionary[K]. 8th ed. Beijing: The Commercial Press; Hong Kong: Oxford University Press(China), 2014.

Hutchinson, T. & Waters, A. English for Specific Purposes—A Learning-centered Approach[M]. Cambridge: Cambridge University Press, 1987.

Johnson, K. An Introduction to Foreign Language Learning and Teaching[M]. London: Pearson Education Limited, 2001.

Krashen, S. The Input Hypothesis: Issues and Implications [M]. London: Longman, 1985.

Long, M. Native speaker/non-native speaker conversation and the negotiation of comprehensible input[J]. Applied Linguistics, 1983(2): 126–141.

Long, M. The role of the linguistic environment in second language acquisition[A]. In W. Ritchie & T. Bhatia(Eds.), Handbook of Second Language Acquisition. San Diego: Academic Press, 1996.

Lynch, T. & Mendelsohn, D. Listening[A]. In N. Schmitt, An Introduction to Applied Linguistics. Beijing: World Book Inc., 2008.

Macalister, J. Today's teaching, tomorrow's text: Exploring the teaching of reading[J].

ELT Journal, 2011(2): 161-169.

McDonough, J. & McDonough, S. Research Methods for English Language Teachers [M]. London: Arnold, 1997.

Nassaji, H. Issues in second-language reading: Implications for acquisition and instruction[J]. Reading Reasearch Quarterly, 2011(2): 173-184.

Nunan, D. Second Language Teaching and Learning[M]. Beijing: Foreign Language Teaching and Researching Press, 2001.

O'Malley, J. M. & Chamot, A. U. Learning Strategies in Second Language Acquisition [M]. Cambridge: Cambridge University Press, 1990.

Richards, J. Language curriculum development[J]. RELC Journal, 1984(1): 1-29.

Richards, J. C. Communicative Language Teaching Today[M]. New York: Cambridge University Press, 2006.

Rivera, J. L. Blended learning-effectiveness and application in teaching and learning foreign languages[J]. Open Journal of Modern Linguistics, 2019(9): 129-144. https://doi.org/10.4236/ojml.2019.92013.

Rogers, C. & Freiberg, H. J. Freedom to Learn[M]. 3rd ed. Columbus, OH: Merrill/Macmillan, 1994.

Skehan, P. Second language acquisition research and task-based instruction[A]. In J. Willis & D. Willis. (Eds.), Challenge and Change in Language Teaching. Oxford: Heinemann, 1996.

Skinner, B. F. Verbal Behavior[M]. New York: Appleton-Century-Crofts, 1957.

Swain, M. Three functions of output in second language learning[A]. In G. Cook & B. Seidlhofer (Eds.), Principle and Practice in Applied Linguistics: Studies in Honour of H. G. Widdowson. Oxford: Oxford University Press, 1995.

Tyler, R. W. Basic Principles of Curriculum and Instruction [M]. Chicago: The University of Chicago Press, 1969.

Vygotsky, L. S. Mind and Society: The Development of Higher Mental Processes[M]. Cambridge, MA: Harvard University Press, 1978.

Wallace, M. J. Action Research for Language Teachers[M]. Cambridge: Cambridge University Press, 1991.

Wen, Qiufang. Production-oriented approach to teaching Chinese adult learners[R]. A Keynote speech at the 7th International Conference on English Language Teaching in China. October 23-26, Nanjing, China, 2014.

Widdowson, H. G. Defining Issues in English Language Teaching[M]. Shanghai: Shanghai Foreign Language Education Press, 2013.

卜彩丽,马颖莹. 翻转课堂教学模式在我国高等院校应用的可行性分析[J]. 软件导刊,2013(7):9—11.

蔡基刚. 大学英语教学:回顾、反思和研究[M]. 上海:复旦大学出版社,2006.

蔡基刚. 后大学英语教改依据与对策研究[J]. 外语电化教学,2010(3):3—12.

蔡基刚. 教育国际化背景下的大学英语教学定位研究[J]. 外国语,2012a(1):69—76.

蔡基刚. 中国大学英语教学路在何方[M]. 上海:上海交通大学出版社,2012b.

蔡蔚,张文霞. 以人为本:英语提高阶段课程体系改革的思考——清华大学英语选修课课程设置学生问卷调查分析[J]. 清华大学学报(哲学社会科学版),2004(1):82—85,90.

岑健林,胡铁生. 微课:数字化教学资源新形式[J]. 教育信息技术,2013(4):19—21.

常媚. 大学英语后续课程需求分析与对策——以中央民族大学为例[J]. 民族教育研究,2014(1):50—54.

陈冰冰. 大学英语需求分析模型的理论构建[J]. 外语学刊,2010(2):120—123.

陈冰冰. MOOCs课程模式:贡献与困境[J]. 外语电化教学,2014(3):38—43.

陈海贝,魏晓斌,辛瑞青. 专门用途英语教学理论与实践研究[M]. 北京:中国书籍出版社,2015.

陈坚林. 大数据时代的慕课与外语教学研究——挑战与机遇[J]. 外国电化教学,2015(1):3—8,16.

陈坚林. 重构大数据时代的外语教学新范式[N]. 社会科学报,2017-10-12(005).

程晓堂. 第二语言教学研究中的前沿问题[M]. 北京:北京师范大学出版社,2014.

戴曼纯. 以国家安全为导向的美国外语教育政策[J]. 外语教学与研究,2012(4):585—595.

戴曼纯. 国别语言政策研究的意义及制约因素[J]. 外语教学,2018(3):6—9.

戴炜栋. 戴炜栋英语教育自选集[M]. 北京:外语教学与研究出版社,2007.

丁仁仑,戴炜栋. 高校大学外语教学定位思考[J]. 外语界,2013(2):17—23.

丁思琪,王新萍,刘佳慧. 外语学习类APP研究述评[J]. 东北亚外语论坛,2019(1):76—79.

段林远. 多元化大学英语课程构建[J]. 高教学刊,2018(1):105—107,110.

范琳,张其云. 建构主义教学理论与英语教学改革的契合[J]. 外语与外语教学,2003(4):28—32.

丰玉芳. 建构主义学习设计六要素在英语教学中的应用[J]. 外语与外语教学,2006(6):33—36.

复旦大学大学英语教学部. 复旦大学大学英语教学部本科生课程学习手册[Z]. 复旦大学教务处,2018.

龚晓斌. 客观需求观照下的大学英语教学目标定位[J]. 外语与外语教学,2009(8):35—38.

龚晓斌. 中国大学英语教师角色的历史嬗变:问题与对策[M]. 苏州:苏州大学出版社,2014.

顾佩娅,古海波,陶伟. 高校英语教师专业发展环境调查[J]. 解放军外国语学院学报,2014(4):51—58,83.

顾佩娅,陶伟,古海波,等. 外语教师专业发展环境研究综述[J]. 外语教学与研究,2016(1):99—108,161.

顾世民. 促进大学英语自主学习的课程因素研究[D]. 上海:上海外国语大学,2013.

韩戈玲,董娟. 多元生态化大学英语课程体系研究[J]. 外语电化教学,2011(2):21—25.

韩戈玲,祁小雯,戴炜华. 立体化大学英语课程设置的实践和研究[J]. 外语界,2009(2):66—73.

何克抗. 建构主义——革新传统教育的理论基础(上)[J]. 电化教育研究,1997a(3):3—9.

何克抗. 建构主义的教学模式、教学方法与教学设计[J]. 北京师范大学学报(社会科学版),1997b(5):74—81.

何克抗. 关于建构主义的教育思想与哲学基础——对建构主义的反思[J]. 中国大学教学,2004(7):15—18,23.

何莲珍. 新时代大学外语教育的历史使命[J]. 外语界,2019(1):8—12.

贺灿文. 本科生学术英语课程设置探讨——基于研究生学术英语需求及其能力状况的调查[J]. 重庆第二师范学院学报,2019(3):112—117.

胡杰辉,伍忠杰.基于MOOC的大学英语翻转课堂教学模式研究[J].外语电化教学,2014(11):40—41.

胡文婷,赵乾坤,何岑成.构建大学英语课程体系改革的需求与变化——以北工大自适应课程体系为例[J].海外英语,2016(14):48—49,55.

胡文仲.关于我国外语教育规划的思考[J].外语教学与研究,2011(1):130—136.

黄福涛.什么是世界一流大学的本科教育[J].高等教育研究,2017(8):1—9.

黄英杰.论当代课程观及教学方法的基本性质[J].课程·教材·教法,2018(11):79—83,138.

霍玉秀.大学英语后续课程体系的思考[J].语文学刊(外语教育教学),2010(7):150.

纪莹.《大学英语教学指南》指导下后续课程质量提升的再思考[J].教育现代化,2018(12):169—170.

贾国栋.《大学英语教学指南》与高校大学英语教学改革[J].当代外语研究,2017(6):62—65.

江桂英.厦门大学大学英语课程指南[M].厦门:厦门大学出版社,2013.

姜雄鹰.大学英语后续高端课程设置与四年不断线教学难点与对策[J].企业家天地,2011(5):135—136.

蒋洪新.持守初心 笃行致远——我与中国外语教育改革40年[J].外语界,2018(6):7—11.

蒋洪新.新时代外语教育改革的几点构想[J].外语界,2019(1):13—16.

蒋洪新,贾文键,文秋芳,等.新时代中国特色外语教育:理论与实践[J].外语教学与研究,2018(3):419—430.

蒋立辉,王芬.大学生英语应用能力培养研究论文集[M].北京:外语教学与研究出版社,2017.

蒋领敏.河南高校大学英语后续课程开设现状调查[J].疯狂英语(教师版),2015(2):16—19.

蒋学清,丁研,左映娟.北京交通大学基于OBE理念的大学英语教学方案[J].大学外语教学研究,2018(1):45—62,189—190.

蒋艳,马武林.论大学英语慕课建设应该避免的误区[J].外国语文,2018(1):155—160.

教育部.教育部关于全面深化课程改革落实立德树人根本任务的意见[EB/OL].http://old.moe.gov.cn/publicfiles/business/htmlfiles/moe/s7054/201404/167226.html.2014-3-30/2019-8-16.

教育部高等教育司.大学英语教学大纲(高等学校文理科本科用)[M].北京:高等

教育出版社,1986.

教育部高等教育司.大学英语教学大纲(高等学校文理科本科用)[M].北京:高等教育出版社,1999.

教育部高等教育司.大学英语课程教学要求(试行)[M].上海:上海外语教育出版社,2004.

教育部高等教育司.大学英语课程教学要求[M].上海:上海外语教育出版社,2007.

教育部高等学校.大学外语教学指导委员会.大学英语教学指南[M].北京:外语教学与研究出版社,2016.

教育部高等教育司.教育部高等教育司2019年工作要点[EB/OL].http://www.moe.gov.cn/s78/A08/A08_gggs/A08_s#/201904/t20190426_379670.html,2019-04-19/2019-8-16.

教育部考试中心.中国英语能力等级量表[S].北京:高等教育出版社,2018.

孔英婷.大学英语立体课程建设:理论与实践[D].宁波:宁波大学,2012.

孔云.经典教学理论与课堂教学应用[M].北京:海洋出版社,2017.

李红梅.体裁教学法在大学英语阅读教学中的应用研究[J].山东外语教学,2005(1):60—63.

李立,杜洁敏.大学英语分科教学背景下学术英语PBL教学模式研究[J].外语教学,2014(5):55—58.

李雯.教学改革背景下的大学英语教学研究[M].北京:中国水利水电出版社,2016.

李霄翔.多层治理视野下的教、学、管集成:大学英语教学改革的新思路[A].王守仁,王海啸.大学外语教学改革研究.北京:高等教育出版社,2013.

李昕."以学生为本"的大学英语改革——满足学生需求的整体性课程设置[J].语言与文化研究,2014(2):75—78.

李雪,史磊,曹菲.外语教学流派指引下的多维立体教学模式的建构[M].哈尔滨:哈尔滨工程大学出版社,2014.

李朝辉.教学论[M].北京:清华大学出版社,2010.

李朝霞,孙晓霞.评注式翻译教学在非英语专业翻译教学中的有效性研究[J].语文学刊(外语教育教学),2015(12):31—33.

李忠华.大学英语翻译教学:现状与对策[J].外语与外语教学,2007(9):47—49.

林蕙青.深化考试招生制度改革 加强国家外语能力测评体系建设[J].中国考试,

2015(1):3—6.

梁晓波,葛军,武啸剑.军队院校大学英语1+X课程体系构想与实践[J].外语与翻译,2018(3):79—87.

刘彬,戈玲玲,李广伟.基于语料库的大学英语写作教学模式实证研究[J].外国语文,2012(4):131—135.

刘丹丹,董剑桥,李学宁.大学英语泛在化学习环境的建构与管理[J].中国教育学刊,2013(10):78.

刘贵芹.高度重视大学英语教学改革努力提升大学英语教学质量[J].外语教学与研究,2012(2):279—282.

刘红艳.应用型地方本科院校大学英语后续教学的必要性及理论探究[J].高教学刊,2016(21):45—46.

刘建达.《中国英语能力等级量表》与英语学习[J].中国外语,2017(6):4—12.

刘明东.图式理论与大学英语阅读教学[J].国外外语教学,1998(4):28—30.

刘洋.高等院校日语课程体系建设研究——评《大学日语课程教学要求》[J].高教探索,2016(12):129—130.

刘媛,黄苏敏,李代禧.以内容为依托的理工科大学学术英语类课程研究现状和意义[J].语文学刊(外语教育教学),2013(1):86—88.

龙芸.学术英语课程在大学英语应用提高阶段的定位研究——网络环境下的EAP课程实践[J].外语界,2011(5):48—55.

鲁艳辉,单素康,仇紫然.医药类大学英语后续课程需求的调查分析[J].药学教育,2018(2):71—74.

罗全红.对大学英语四年不断线课程设置的思考[J].哈尔滨学院学报(教育),2002(6):68—69.

罗毅,蔡慧萍,王金.体验式教学理论在英语应用文体写作教学中的应用[J].外语教学理论与实践,2011(1):38—42.

吕叔湘,丁声树.现代汉语词典[M].北京:商务印书馆,2016.

马兰,张文杰.教学设计[M].北京:高等教育出版社,2012.

马兰慧,范丽."产出导向法"在大学英语中国传统文化翻译教学中的应用[J].课程教育研究,2019(2):114—115.

马武林.大学英语后续课程内容设置探究(一)——学术英语[J].外语研究,2011(5):15—21.

马武林,殷和素.新世纪大学英语后续课程设置研究(三)——教师观[J].外国语文,2014(4):162—166.

孟牒,司丽娜,刘金金,等. 基于需求层次理论激励大学生特长发展的长效机制分析[J]. 当代教育理论与实践,2017(5):98—101.

孟宇,曹菁,陈忠良. 语言政策与语言教育学前沿研究——2018 语言政策与语言教育研讨会会议综述[J]. 语言政策与语言教育,2018(2):33—42.

南京大学英语课程分层次扩展细化改革方案[EB/OL]. http://jw.nju.edu.cn/EduContentList.aspx?MType=PX-SSZJGZQ-PYFAJXJH&FType=SSZJGZQ&res_type=eInfo,2016-4-22/2019-08-03.

聂新艳. 实施大学英语教学四年不断线的新理据[J]. 山东行政学院、山东省经济管理干部学院学报,2006(4):112—114.

宁强. 大学英语后续课程混合教学模式应用研究[J]. 外国语文,2018(2):145—151.

欧洲理事会文化合作教育委员会. 欧洲语言共同参考框架:学习、教学、评估[M]. 北京:外语教学与研究出版社,2008.

潘鸣威. 多模态视角下的口语交际能力:重构与探究[M]. 长沙:湖南师范大学出版社,2016.

潘懋. 新编高等教育学[M]. 北京:北京师范大学出版社,1999.

裴娣娜. 教学论[M]. 北京:教育科学出版社,2007.

彭龙. 中国外语教育发展的重要趋势[J]. 中国高等教育,2017(7):16—19.

乔小六,吴中江. 探索应用型本科院校大学英语教学新模式[J]. 江苏高教,2014(6):97—99.

乔玉玲,郭莉萍. PBL 教学法在大学英语阅读教学中的应用[J]. 教育理论与实践,2011(30):58—60.

秦晓晴. 外语教学问卷调查法[M]. 北京:外语教学与研究出版社,2009.

秦秀白. 警惕课堂教学娱乐化[J]. 当代外语研究,2012(7):1—3.

任佳迪. 基于学生需求分析的大学英语后续课程设置研究——以西安外国语大学国际贸易专业为例[D]. 西安:西安外国语大学,2015.

任丽. 生态学视角下大学英语教学研究——基于山东省三所高等院校的教学调查[D]. 上海:上海外国语大学,2013.

申超. 高等教育国际化概念辨析[J]. 全球教育展望,2014(6):45—53.

沈骑. 中国外语教育规划:方向与议程[J]. 中国外语,2017(5):11—20.

沈骑,鲍敏. 改革开放以来的中国外语教育规划[J]. 语言战略研究,2018(5):21—31.

施庆霞. 关联理论与阅读理解教学[J]. 外语教学,2001(3):52—54.

束定芳. 中国外语教学改革与发展:顶层设计与无形之手[J]. 山东外语教学,2016(2):28—32.

束定芳. 外语教学应在传统教学法与交际教学法之间寻求融合——李观仪先生的外语教学观及外语教学实践主张[J]. 外语界,2019(2):16—23.

束定芳,华维芬. 中国外语教学理论研究六十年:回顾与展望[J]. 外语教学,2009(6):37—44.

宋丹丹. 基于需求分析的公共外语课程体系构建[J]. 中国教育学刊,2018(S1):143—145,152.

苏广才,李双娟. 论大学英语翻译教学中跨文化意识的培养[J]. 上海翻译,2014(4):52—54.

孙静. 大学英语教学及改革新思维[M]. 北京:中国水利水电出版社,2018.

孙有中,李莉文. CBI 和 ESP 与中国高校英语专业和大学英语教学改革的方向[J]. 外语研究,2011(5):1—4.

孙有中,张薇,郭英剑,等. 教研相长,做学者型优秀教师——"在教学中研究,在研究中发展"笔谈[J]. 外语电化教学,2017(5):3—8,22.

唐俊红. 互联网+英语教学[M]. 北京:新华出版社,2018.

唐晓. 错误分析法在大学英语翻译教学中的应用[J]. 高教论坛,2008(6):170—173.

田学军. 认真学习贯彻全国教育大会精神 努力开创教育改革发展新局面[N]. 中国教育报,2018-10-25(1).

田志强,郑翠玲. 大学英语拓展课教学探索及对策[J]. 黑龙江教育(高教研究与评估),2019(3):11—13.

屠国元,胡东平,范丽群. 传承·发展·创新——大学英语课程设置新体系构建之思考[J]. 中国外语,2016(6):4—9.

王初明. 外语写长法[J]. 中国外语,2005(1):45—49.

王华. 《中国英语能力等级量表》背景下大学英语教学与测评[J]. 当代外语研究,2018(5):57—61,72.

王辉,王亚蓝. "一带一路"沿线国家语言状况[J]. 语言战略研究,2016(2):13—19.

王进,兰欢. 大学英语选修课程的"娱乐化"教学问题及应对策略[J]. 长春工程学院学报(社会科学版),2015(2):140—142.

王李霞. 大学英语后续课程设置探讨[J]. 江苏高教,2015(3):85—87.

王丽丽,杨帆."互联网+"时代背景下大学英语教学改革与发展研究[J].黑龙江高教研究,2015(8):159—162.

王林海,张晴,马兰.教育生态学视域下的现代信息技术与大学英语课程整合状况分析[J].外语电化教学,2014(6):46—51.

王守仁.坚持科学的大学英语教学改革观[J].外语界,2013(6):9—13,22.

王守仁.《大学英语教学指南》要点解读[J].外语界,2016a(3):2—10.

王守仁.谈中国英语教育的转型[J].外国语,2016b(3):2—4.

王守仁.高校外语教师发展的促进方式与途径[J].外语教学理论与实践,2017a(2):1—4.

王守仁.转变观念深化改革促进大学外语教学新发展[J].中国大学教学,2017b(2):59—64.

王守仁.中国英语能力等级《量表》在大学英语教学中的应用[J].外语教学,2018a(4):1—4.

王守仁.关于高校外语教师发展的若干思考[J].外语界,2018b(4):13—17.

王守仁.在建设一流本科进程中加强和改进大学英语教学[J].中国大学教学,2018c(10):15—18.

王守仁,王海啸.我国高校大学英语教学现状调查及大学英语教学改革与发展方向[J].中国外语,2011(5):4—11,17.

王守仁,王海啸.大学外语教学改革研究[M].北京:高等教育出版社,2013.

王守仁,王海啸.守正出新,推动大学外语教学内涵式发展——2013—2017年大学外语教指委工作总结与思考[J].外语界,2019(2):7—13.

王淑花,李海英,孙静波,等.大学英语教学模式改革与发展研究[M].北京:知识产权出版社,2018.

王文斌.外语教学与外语教育、工具性与人文性之我见[J].中国外语,2018(2):1,12—16.

王秀文,吴越.非英语专业大学生外语创新能力的调查研究——基于南京航空航天大学外语教学的实践[J].外语与翻译,2017(3):72—77.

王一军.当代大学课程秩序论:在"高深学问"和"个人知识"之间[M].北京:教育科学出版社,2014.

王银泉,王薇,张丽冰.基于需求分析的大学英语多元化教学模式探析[J].外语教学,2016(5):42—47.

王哲,李军军.大学外语通识教育改革探索[J].外语电化教学,2010(5):3—8.

韦健.大学英语教学评价模式的发展与创新[M].沈阳:辽海出版社,2019.

韦健.多模态辅助支架式教学法在大学英语翻译教学中的应用[J].教育探索,2014(2):33—36.

韦薇.我院英语教学四年不断线的框架构想[J].广西工学院学报,1999(12):44—46.

温彭年,贾国英.建构主义理论与教学改革——建构主义学习理论综述[J].教育理论与实践,2002(5):17—22.

文秋芳.压缩教学周期,增强教学密度——大学英语教学改革新思路[J].中国外语教育,2008(3):3—5.

文秋芳.大学英语面临的挑战与对策:课程论视角[J].外语教学与研究,2012(2):283—292.

文秋芳.输出驱动假设在大学英语教学中的应用:思考与建议[J].外语界,2013(6):14—22.

文秋芳."输出驱动——输入促成假设":构建大学外语课堂教学理论的尝试[J].中国外语教育,2014a(2):3—12.

文秋芳.大学英语教学中通用英语与专用英语之争:问题与对策[J].外语与外语教学,2014b(1):1—8.

文秋芳.构建"产出导向法"理论体系[J].外语教学与研究,2015(4):547—558.

文秋芳."一带一路"语言人才的培养[J].语言战略研究,2016(2):26—32.

文秋芳."产出导向法"教学材料使用与评价理论框架[J].中国外语教育,2017(2):17—23.

文秋芳.新时代高校外语课程中关键能力的培养:思考与建议[J].外语教育研究前沿,2018(1):3—11,90.

吴诗玉,黄绍强.大学英语教学,为什么要坚守"阅读和讨论"?[J].当代外语研究,2018(2):9—14,109.

吴岩.一流本科一流专业一流人才[J].中国大学教学,2017(11):4—12,17.

吴艳."互联网+"与大学英语教学模式——评《"互联网+"背景下大学英语教学体系的反思与重建》[J].高教发展与评估,2019(3):119.

吴卓娅,吴爱丹,姜怡.大学英语四级后续课程设置的定位思考[J].考试与评价(大学英语教研版),2011(6):52—55.

西大教〔2018〕31号.广西大学普通本科生大学英语课程修读及分级教学管理办法(修订)[EB/OL]. http://jwc.gxu.edu.cn/info/1993/6992.htm,2018-11-19/2019-08-03.

夏纪梅. 新时期大学英语教师发展的难点与出路[J]. 外语教学理论与实践,2012(3): 6—8.

夏纪梅. 论高校大学学术英语课程的建构[J]. 外语教学理论与实践,2014(1):6— 9,92.

夏纪梅. 论外语教师思维能力对人才培养和自身专业发展的价值意义——兼对高校外语教师思维能力反思调查结果的评析[J]. 中国外语,2015(2):86— 89,95.

夏纪梅. 构建"师生学习共同体"的要素与方法[J]. 中国大学教学,2018(3):79— 83,92.

谢职安等. 高校英语教师专业发展研究[M]. 北京:知识产权出版社,2014.

徐浩. 高校外语新教师专业发展现状的调查研究——参与教师的视角[J]. 解放军外国语学院学报,2014(4):59—66,114,160.

徐建华. 基于共建式大学课堂生态建设的思考[J]. 中国大学教学,2015(3):62—66.

徐锦芬,李霞. 社会文化理论视角下的高校英语教师学习研究[J]. 现代外语,2019(6): 842—854.

徐淑娟. 大学英语生态教学模式建构研究[M]. 北京:科学出版社,2016.

许国璋. 许国璋文集·外语教育卷[M]. 北京:外语教学与研究出版社,2015.

许智坚. 多媒体外语教学理论与方法[M]. 厦门:厦门大学出版社,2010.

杨东焕. 高校外语教师专业发展现状调查与分析[J]. 长春大学学报,2015(6):87—90.

杨非. 服务地方经济的大学英语后续衔接课程实践——以《跨文化口语》为例[J]. 考试与评价(大学英语教研版),2015(3):77—79.

杨桂华,赵智云. 培养跨文化能力的大学英语阅读教学实践研究[J]. 外语界,2018(3): 24—29.

杨柳青. 高校公共日语教学课堂改革[J]. 读与写(教育教学刊),2015(5):18.

杨韶刚. 人本主义心理学与教育[M]. 哈尔滨:黑龙江教育出版社,2003.

杨舒. 大学外语教学改革的路径依赖、困境及其超越[J]. 教学研究,2016(3):62—66.

杨维东,贾楠. 建构主义学习理论述评[J]. 理论导刊,2011(5):77—80.

杨晓华,龚菊菊. 反思硕士翻译研究方向:需求评价与课程设置[J]. 西安外国语大学学报,2011(4):99—104.

杨永林. 深度阅读,如何深入?——基于用法研究的阅读训练新视角[J]. 当代外语研究,2017(6):17—26,108.

杨治中. 坚持大学英语教学四年不断线[J]. 外语界,1999(4):24—25.

姚文清."互联网+"背景下大学英语后续课程模块化教学[J].上海理工大学学报（社会科学版）,2016(4):313—317.

于友先.中国大百科全书:第13卷[M].2版.北京:中国大百科全书出版社,2013.

曾文婕.走向"学习为本课程"——40年来我国课程观的嬗变与前瞻[J].课程·教材·教法,2018(10):28—35.

詹元灵.基于拔尖创新人才培养的大学英语课程体系探析[J].文教资料,2017(16):176—178,191.

张法科,赵婷.合作学习理论在大学英语阅读教学中的应用[J].外语界,2004(6):46—51.

张海瑞.大学英语翻译教学存在的问题与对策[J].教育理论与实践,2010(19):62—64.

张敬源.服务学校做好支撑——北京科技大学大学英语教学方案[J].大学外语教学研究,2018(0):63—89,190.

张伶俐,刘敏.大学英语系列选修课的构建与实践[J].外语教育,2013(10):9—15.

张明尧,王迎霜,蔡文莹.大数据背景下的大学英语教学模式探讨[A]//汪涛.大数据背景下外语实验教学研究.武汉:武汉大学出版社,2018:67—77.

张伟,胡玉洁.基于需求分析理论的大学英语教学研究[M].北京:国家行政学院出版社,2018.

张艳.高校英语教师后续课程资源开发现状研究[J].当代外语研究,2016(2):63—68.

张艳.基于大学英语后续课程资源开发的教师学习研究[J].当代外语研究,2017(3):74—79.

张尧学.抓住机遇,再接再厉,全面提高大学英语教学水平[J].外语界,2008(4):2—7.

章木林,孙小军.基于慕课的翻转课堂教学模式研究——以大学英语后续课程为例[J].现代教育技术,2015(8):81—87.

章兼中.外语教学心理学[M].福州:福建教育出版社,2016.

赵海燕.中国国情下高校英语教育改革研究[M].北京:首都经济贸易大学出版社,2016.

赵立红,陈钟善.应用型本科院校国际化日语公共选修课程教学模式的研究与实践[J].辽宁科技学院学报,2015(4):85—87.

郑大湖.大学英语基础阶段后续教学的调查与分析[J].广西教育学院学报,2005(5):61—64.

郑红苹,杜尚荣.英语写作诊断式教学的系统设计与有效实施[J].课程·教材·教法,2015(4):81—86.

郑曼怀. 大学英语课程需求分析与体系构建——基于普通本科院校学生需求视角[J]. 教学研究,2017(3):60—66.

郑葳. 学习共同体:文化生态学习环境的理想架构[M]. 北京:教育科学出版社,2007.

郑葳,王大为. 生态学习观:一种审视学习的新视角[J]. 心理科学,2006(4):913—915.

郑玉琪,侯旭,高健. 后方法时代英语教学原理与实践[M]. 南京:东南大学出版社,2015.

中传教务字〔2018〕37号. 中国传媒大学大学英语教学管理规定(试行)[EB/OL]. http://xsc.cuc.edu.cn/2019/0802/c2753a133729/page.htm,2019-08-02/2019-09-01.

中央财经大学. 2018级大学外语课程设置及课程介绍[EB/OL]. http://sfs.cufe.edu.cn/info/1046/2921.htm,2018-06-28/2019-08-02.

周燕,张洁. 学以致用:再谈大学英语教学目标的定位与实现[J]. 外语与外语教学,2014(1):22—26,35.

朱宏洁,朱赟. 翻转课堂及其有效实施策略刍议[J]. 电化教育研究,2013(8):79—83.

朱雪媛. 新形势下我国大学英语教育之困境及改革发展之路[J]. 江苏高教,2017(1):43—45.

祝珣. 基于学习者需求分析的大学英语课程设置[J]. 北京师范大学学报(社会科学版),2015(1):97—103.

祝珣,马文静. 课程设置的学习者需求分析——基于大学公共英语课程的研究[J]. 外语界,2014(6):48—56.

左广明. 大学英语教学四年不断线必要性实证研究[J]. 长江大学学报(社会科学版),2009(8):247—249.

附 录

调研问卷

一、2014 年大学英语课程调研问卷

1. 我的性别是
   A. 男　　　　B. 女

2. 在英语学习中,我认为自己最薄弱的一项是
   A. 听力　　B. 口语　　C. 阅读　　D. 写作　　E. 翻译

3. 在英语学习中,我认为自己第二薄弱的一项是
   A. 听力　　B. 口语　　C. 阅读　　D. 写作　　E. 翻译

4. 在英语学习中,我认为自己最擅长的一项是
   A. 听力　　B. 口语　　C. 阅读　　D. 写作　　E. 翻译

5. 在英语学习中,我认为自己第二擅长的一项是
   A. 听力　　B. 口语　　C. 阅读　　D. 写作　　E. 翻译

6. 请根据自己的情况将下列英语技能按由薄弱到擅长的次序排序
   A. 听力　　B. 口语　　C. 阅读　　D. 写作　　E. 翻译

7. 在英语学习中,我认为自己最感兴趣的一项是
   A. 听力　　B. 口语　　C. 阅读　　D. 写作　　E. 翻译

8. 在英语学习中,我认为自己第二感兴趣的一项是
   A. 听力　　B. 口语　　C. 阅读　　D. 写作　　E. 翻译

9. 在英语学习中,我认为自己最不感兴趣的一项是
   A. 听力　　B. 口语　　C. 阅读　　D. 写作　　E. 翻译

10. 请根据自己的情况,将下列英语技能按由最感兴趣到不感兴趣的次序排列
    A. 听力　　B. 口语　　C. 阅读　　D. 写作　　E. 翻译

11. 我大一第二学期首选的课程是
    A. 听说(一)　　　　B. 读写(一)　　　　C. 翻译(一)

　　　　D. 听说(二)　　　　　　E. 读写(二)　　　　　　F. 翻译(二)
12. 我大一第二学期次选的课程是
　　　　A. 听说(一)　　　　　　B. 读写(一)　　　　　　C. 翻译(一)
　　　　D. 听说(二)　　　　　　E. 读写(二)　　　　　　F. 翻译(二)
13. 我在选课前阅读了选课的导学文件("听说课程导学文件""读写课程模块导学文件""口笔译课程模块导学文件")
　　　　A. 非常不同意　　　　B. 不同意　　　　　　　C. 不确定
　　　　D. 同意　　　　　　　　E. 非常同意
14. 我在选课前的准备
(1) 自己认真考虑了该选什么课
　　　　A. 非常不同意　　　　B. 不同意　　　　　　　C. 不确定
　　　　D. 同意　　　　　　　　E. 非常同意
(2) 自己仔细读了各课程的介绍
　　　　A. 非常不同意　　　　B. 不同意　　　　　　　C. 不确定
　　　　D. 同意　　　　　　　　E. 非常同意
(3) 不知道该选什么课
　　　　A. 非常不同意　　　　B. 不同意　　　　　　　C. 不确定
　　　　D. 同意　　　　　　　　E. 非常同意
(4) 听取了同学的意见
　　　　A. 非常不同意　　　　B. 不同意　　　　　　　C. 不确定
　　　　D. 同意　　　　　　　　E. 非常同意
(5) 听取了英语任课老师的意见
　　　　A. 非常不同意　　　　B. 不同意　　　　　　　C. 不确定
　　　　D. 同意　　　　　　　　E. 非常同意
(6) 听取了辅导员或班主任的意见
　　　　A. 非常不同意　　　　B. 不同意　　　　　　　C. 不确定
　　　　D. 同意　　　　　　　　E. 非常同意
(7) 听取了家人的意见
　　　　A. 非常不同意　　　　B. 不同意　　　　　　　C. 不确定
　　　　D. 同意　　　　　　　　E. 非常同意
15. 选课的依据是什么(我是根据什么选课的)
(1) 自己的兴趣
　　　　A. 非常不同意　　　　B. 不同意　　　　　　　C. 不确定

　　　　D. 同意　　　　　　　　E. 非常同意
(2) 自己的专业要求
　　　　A. 非常不同意　　　　 B. 不同意　　　　　 C. 不确定
　　　　D. 同意　　　　　　　　E. 非常同意
(3) 自己的职业前景
　　　　A. 非常不同意　　　　 B. 不同意　　　　　 C. 不确定
　　　　D. 同意　　　　　　　　E. 非常同意
(4) 同学的建议
　　　　A. 非常不同意　　　　 B. 不同意　　　　　 C. 不确定
　　　　D. 同意　　　　　　　　E. 非常同意
(5) 老师的建议
　　　　A. 非常不同意　　　　 B. 不同意　　　　　 C. 不确定
　　　　D. 同意　　　　　　　　E. 非常同意
(6) 英语课的考核要求
　　　　A. 非常不同意　　　　 B. 不同意　　　　　 C. 不确定
　　　　D. 同意　　　　　　　　E. 非常同意
(7) 拿学分的难易程度
　　　　A. 非常不同意　　　　 B. 不同意　　　　　 C. 不确定
　　　　D. 同意　　　　　　　　E. 非常同意

16. 我的课在选择上侧重了什么方面的英语课
(1) 上自己最擅长的
　　　　A. 非常不同意　　　　 B. 不同意　　　　　 C. 不确定
　　　　D. 同意　　　　　　　　E. 非常同意
(2) 上自己最薄弱的
　　　　A. 非常不同意　　　　 B. 不同意　　　　　 C. 不确定
　　　　D. 同意　　　　　　　　E. 非常同意
(3) 上自己最感兴趣的
　　　　A. 非常不同意　　　　 B. 不同意　　　　　 C. 不确定
　　　　D. 同意　　　　　　　　E. 非常同意

17. 我选那门课的目的
(1) 提高最薄弱的英语技能
　　　　A. 非常不同意　　　　 B. 不同意　　　　　 C. 不确定
　　　　D. 同意　　　　　　　　E. 非常同意

（2）加强最擅长的英语技能
  A. 非常不同意 B. 不同意 C. 不确定
  D. 同意 E. 非常同意

（3）容易通过考试，获得学分
  A. 非常不同意 B. 不同意 C. 不确定
  D. 同意 E. 非常同意

（4）为以后找工作做准备
  A. 非常不同意 B. 不同意 C. 不确定
  D. 同意 E. 非常同意

（5）为进一步深造做准备
  A. 非常不同意 B. 不同意 C. 不确定
  D. 同意 E. 非常同意

（6）和好朋友一起学习
  A. 非常不同意 B. 不同意 C. 不确定
  D. 同意 E. 非常同意

18. 我选那门课的原因
（1）感兴趣
  A. 非常不同意 B. 不同意 C. 不确定
  D. 同意 E. 非常同意

（2）其他同学也选了这门课
  A. 非常不同意 B. 不同意 C. 不确定
  D. 同意 E. 非常同意

（3）英语老师建议
  A. 非常不同意 B. 不同意 C. 不确定
  D. 同意 E. 非常同意

（4）学了有用
  A. 非常不同意 B. 不同意 C. 不确定
  D. 同意 E. 非常同意

（5）将来工作中用
  A. 非常不同意 B. 不同意 C. 不确定
  D. 同意 E. 非常同意

（6）与自己的专业有关
  A. 非常不同意 B. 不同意 C. 不确定

  D. 同意   E. 非常同意

19. 对于英语选课,当专业需要和个人兴趣发生冲突时,如何选择

(1) 我觉得应根据兴趣选课

  A. 非常不同意   B. 不同意   C. 不确定

  D. 同意   E. 非常同意

(2) 我觉得应根据自己的专业要求选课

  A. 非常不同意   B. 不同意   C. 不确定

  D. 同意   E. 非常同意

20. 我觉得自主选课对我有好处

  A. 非常不同意   B. 不同意   C. 不确定

  D. 同意   E. 非常同意

二、2015年大学英语课程调研问卷

1. 我的性别是

  A. 男   B. 女

2. 我大一第二学期上的课程是

  A. 读写(一)   B. 读写(二)   C. 听说(一)

  D. 听说(二)   E. 翻译(一)

3. 上了本学期的英语课,我认为自己选对了课(上学期末的选择是正确的)

  A. 非常不同意   B. 不同意   C. 不确定

  D. 同意   E. 非常同意

4. 我是根据自己兴趣选的这门课

  A. 非常不同意   B. 不同意   C. 不确定

  D. 同意   E. 非常同意

5. 我是根据自己的专业需要选的这门课

  A. 非常不同意   B. 不同意   C. 不确定

  D. 同意   E. 非常同意

6. 我喜欢这样可以自己选择的英语课体系

  A. 非常不同意   B. 不同意   C. 不确定

  D. 同意   E. 非常同意

7. 上了本学期自己选的英语课后,我获得的收获是

  A. 没有收获   B. 少量收获   C. 不确定

  D. 较多收获   E. 很多收获

8. 上了本学期自己选的英语课后,我获得的收获是(可多选,也可写其他评论)

　　A. 自己感兴趣的英语技能

　　B. 在英语的技能方面,提高了自己的薄弱环节

　　C. 提高了上课时的专注程度

　　D. 提高了英语学习的兴趣

　　E. 自己需要提高的英语技能

　　F. 在英语技能方面,避开了自己的薄弱环节

　　G. 更多机会进行英语实践

　　H. 获得了老师有针对性的指导

　　I. 没有收获

　　J. 其他

9. 我下学期选的课程是

　　A. 读写(一)　　　　B. 读写(二)　　　　C. 读写(三)

　　D. 听说(一)　　　　E. 听说(二)　　　　F. 翻译(一)

　　G. 翻译(二)

三、2017年大学英语提高阶段课程调研问卷

1. 专业班级

2. 年级

　　A. 15级　　　　　　B. 16级

3. 性别

　　A. 男　　　　　　　B. 女

4. 本学期选的英语课是

　　A. 听说(二)　　　　B. 读写(二)　　　　C. 听说(三)

　　D. 读写(三)

5. 选此课程的原因是(可多选)

　　A. 个人兴趣　　　　B. 专业需要　　　　C. 未来职业需要

　　D. 出国交流　　　　E. 其他(请说明)

6. 我觉得应该上_____个学年(1学年 = 2学期)的英语课

　　A. 1　　　　B. 2　　　　C. 3　　　　D. 4

7. 我觉得什么时候需要上英语课(可多选)

　　A. 大一　　　　　　B. 大二　　　　　　C. 大三

　　D. 大四　　　　　　E. 不需要

8. 我打算出国深造
   A. 非常不同意   B. 不同意   C. 不确定
   D. 同意   E. 非常同意

9. 我打算参加交换生项目
   A. 非常不同意   B. 不同意   C. 不确定
   D. 同意   E. 非常同意

10. 我打算考国外的研究生
    A. 非常不同意   B. 不同意   C. 不确定
    D. 同意   E. 非常同意

11. 我打算考国内的研究生
    A. 非常不同意   B. 不同意   C. 不确定
    D. 同意   E. 非常同意

12. 我打算毕业后进入跨国公司就业
    A. 非常不同意   B. 不同意   C. 不确定
    D. 同意   E. 非常同意

13. 我觉得本学期外文原版学习材料在课程中的使用比例合适
    A. 非常不同意   B. 不同意   C. 不确定
    D. 同意   E. 非常同意

14. 我觉得本学期英语授课的比例恰当
    A. 非常不同意   B. 不同意   C. 不确定
    D. 同意   E. 非常同意

15. 学期课程的内容能满足我的学习需求
    A. 非常不同意   B. 不同意   C. 不确定
    D. 同意   E. 非常同意

16. 本学期课程吸引我的是(可多选)
    A. 学习内容   B. 课堂活动   C. 教师教学风格
    D. 同学分享交流   E. 其他(请说明)

17. 本学期课程的不足之处

18. 对于本学期英语课程的建议

19. 如您愿意接受改进课程的访谈,请写联系方式(电话),非常感谢!

四、2019 年大学英语课程调研问卷

1. 您所在的学院
   A. 生物工程学院   B. 纺织服装学院

C. 化学与材料工程学院　　　　D. 物联网工程学院

E. 环境与土木工程学院　　　　F. 商学院

G. 理学院　　　　　　　　　　H. 机械工程学院

I. 设计学院　　　　　　　　　J. 药学院

K. 医学院　　　　　　　　　　L. 人文学院

M. 外国语学院　　　　　　　　N. 法学院

O. 数字媒体学院　　　　　　　P. 至善学院

Q. 食品学院　　　　　　　　　R. 其他(请说明)

2. 您的性别

A. 男　　　　　　B. 女

3. 您的年级

A. 15级　　B. 16级　　C. 17级　　D. 18级　　E. 其他(请说明)

4. 我已经修读过的英语课是(可多选)

A. 听说(一)　　　　B. 听说(二)　　　　C. 听说(三)

D. 读写(一)　　　　E. 读写(二)　　　　F. 读写(三)

G. 翻译(一)　　　　H. 翻译(二)　　　　I. 翻译(三)

5. 我选择以上课程的原因是(可多选)

A. 考试　　　　　　B. 修学分　　　　　C. 个人兴趣

D. 英语学习不间断　E. 拓宽视野和知识面　F. 工作就业

G. 出国深造　　　　H. 提高语言应用能力　I. 其他(请说明)

6. 我选课的目的之一是提高英语应用能力,包括(可多选)

A. 提高口语能力　　　　B. 提高听力理解能力

C. 提高阅读理解能力　　D. 提高写作能力

E. 提高翻译水平　　　　F. 扩充词汇量

G. 其他(请说明)

7. 我觉得应该上＿＿＿＿个学期的英语课

A. 1　　　B. 2　　　C. 3　　　D. 4　　　E. 5

F. 6　　　G. 7　　　H. 8

8. 我觉得什么时候需要上英语课(可多选)

A. 大一　　B. 大二　　C. 大三　　D. 大四

E. 不需要

9. 如果大三或大四可以选修英语课程,我选课的目的是(可多选)

A. 考试　　　　　　B. 修学分

C. 个人兴趣　　　　　　　　D. 英语学习不间断

E. 拓宽视野和知识面　　　　F. 工作就业

G. 出国深造　　　　　　　　H. 提高语言应用能力

I. 其他（请说明）

10. 在大三或大四，我想要提高（可多选）

A. 提高口语能力　　　　　　B. 提高听力理解能力

C. 提高阅读理解能力　　　　D. 提高写作能力

E. 提高翻译水平　　　　　　F. 扩充词汇量

G. 其他（请说明）

11. 如果大三、大四有英语课，我想参加的课程是

A. 听说（一）　　　　　　　B. 听说（二）

C. 听说（三）　　　　　　　D. 读写（一）

E. 读写（二）　　　　　　　F. 读写（三）

G. 翻译（一）　　　　　　　H. 翻译（二）

I. 翻译（三）　　　　　　　J. 其他（请说明）

K. 不想上

12. 在英语学习中，我认为自己最薄弱的一项是

A. 听力　　B. 口语　　C. 阅读　　D. 写作　　E. 翻译

13. 在英语学习中，我认为自己最擅长的一项是

A. 听力　　B. 口语　　C. 阅读　　D. 写作　　E. 翻译

14. 请根据自己的情况，下列技能从薄弱到擅长排序

A. 听力　　B. 口语　　C. 阅读　　D. 写作　　E. 翻译

15. 在英语学习中，我认为自己最感兴趣的一项是

A. 听力　　B. 口语　　C. 阅读　　D. 写作　　E. 翻译

16. 请根据自己的情况，最感兴趣到不感兴趣排序

A. 听力　　B. 口语　　C. 阅读　　D. 写作　　E. 翻译

17. 我觉得

（1）如果课时减少，会影响学习效果，不利于进一步提高

A. 非常不同意　　　　B. 不同意　　　　C. 不确定

D. 同意　　　　　　　E. 非常同意

（2）英语课程能满足我的学习需求

A. 非常不同意　　　　B. 不同意　　　　C. 不确定

D. 同意　　　　　　　E. 非常同意

18. 我选择上侧重什么方面的英语课
(1) 上自己最擅长的
  A. 非常不同意 B. 不同意 C. 不确定
  D. 同意 E. 非常同意
(2) 上自己最薄弱的
  A. 非常不同意 B. 不同意 C. 不确定
  D. 同意 E. 非常同意
(3) 上自己最感兴趣的
  A. 非常不同意 B. 不同意 C. 不确定
  D. 同意 E. 非常同意

19. 我的计划
(1) 我打算出国深造
  A. 非常不同意 B. 不同意 C. 不确定
  D. 同意 E. 非常同意
(2) 我打算参加交换生项目
  A. 非常不同意 B. 不同意 C. 不确定
  D. 同意 E. 非常同意
(3) 我打算考国外的研究生
  A. 非常不同意 B. 不同意 C. 不确定
  D. 同意 E. 非常同意
(4) 我打算考国内的研究生
  A. 非常不同意 B. 不同意 C. 不确定
  D. 同意 E. 非常同意
(5) 我打算毕业后进入跨国公司就业
  A. 非常不同意 B. 不同意 C. 不确定
  D. 同意 E. 非常同意

20. 英语课程吸引我的是
(1) 学习内容
  A. 非常不同意 B. 不同意 C. 不确定
  D. 同意 E. 非常同意
(2) 课堂活动
  A. 非常不同意 B. 不同意 C. 不确定
  D. 同意 E. 非常同意

(3) 教师教学风格

  A. 非常不同意   B. 不同意   C. 不确定

  D. 同意   E. 非常同意

(4) 同学分享交流

  A. 非常不同意   B. 不同意   C. 不确定

  D. 同意   E. 非常同意

21. 除以上因素,英语课程吸引我的还有(选填)

22. 我学习英语是

(1) 因为对英语国家的文化感兴趣

  A. 非常不同意   B. 不同意   C. 不确定

  D. 同意   E. 非常同意

(2) 因为我喜欢这门语言

  A. 非常不同意   B. 不同意   C. 不确定

  D. 同意   E. 非常同意

(3) 很大程度上取决于我的学习成绩

  A. 非常不同意   B. 不同意   C. 不确定

  D. 同意   E. 非常同意

(4) 为了获取大学毕业证书

  A. 非常不同意   B. 不同意   C. 不确定

  D. 同意   E. 非常同意

(5) 取决于是否喜欢英语老师

  A. 非常不同意   B. 不同意   C. 不确定

  D. 同意   E. 非常同意

(6) 取决于英语课的质量

  A. 非常不同意   B. 不同意   C. 不确定

  D. 同意   E. 非常同意

(7) 为了出国寻找受教育和工作机会

  A. 非常不同意   B. 不同意   C. 不确定

  D. 同意   E. 非常同意

(8) 为了出国亲身体验英语国家文化

  A. 非常不同意   B. 不同意   C. 不确定

  D. 同意   E. 非常同意

(9) 为了让世界了解中国

A. 非常不同意 　　　　B. 不同意 　　　　C. 不确定
D. 同意 　　　　　　　E. 非常同意

(10) 为了中国的富强尽力
　　A. 非常不同意 　　　B. 不同意 　　　C. 不确定
　　D. 同意 　　　　　　E. 非常同意

(11) 因为英语是有用的交流工具
　　A. 非常不同意 　　　B. 不同意 　　　C. 不确定
　　D. 同意 　　　　　　E. 非常同意

(12) 为了找到一份好工作
　　A. 非常不同意 　　　B. 不同意 　　　C. 不确定
　　D. 同意 　　　　　　E. 非常同意

(13) 为了更好地学习其他专业
　　A. 非常不同意 　　　B. 不同意 　　　C. 不确定
　　D. 同意 　　　　　　E. 非常同意

(14) 为了解世界各国的经济、科技发展情况
　　A. 非常不同意 　　　B. 不同意 　　　C. 不确定
　　D. 同意 　　　　　　E. 非常同意

23. 我希望开设哪些英语课程(可多选,限选7项)
　　A. 口语 　　　　　　　B. 听力 　　　　　　　C. 英语影视赏析
　　D. 翻译理论与实践 　　E. 跨文化交际 　　　　F. 口译
　　G. 视听说 　　　　　　H. 职场英语 　　　　　I. 旅游英语
　　J. 综合英语 　　　　　K. 写作 　　　　　　　L. 英美文学
　　M. 阅读 　　　　　　　N. 词汇学 　　　　　　O. 英语语法
　　P. 中西方礼仪 　　　　Q. 雅思托福考试备考 　R. 其他(请说明)

24. 对于英语课程的建议(选填)

25. 如您愿意接受改进英语课程的访谈,请写你的电话号码,非常感谢!